LA PERTE D'UNE COLON

LA RÉVOLUTION

DE

SAINT-DOMINGUE

PAR

H. CASTONNET DES FOSSES

Membre de la Société de Géographie
Président de section de la Société de Géographie commerciale

PARIS
A. FAIVRE, ÉDITEUR
LIBRAIRIE AFRICAINE ET COLONIALE
27-31, RUE BONAPARTE, 27-31

1893

LA PERTE D'UNE COLONIE

LA RÉVOLUTION

DE

SAINT-DOMINGUE

ANGERS, IMPRIMERIE LACHÈSE ET Cie.

LA PERTE D'UNE COLONIE

LA RÉVOLUTION

DE

SAINT-DOMINGUE

PAR

H. CASTONNET DES FOSSES

Membre de la Société de Géographie
Président de section de la Société de Géographie commerciale

PARIS
A. FAIVRE, ÉDITEUR
LIBRAIRIE AFRICAINE ET COLONIALE
27-31, rue Bonaparte, 27-31

1893

PRÉFACE

Le centenaire de Christophe Colomb, l'Exposition universelle de Chicago portent l'attention du côté de l'Amérique. Dans cette partie du monde, devenue une nouvelle Europe, se trouve une véritable apothéose du génie colonial de la France. Notre pays, qui a fait le Canada et l'Algérie, et auquel l'on refuse cependant les facultés colonisatrices, s'y révèle avec tout son esprit d'aventure et d'ordre dans l'aventure. A un moment donné, le Mississipi, le Saint-Laurent, le fleuve des Amazônes étaient français. Il en était de même de plusieurs Antilles. Parmi les colonies que nous avons possédées en Amérique, il en est une qui est devenue en quelque sorte légendaire, c'est celle de Saint-Domingue. L'on peut dire que la colonisation de cette terre est l'une des gloires de la France. Comment cette magnifique possession nous a-t-elle échappé ? Les causes, qui ont amené la perte de Saint-Domingue, sont encore à peu près ignorées. Nous croyons faire œuvre utile en les faisant connaître. Nous voulons donner encore un souvenir à cette société franco-américaine, si brillante, qu'un cataclysme emporta en quelques années. En outre, nous poursuivons un autre but. A l'heure actuelle, nous avons repris l'ancienne politique de Dupleix, et nous essayons de fonder un empire dans l'Extrême-Orient. N'est-ce pas l'occasion d'interroger le passé, d'y étudier les fautes qui ont été commises, afin de recueillir les leçons de l'expérience ? Tel doit être le résultat de l'histoire. Alors que nous assistons aux origines de l'Indo-Chine française, n'y a-t-il pas un intérêt réel à se reporter un siècle en arrière, et à être témoin de l'agonie de notre colonie américaine ? C'est dans cette intention que nous publions la Révolution de Saint-Domingue. Nous espérons qu'elle trouvera un accueil sympathique chez tous les Français, qui pensent avec raison, que notre pays doit plus que jamais s'intéresser aux choses d'outre-mer.

H. CASTONNET DES FOSSES.

LA PERTE D'UNE COLONIE

LA RÉVOLUTION DE SAINT-DOMINGUE

CHAPITRE PREMIER

La colonie de Saint-Domingue à la veille de la Révolution. — Son organisation : sa prospérité ; la vie créole. — L'état des esprits.

Au moment où la Révolution éclata et vint bouleverser l'ancien monde, la colonie de Saint-Domingue était des plus prospères et des plus florissantes. C'était une petite France. Partout l'on vantait le luxe et l'élégance de ses habitants qui avaient su réunir les charmes de la vie créole à l'urbanité de la vieille Europe ; aussi le nom de notre possession était-il devenu synonyme de splendeur et de richesse. Partout l'on parlait avec admiration de cette île, appelée à juste titre la *Reine des Antilles*.

Les débuts de notre colonie avaient été des plus modestes, et au milieu du XVIIe siècle, il eût été difficile de prévoir ses destinées glorieuses. Des aventuriers connus sous le nom de « boucaniers » et de « flibustiers », dont l'histoire constitue un véritable roman, s'étaient emparés en 1630 de l'île de la Tortue, située sur la côte nord-ouest de Saint-Domingue. De là, ils avaient fondé sur la grande terre des établissements qui n'avaient pas tardé à devenir importants. En 1664, la France les avait pris sous sa protection ; la colonie était fondée. En 1697, à la paix de Ryswick, l'Espagne reconnaissait le fait accompli, et nous cédait la partie occidentale de Saint-Domingue.

L'île était par conséquent divisée en deux parties, la partie française et la partie espagnole. La partie française ne comprenait que le tiers de l'île ; sa superficie était de 27,000 kilomètres carrés, à peu près celle de la Belgique ; elle était de beaucoup la plus riche et la plus florissante, tandis que la partie espagnole n'avait qu'une population assez faible et un territoire mal cultivé. La partie française offrait, au contraire, le spectacle d'une prospérité inouïe. Chaque année, des Français venaient s'établir dans l'île, y créaient des plantations, y faisaient souche et fondaient des familles. La colonisation marchait à pas de géant.

Les Français qui s'étaient fixés à Saint-Domingue, avaient non seulement créé une colonie qui fournissait à la métropole les produits des tropiques que lui refusait son sol ; mais ils avaient encore constitué une société coloniale que l'on citait partout pour son opulence et ses agréments. C'était en quelque sorte un rameau de la société française qui s'était détaché du tronc principal, et était venu s'implanter dans une île d'Amérique, où il s'était modifié sous l'influence du climat. Aujourd'hui encore, nos villes maritimes de l'Ouest, Nantes, Bordeaux, La Rochelle se rappellent le temps où Saint-Domingue nous appartenait, et le souvenir de cette époque qui, pour ces villes, était des plus brillantes, a été religieusement conservé.

L'organisation de la colonie est bien faite pour attirer l'attention et donner lieu à une étude des plus intéressantes. Deux agents supérieurs, le gouverneur général et l'intendant, représentaient le roi et dirigeaient l'administration. Le gouverneur général était toujours un militaire : il avait le commandement des troupes, des milices et de l'escadre, présidait les conseils supérieurs, promulguait les lois, nommait à la plupart des emplois, accordait aux colons les concessions de terre, dirigeait la police et prenait toutes les mesures que nécessitait l'administration. L'intendant était toujours un fonctionnaire de l'ordre civil. Il avait particulièrement pour attributions les finances, la perception et l'emploi de l'impôt. C'est lui qui ordonnait les dépenses et réglait les marchés ; lorsqu'il s'agissait de travaux publics, tous les comptables étaient dans sa dépendance. Sous les ordres du gouverneur général étaient placés des officiers qui commandaient les provinces, les quartiers et les grandes villes.

La colonie était divisée en trois parties ou provinces, la partie du Nord, la partie de l'Ouest et la partie du Sud. Les trois capitales étaient le Cap-Français, Port-au-Prince et les Cayes. Chaque province était administrée par un lieutenant-général et divisée en paroisses. Un certain nombre de paroisses formaient un quartier, et à la tête de chaque quartier, il y avait un officier qui avait le titre de commandant. La paroisse était la principale division de la colonie. L'on en comptait cinquante-deux : vingt-et-une dans le Nord, dix-sept dans l'Ouest et quatorze dans le Sud [1]. Une paroisse avait en moyenne huit ou dix lieues de long sur six ou sept de large ; l'on y distinguait la plaine et les mornes. La plaine était de beaucoup la mieux cultivée et la plus habitée, tandis que les mornes, qui formaient la région montagneuse, étaient, en grande partie, désertes et couvertes de forêts. La population était loin d'être également répartie entre les différentes paroisses ; quelques-unes n'avaient que 4 à 5,000 habitants, tandis que d'autres en comptaient jusqu'à 25,000. Elles étaient administrées par des officiers, des majors dans les villes, des aides-majors dans les bourgs, nommés par le gouverneur général. Aucune paroisse, quelle que fût son importance, ne possédait une organisation municipale.

[1] Les paroisses étaient dans la partie du Nord : Fort-Dauphin, Ouanaminthe, Vallière, le Terrier-Rouge, le Trou, Limonade, Sainte-Rose, Saint-Louis-du-Marin, le Dondon, Marmelade, la Petite-Anse, le Cap-Français, la Plaine du Nord, l'Acul, le Limbé, Plaisance, Port-Margot, le Borgne, le Gros-Morne, Saint-Louis-du-Nord, Port-de-Paix.
Dans la partie de l'Ouest : Jean-Rabel, le môle Saint-Nicolas, Bombardopolis, Port-à-Piment, les Gonaïves, la Petite-Rivière, les Verrettes, Saint-Marc, le Mirebalais, l'Arcahaye, la Croix-aux-Bouquets, Port-au-Prince, Léogane, Grand-Goave, les Cayes-de-Jacmel, Jacmel, Bainet.
Dans la partie du Sud : le Petit-Goave, le Fonds-des-Nègres, l'Anse-à-Veau, Petit-Trou, l'Acquin, Saint-Louis, Cavaillon, les Cayes, Torbec, Port-Salut, les Côteaux, le Cap-Tiburon, le Cap-Dalmarie, Jérémie.

La paroisse était en même temps la division religieuse. Des Capucins, des Dominicains et quelques Carmes composaient le clergé et avaient des préfets apostoliques qui résidaient au Cap-Français et à Port-au-Prince. La colonie ne possédait pas d'évêché.

La justice était rendue en dernier ressort, sauf appel en cassation au Conseil d'État du royaume, par deux conseils supérieurs qui siégeaient au Cap-Français et à Port-au-Prince. Dix tribunaux désignés sous le nom de « sénéchaussées » jugeaient en première instance et étaient distribués dans les villes ayant quelque importance. Des substituts du roi instrumentaient sous leur juridiction jusque dans les moindres bourgades, ainsi que des procureurs dont le nombre était respectable. Les *hommes de loi* pullulaient à Saint-Domingue. La procédure ne laissait pas d'être aussi longue que coûteuse et l'on estimait qu'elle absorbait annuellement plus de dix millions de livres.

Les forces militaires de Saint-Domingue ne dépassaient guère 5,000 hommes. Elles comprenaient deux régiments d'infanterie recrutés en Europe, portant les noms de régiments du Cap-Français et de Port-au-Prince et ayant chacun un effectif de 1,500 hommes et une artillerie coloniale de 400 canonniers. En outre des détachements étaient formés par des régiments de France. La police était faite par la maréchaussée, composée, à part les officiers, de mulâtres et de nègres libres. Elle était principalement occupée à donner la chasse aux bandes de nègres marrons qui vivaient dans les bois, et venaient piller les plantations. En dehors des troupes réglées, il y avait les milices qui étaient formées par les habitants libres, quelle que fût leur couleur.

Les villes n'étaient pas fortifiées ; l'on avait bien construit des forts au Cap-Français, à Fort-Dauphin, au môle Saint-Nicolas, à Port-au-Prince ; mais aucune de ces places n'aurait pu soutenir un siège.

L'impôt était fixé par le gouverneur général assisté des notables. L'on distinguait à Saint-Domingue trois impôts principaux : la capitation sur les nègres, la taxe sur les loyers des maisons situées dans les villes et les droits d'octroi et d'exportation. Ajoutons-y la ferme de la boucherie, celle des bâcs, le produit de la poste aux lettres et nous aurons le total des recettes de la colonie qui s'élevaient à 15 millions de livres, tandis que les dépenses n'atteignaient que 13 millions. Grâce à ces ressources, le gouvernement colonial pouvait entreprendre de nombreux travaux d'utilité publique. La voirie ne laissait rien à désirer, et les différents points de la colonie étaient reliés entre eux par de belles routes, plantées d'orangers, de citronniers et de palmiers. Des ponts en maçonnerie avaient été construits sur les rivières. Des digues protégeaient les campagnes contre les inondations et des écluses facilitaient les irrigations. Des diligences ou des messageries à cheval assuraient aux villes les moyens de communiquer facilement entre elles. Dans la plupart des paroisses, il y avait un bureau de poste, et le départ du courrier pour l'Europe, avait lieu deux fois par semaine. En un mot, rien ne manquait à notre colonie ;

son organisation était complète et pouvait faire envie aux provinces de la mère-patrie.

Au point de vue de la fertilité et des productions, la *vieille* France pouvait se montrer jalouse de la nouvelle. La nature avait richement doté notre possession américaine. La végétation est luxuriante aux Antilles et la flore en est réputée pour être l'une des plus belles que l'on connaisse. Les Européens y ont transporté la canne à sucre, le caféier, le cacaoyer, l'indigotier et le cotonnier. Aussi, à Saint-Domingue, partout la vue se portait sur de belles plantations qui respiraient la richesse et la prospérité. Le sol se prête merveilleusement à la culture ; il est arrosé par un grand nombre de cours d'eau dont le principal, l'Artibonite, a quatre-vingt-dix lieues de parcours. Les rivières ne sont pas navigables, à cause de leurs rapides et de leurs cascades ; mais l'on s'en servait avec intelligence pour pratiquer des irrigations et remédier aux inconvénients de la trop grande sécheresse. Nous leur avions donné les noms les plus poétiques, tels que la rivière des Orangers, celle des Bananiers, la rivière des Roches, la rivière des Pleurs ; il en était de même des montagnes qui, par leurs désignations, indiquaient le pittoresque du paysage ou rappelaient la France. C'est ainsi qu'un canton montagneux s'appelait la petite Gascogne, et un autre la Nouvelle-Saintonge, tant il est vrai que le Français aime toujours à évoquer le souvenir de la patrie absente.

Dans de semblables conditions, la colonisation s'était rapidement développée. En 1788, la population comptait 42,000 blancs, 37 à 38,000 affranchis, la plupart mulâtres, et près de 500,000 esclaves [1]. Le nombre des plantations était d'environ 8,000, dont 790 sucreries, 3150 indigoteries, 789 cotonnières, 2,119 caféières et 50 cacaoyères. L'industrie était représentée par 182 guilderies ou distilleries de tafia, 26 tuileries, 29 poteries, 6 tanneries et 390 fours à chaux. Le mouvement commercial s'élevait à 400 millions de livres dont 220 pour l'exportation et 180 pour l'importation. La valeur de la propriété foncière dépassait 1,600 millions. Ces chiffres indiquent à eux seuls l'état florissant de Saint-Domingue, et aujourd'hui, l'Algérie, malgré les progrès accomplis depuis quelques années, a encore beaucoup à faire avant d'avoir atteint un semblable degré de prospérité. Au xviiie siècle, aller à Saint-Domingue, y cultiver une plantation et chercher à y faire fortune, paraissait chose toute naturelle. Grâce à ce courant d'émigration, la population coloniale s'était recrutée parmi les familles les plus honorables de France, en majorité originaires de la Bretagne, de l'Anjou, de la Gascogne et de la Saintonge. Il s'était ainsi formé une petite société qui était mûre et ne demandait qu'à jouer un rôle.

La population blanche constituait la race dominante. Avec le progrès des richesses, le temps avait consacré chez elle des distinctions de rang et de classe ; l'on distinguait parmi les blancs, les fonctionnaires, les planteurs, les commerçants et les *petits blancs*. Les fonctionnaires, pour la plupart nés en France, ne faisaient qu'un

---

[1] Le recensement de 1788, portait 466,000 esclaves ; mais il était au-dessous de la réalité. Les planteurs ne déclaraient jamais le nombre exact de leurs esclaves afin de frauder le fisc.

court séjour dans la colonie. Aussi avaient-ils conservé l'esprit de retour et il était rare de les voir se fixer à Saint-Domingue et se confondre avec la population créole. Les planteurs formaient l'aristocratie coloniale. Ils jouissaient pour la plupart d'une immense fortune et menaient une existence des plus somptueuses. Dans le langage usuel, on les qualifiait de *grands blancs*[1] par opposition aux *petits blancs*. Les marchands qui représentaient à Saint-Domingue les armateurs de France, y tenaient des comptoirs et servaient d'intermédiaires aux planteurs, constituaient la classe des commerçants. On en comptait environ 4,000. Ils passaient la plus grande partie de leur existence dans la colonie et parfois s'y fixaient définitivement. La dernière catégorie, celle des *petits blancs*, comprenait les gérants des plantations et les artisans. Ces derniers étaient généralement des charpentiers et des maçons. Outre la population blanche sédentaire dont nous venons de parler, il y avait la population flottante, principalement composée de marins. Le commerce de Saint-Domingue employait près de 30,000 matelots. Leur présence dans la colonie ne contribuait pas peu à donner de l'animation aux villes et à y entretenir un mouvement qui ne laissait pas d'étonner et de surprendre les visiteurs.

Les différentes distinctions qui existaient entre les blancs n'étaient pas aussi accentuées qu'on aurait pu tout d'abord le supposer. L'antipathie, qui séparait

---

[1] L'usage avait consacré parmi les *grands blancs* diverses distinctions. C'est ainsi que les propriétaires de sucreries, désignés familièrement sous le nom de *sucriers*, étaient considérés comme occupant le premier échelon social.

comme un abîme les *péninsulaires* et les *créoles* dans les colonies espagnoles, était inconnue à Saint-Domingue, et se bornait à quelques critiques de part et d'autre. La situation des *petits blancs* n'avait aucune analogie avec ce qui existait aux États-Unis, avant la guerre de sécession et encore aujourd'hui. Dans notre colonie, les planteurs ne regardaient pas avec dédain, ceux de leurs compatriotes qui étaient de condition inférieure et par suite obligés de reconnaitre leur supériorité. Toutes les diverses catégories de blancs vivaient en bonne intelligence. Elles avaient un intérêt commun qui les unissait, l'esclavage, et réservaient leur mépris pour les gens de couleur.

Les affranchis, les gens de couleur comme on les appelait, formaient la classe intermédiaire entre les blancs et les esclaves. Ils étaient presque aussi nombreux que les blancs; on en comptait seulement 15,000 en 1750 et en 1788, 37 à 38,000. Le gouvernement colonial avait été effrayé de leur accroissement et avait voulu y mettre obstacle. En 1769, une ordonnance avait décidé qu'un affranchissement ne serait valable, que s'il avait reçu l'assentiment du gouverneur et de l'intendant. L'antipathie qui séparait les blancs et les gens de couleur, était au-dessus de tout ce que l'on peut imaginer. L'opinion publique distinguait minutieusement les gens de couleur, et suivant qu'ils se rapprochaient ou s'éloignaient des blancs par un teint plus ou moins foncé, on les appelait mulâtres, quarterons, métis, mameloucks, griffes, etc. L'on reconnaissait treize catégories et leurs dénominations formaient une véritable langue. La loi confirmait ces préjugés. Il était défendu aux affranchis d'exercer certains métiers, comme celui d'orfèvre. Ils ne pouvaient être avocats, médecins, ou apothicaires. Ils étaient exclus de toutes les fonctions civiles, judiciaires ou militaires, ainsi que des assemblées paroissiales. Dans la milice, ils formaient des compagnies spéciales distinguées de celles des blancs par leur uniforme [1]. L'usage enchérissait encore sur la loi. Les gens de couleur ne pouvaient s'asseoir à la même table que les blancs, et jamais ils n'auraient osé porter les mêmes étoffes. Au théâtre, dans les voitures publiques, sur les bateaux, des places spéciales leur étaient réservées. A l'église même, on trouvait cette inégalité choquante. Il y avait une messe pour les blancs et une messe pour les noirs. Inutile de dire que les blancs et les gens de couleur ne se fréquentaient jamais. La plus grande injure que l'on pouvait faire à un blanc, c'était de lui dire qu'il possédait des *parents à la côte ;* ce qui signifiait qu'il était originaire de la Guinée. En un mot, les divisions des castes de l'Inde ne sont pas plus marquées qu'elles ne l'étaient à Saint-Domingue.

Malgré l'état d'infériorité qui pesait sur eux en vertu des lois et des préjugé, les gens de couleur étaient arrivés à former une classe importante par ses richesses. Ils se livraient au commerce et à la culture ; une partie de la propriété était entre leurs mains et près de 2,000 plantations leur appartenaient. Ils aimaient le luxe avec passion, faisaient souvent élever leurs enfants en France et leur donnaient une éducation des plus soi-

---

[1] Dans la milice, les blancs portaient l'habit blanc ou rouge, suivant qu'ils appartenaient à l'infanterie ou aux dragons. Les compagnies de gens de couleur étaient vêtues de nankin.

gnées. Ils jalousaient les blancs, leur portaient envie et aspiraient au jour où ils cesseraient d'être traités en véritables parias et d'être victimes de préjugés que nous ne saurions trop flétrir.

La troisième classe, de beaucoup la plus nombreuse, était celle des esclaves. L'on en comptait près de 500,000 dont 40,000 au moins étaient mulâtres. A part ceux qui servaient de domestiques, ils étaient employés à la culture des plantations. L'on distinguait parmi les nègres, les nègres créoles et les nègres bossales. Les premiers étaient nés dans la colonie; les seconds venaient du Sénégal ou de la Guinée. Les noirs les plus estimés étaient ceux du Congo; ils avaient la réputation d'être plus robustes et de convenir mieux que les autres au travail des champs. L'horrible commerce de la traite était alors en vigueur et chaque année plus de 15,000 nègres étaient importés à Saint-Domingue, conduits dans les principales villes, vendus aux enchères et distribués sur les habitations. Les esclaves étaient traités avec rigueur. Il n'y avait pas une seule plantation où la population noire eût pu se maintenir, les décès l'emportant sur les naissances, sans l'achat de nouveaux esclaves. L'on a calculé qu'il en périssait annuellement un neuvième dans la colonie. Le code noir, quoiqu'il fût loin d'être conforme aux principes de l'humanité, avait bien apporté certaines restrictions à l'omnipotence des maîtres; mais ses clauses étaient restées à l'état de lettre morte. La race africaine paraissait être résignée à la servitude et tout d'abord, il eût été difficile de prévoir cette terrible insurrection où elle allait montrer sa haine et sa férocité.

La principale ville de la colonie, le Cap-Français, était l'une des cités les plus brillantes de l'Amérique. A la veille de la révolution, sa population atteignait 20,000 habitants, dont 5,000 blancs, 3,000 affranchis et 12,000 esclaves, sans compter la population flottante qui variait entre 6 et 8,000 individus. La vie créole s'y montrait dans toute sa splendeur et le luxe que les Français y déployaient, laissait bien loin derrière lui, les habitudes encore puritaines des villes de la Nouvelle-Angleterre.

Lorsqu'on arrivait d'Europe, le Cap se présentait sous un aspect des plus riants. La ville était bâtie au pied d'une montagne et formait un parallélogramme ayant une lieue de long sur une demie de large. On abordait à un quai magnifique, le quai Saint-Louis, où se trouvaient à l'ancre 5 ou 600 vaisseaux. C'était là que s'était concentré le mouvement commercial. Si l'on pénétrait dans l'intérieur de la ville, l'on était surpris de son aspect coquet. Les rues étaient tirées au cordeau, bordées de trottoirs en briques, ayant en moyenne vingt-quatre pieds de large. Elles séparaient 260 îlots ; chaque îlot contenait quatre maisons et présentait une façade de 120 pieds. Les maisons étaient en maçonnerie, couvertes d'ardoises et leurs murs blanchis au lait de chaux. La plupart d'entre elles n'avaient qu'un rez-de-chaussée et à peine en trouvait-on 200 ayant un étage. Leur distribution était commode et appropriée au climat. Elles étaient entourées d'une cour spacieuse, ornées d'une vérandah, plantée d'orangers et de bananiers, à l'ombre desquels on venait s'asseoir dans la soirée et parler des événements du jour.

La ville du Cap était divisée en huit quartiers et le visiteur ne pouvait être qu'agréablement surpris. Il y voyait des places publiques, plantées d'arbres et ornées pour la plupart de fontaines monumentales, plusieurs édifices, tels que le palais du gouverneur, le palais de justice, une église, un arsenal, un entrepôt, un théâtre, de belles casernes et des hôpitaux. Deux belles promenades, l'une le cours le Brasseur situé sur le bord de la mer, l'autre le cours de Villeverd sur la route de Port-au-Prince, attiraient les regards de tous les étrangers. En outre, le jardin du gouverneur s'ouvrait au public et était le rendez-vous de la société élégante. La ville du Cap présentait tous les avantages d'une grande cité. Près du quai Saint-Louis, se tenait tous les dimanches, le *marché aux blancs*, où l'on trouvait tous les articles d'Europe. Chaque matin, il y avait deux marchés aux comestibles, où les marchands, pour la plupart nègres, étalaient en plein air, à l'ombre des figuiers, le chou, le concombre, la morue, la viande, le savon et cherchaient par leur loquacité à attirer l'acheteur. Dans nombre de rues, l'on rencontrait des mulâtresses et des quarteronnes, assises devant des tables couvertes de fleurs variées ; l'on eût dit autant de petits parterres. C'était un commerce fort lucratif. Le confort ne laissait rien à désirer. La ville du Cap possédait plusieurs établissements de bains et l'usage en était fort répandu. Sur les places stationnaient des voitures de louage appelées *cabrouets*, dont les cochers étaient de couleur ébène. Les rues étaient entretenues avec soin. Tous les matins, des tombereaux passaient et enlevaient les immondices. Deux fois par jour, les habitants étaient obligés de jeter de l'eau devant leurs maisons, afin de rafraîchir la température. Dans la journée, les rues étaient tendues de toiles ; ce qui leur donnait un aspect oriental. Toutes les maisons étaient numérotées et des plaques bleues indiquaient les noms des rues. Des sergents de ville parcouraient les différents quartiers pour y maintenir l'ordre et la police était des mieux faites. La ville possédait plusieurs hôpitaux [1] et la charité s'y exerçait largement.

C'était au Cap-Français que l'on pouvait se rendre compte de l'existence que menaient les colons. C'est là que la vie créole se montrait dans toute sa splendeur. Il serait curieux de faire renaître cette société disparue et d'y vivre par la pensée, durant quelques instants. A Saint-Domingue, le luxe était en quelque sorte un besoin. Nos compatriotes d'Amérique aimaient à mener grand train, à avoir de beaux chevaux, de belles meutes, de beaux équipages et à recevoir. Les dîners et les bals occupaient une large place dans leur existence. La passion du jeu était arrivée à ses dernières limites. Au nombre des distractions, n'oublions pas le théâtre qui était complétement entré dans les mœurs. Durant le carnaval, des bals masqués y étaient donnés. Toutes les dames s'y rendaient en dominos et souvent il s'y nouait des intrigues qui rappelaient en petit celles de l'Opéra de Paris.

La colonie de Saint-Domingue ne consistait pas dans la seule ville du Cap. Dans chaque province, l'on trou-

---

[1] Le principal hôpital était doté de 80,000 livres de rente. Il existait aussi un hospice pour les nègres.

vait des centres qui, sans avoir son importance, ne lui cédaient en rien par leurs richesses et leur prospérité. Dans la partie du Nord, nous citerons Fort-Dauphin, ville fort active et où le gouvernement colonial entretenait une petite garnison suisse; Limonade, célèbre par ses marchés; la Marmelade, où l'on avait acclimaté la cochenille; Ouanaminthe, qui possédait des fabriques de poterie; Port-Margot, qui, sur la grande terre, avait été le premier point occupé par les Français; Port-de-Paix, gros bourg de 1,200 âmes et le chef-lieu d'une paroisse qui comptait 10,500 habitants. L'on y avait établi plusieurs usines pour raffiner le sucre, tisser le coton et extraire le principe colorant de l'indigo; aussi le commerce y était fort actif et l'industrie y avait pris un grand développement.

Dans la province de l'Ouest, la ville la plus considérable était Port-au-Prince, la capitale de la colonie. Quoique de fondation récente [1], et malgré un tremblement de terre qui, quelques années auparavant, l'avait détruite en partie, elle avait déjà l'aspect d'une métropole. Sa population dépassait 10,000 habitants, dont 1,900 blancs et 700 affranchis. Ses rues, larges de soixante à soixante-dix pieds, étaient plantées d'arbres, et ses maisons entourées de jardins. L'on y trouvait un théâtre, des *clubs*, qui étaient une importation anglaise, et un jardin botanique. Elle gagnait chaque jour en prospérité et de plus elle avait l'avantage d'être le siège du gouvernement. Aussi l'on pouvait prévoir le moment où cette ville supplanterait le Cap-Français. Les autres

---

[1] Port-au-Prince avait été fondé en 1749.

centres importants de la province étaient : le môle Saint-Nicolas, qui possédait de belles carrières de marbre ; Bombardopolis, en grande partie habité par des colons allemands ; Port-à-Piment, dont les eaux thermales, renommées dans toute l'île, attiraient chaque année nombre de malades ; les Gonaïves, dont le territoire était renommé pour sa fertilité ; la Petite-Rivière, les Verrettes, dont les guilderies produisaient une quantité considérable de tafia ; Saint-Marc, qui avait des salines en plein rapport ; la Croix-des-Bouquets, l'une des paroisses les plus étendues et dont les savanes étaient encore parcourues par des troupeaux de bœufs sauvages ; Léogane, l'ancienne capitale de la colonie ; Jacmel, l'un des grands marchés pour le café et le coton. Son port était excellent. Ses sites pittoresques attiraient quantité de visiteurs et l'on y venait en villégiature.

La province du Sud était la moins importante comme richesse et comme population. C'était celle que les Français avaient occupée la dernière, et aussi la colonisation y était-elle moins avancée que dans les deux autres, quoique le sol y fut des plus fertiles. L'on y comptait seulement quatorze paroisses. La capitale était les Cayes, jolie petite ville, bien construite, d'un aspect riant. L'on y voyait de beaux édifices et, entre autres, un théâtre fréquenté par un public toujours des plus assidus. Sa population approchait de 5,000 âmes, dont 1,300 blancs et 400 affranchis. Après les Cayes, nous citerons Jérémie, grand marché de sucre, de café et d'indigo ; sa rade était des plus fréquentées. Le Fonds-des-Nègres, l'Anse-à-Veau, Torbec, le Cap-Tiburon, les Côteaux, n'étaient que des bourgs ; mais dans leurs environs, ce n'était qu'une série de plantations qui se succédaient les unes aux autres et rivalisaient entre elles de richesse et de prospérité.

Pour bien connaître Saint-Domingue, il ne faut pas se borner à étudier les villes, il faut encore se représenter les plantations et s'y transporter par la pensée. L'existence que menaient les colons, qui vivaient sur leurs habitations, était fastueuse. Une plantation était un petit monde. La demeure principale, située dans une prairie déboisée et consistant le plus souvent en un pavillon carré, dépourvu de style, et entouré d'une verandah, le jardin potager, le jardin aux vivres, la bananerie, la savane [1] pourraient être pour nous l'objet d'un long examen. Le planteur aimait à recevoir et menait grand train. Il avait d'ordinaire de nombreux chevaux et la chasse était l'une de ses passions. Quant aux esclaves, leur manière de vivre serait une étude fort intéressante. Ils habitaient des cases en bois ou en briques, recouvertes de roseaux et sous la direction de *commandants*, pour la plupart gens de couleur, ils étaient employés à la culture. Il était d'usage de leur donner quelques coins de terre, où le samedi et le dimanche, jours dont ils pouvaient disposer, ils cultivaient du tabac, des fruits et des légumes, soit pour leur nourriture, soit pour vendre. Aussi parvenaient-ils souvent à

---

[1] L'on appelait savane un vaste emplacement où se trouvaient les ateliers nécessaires à l'exploitation, tels que les moulins à broyer les cannes à sucre, ou les appareils destinés à écraser l'indigo, trier le coton, vanner le café, la tonnellerie, le poulailler, le colombier, les cases des nègres.

se constituer un petit pécule. Néanmoins, le régime auquel ils étaient soumis, était fort dur, et, à diverses reprises, des insurrections de nègres avaient eu lieu. La population noire d'une plantation était assez nombreuse : les plus petites comptaient quarante à cinquante esclaves ; les plus grandes trois cents et même plus. Les nègres de Saint-Domingue passaient pour être insouciants. Ils aimaient les liqueurs fortes, le jeu, la danse et le chant. Quand ils n'étaient pas au travail, ils jouaient aux dominos avec des coquillages ; le soir, en se promenant dans la campagne, on pouvait entendre les cris joyeux qu'ils poussaient en se livrant à quelques quadrilles désordonnés et les sons discordants de leur orchestre [1] qui devait leur rappeler l'Afrique, leur pays d'origine.

La situation économique de Saint-Domingue au moment de la Révolution ne laisse pas d'étonner. Les principales cultures étaient celles du sucre, du café, du coton et de l'indigo. Le tabac que l'on cultivait ne servait qu'à la consommation locale et du reste l'exportation n'en était pas permise. Au début de la colonisation, le cacao avait été la principale branche du commerce. Depuis, il avait été difficile de soutenir la concurrence espagnole. Le nombre des cacaoyers n'avait pas cessé de diminuer et, en 1788, le cacao expédié de Saint-

---

[1] Les instruments de musique dont se servaient les nègres de Saint-Domingue étaient fort bizarres. Ils consistaient en des troncs d'arbres creusés et recouverts à leurs extrémités de peaux de brebis. Ils jouaient aussi d'une espèce de guitare faite d'une moitié de calebasse avec quatre cordes de soie ou de boyaux d'oiseaux séchés.

Domingue n'avait guère dépassé la valeur de 120,000 livres. Le roucou avait été aussi négligé, et quant au gingembre, auquel le sol convenait à merveille, la récolte en était insignifiante. La culture de la canne à sucre était la plus importante et la plus avantageuse. La moindre sucrerie donnait de 2 à 300,000 livres de rente. La colonie exportait annuellement plus de 1,400,000 quintaux de sucre, représentant la somme de 115,000,000 de livres, qui non seulement suffisaient aux besoins de la métropole, mais approvisionnaient encore une partie de l'Europe. La production du sucre amenait forcément celle du tafia. En 1788, l'on en avait exporté pour une valeur de 2,000,000 de livres, et ce chiffre ne pouvait être considéré que comme celui d'une industrie naissante. Le caféier avait été assez tardivement introduit dans la colonie, vers 1730. La culture s'en était rapidement développée et, en 1788, le café était représenté dans les exportations par le chiffre de 52,000,000 de livres. L'indigo n'avait été cultivé à Saint-Domingue qu'à partir de 1750[1] et cependant, en 1788, l'on en exportait pour une valeur de 11,000,000 de livres. Quant au cotonnier, il paraissait être appelé à jouer un grand rôle dans l'avenir de la colonie. En 1788, il avait donné lieu à une exportation représentant une valeur de 18,000,000 de livres. Le coton de Saint-Domingue était fort apprécié ; l'on distinguait plusieurs espèces, le coton blanc, le coton rouge, le coton de soie. Le sol de la province de l'Ouest

---

[1] Jusqu'au XVIIIe siècle, l'on s'était servi en France du pastel pour teindre les étoffes, et ce n'est qu'à partir de 1740 qu'on employa l'indigo.

paraissait convenir tout particulièrement à cette culture. A cette époque, les États-Unis ne s'étaient pas encore emparés de ce monopole et leur première balle n'avait été expédiée qu'en 1774. Saint-Domingue était déjà un marché important pour cette denrée. Aussi, sans la catastrophe qui se termina par la ruine de notre colonie, la France aurait probablement été amenée à fournir à une partie de l'Europe cette matière première, si précieuse pour l'industrie, et y aurait trouvé les éléments d'une grande prospérité.

Saint-Domingue n'était pas une colonie épuisée ; une partie de son sol était encore en friche, et l'on n'aurait pas tardé à mettre en valeur les terres inoccupées. Il était question d'entreprendre la culture de la savane qui séparait Saint-Marc des Gonaïves. L'on paraissait vouloir s'adonner à l'élève du bétail. En 1788, Saint-Domingue comptait 50,000 chevaux, 40,000 mulets, 250,000 bœufs et vaches, de nombreux moutons et une quantité considérable de porcs. Des tanneries s'établissaient et les cuirs donnaient lieu à un certain commerce. L'on songeait à exploiter les magnifiques forêts de l'île ; le campêche se répandait partout et l'acajou, en se substituant au chêne et au noyer, allait transformer l'industrie du meuble. Une révolution économique s'opérait ainsi dans notre pays et l'on devait en attribuer la cause à notre colonie dont la prospérité se développait, de jour en jour, avec une rapidité qui tenait du merveilleux. La fortune se plaisait à combler Saint-Domingue et les planteurs pouvaient en quelque sorte s'endormir chaque soir avec la certitude d'accroître leurs richesses le lendemain.

Le mouvement qui avait lieu en France se reproduisait à Saint-Domingue. Le goût des lettres commençait à se répandre et le Cap était devenu un centre intellectuel. Cette ville possédait plusieurs publications périodiques, les *Affiches américaines*, la *Gazette de médecine* qui s'occupait d'histoire naturelle, de botanique, d'hygiène et relatait les nouvelles découvertes, et l'*Almanach de Saint-Domingue*, sorte de statistique. Une société savante, la *Société royale des sciences et arts*, y avait été fondée ; elle possédait un musée, un cabinet de physique et de chimie, un jardin des plantes, et se réunissait régulièrement une fois par semaine ; un public nombreux se pressait à ses séances. Si à Saint-Domingue, Voltaire et Rousseau avaient peu de lecteurs, l'on se tenait néanmoins au courant des nouveautés littéraires et scientifiques. Les livres à la mode étaient les *Saisons* et le *Poème pastoral* de Léonard, de la Guadeloupe ; *Manon Lescaut*, et le roman de Bernardin de Saint-Pierre, *Paul et Virginie*. Les esprits se portaient surtout du côté des sciences. Des conférences avaient lieu au Cap et les sujets que l'on traitait étaient l'électricité, la physique et la botanique. En 1784, l'on avait lancé, au Cap, un ballon au milieu d'un enthousiasme incroyable[1]. A cette époque, l'illuminisme était à l'ordre du jour. L'un des chefs de la nouvelle secte, Martinez Pascalis, était venu dans la colonie et son rite cabalistique avait recruté un certain nombre d'adhérents. Pendant quel-

---

[1] Toutes les maisons de la ville avaient été pavoisées. Le soir, il y avait eu grand bal *en l'honneur de la conquête de l'air*, et la rue d'où partit l'aérostat fut appelée la rue du Ballon.

ques années, l'on s'était livré à de nombreuses expériences de magnétisme. La Franc-maçonnerie avait fait son apparition et des loges avaient été organisées au Cap et à Port-au-Prince. Chez la plupart des créoles, le sentiment religieux avait profondément faibli, souvent même disparu. La religion avait fini par ne plus consister qu'en formalités et en habitudes. La démoralisation était générale. Les mœurs des blancs étaient des plus dissolues et sur les plantations avaient lieu journellement des faits qu'on ne saurait trop flétrir. L'on peut dire qu'à la veille de la Révolution, les Français de Saint-Domingue avaient cessé d'être chrétiens, ou ne l'étaient plus que de nom.

La population d'origine africaine laissait à désirer tout autant que les blancs. Néanmoins, il faut reconnaître que les mulâtres avaient des mœurs généralement assez pures. Les uns habitaient leurs plantations; les autres exerçaient dans les villes où ils étaient fixés un métier qui leur fournissait les moyens de mener une existence facile. En somme, on pouvait les considérer comme des colons utiles et une administration, tant soit peu soucieuse de l'avenir de la colonie, se serait occupée de cette classe intéressante.

Quant aux esclaves, leur situation était, ainsi que nous l'avons dit, des plus misérables. Traités durement par leurs maîtres, on ne les maintenait dans l'obéissance qu'à force de sévérités. Ils étaient profondément démoralisés et la suppression de l'ordre des Jésuites, qui avaient commencé à leur donner une culture religieuse, avait été préjudiciable, à tous les points de vue, à la colonie. Livrés à eux-mêmes, les nègres s'adonnaient au fétichisme et adhéraient à la croyance de Vaudoux. Les sectateurs de Vaudoux possédaient une véritable organisation ; ils tenaient la nuit des réunions mystérieuses, au milieu des bois. Dans chaque assemblée, il y avait un roi et une reine que l'on reconnaissait à certains insignes. La cérémonie commençait par des danses ; après quoi, tous les initiés renouvelaient leur serment d'obéissance et s'agenouillaient devant une couleuvre qui personnifiait Vaudoux. Ils adoraient cette divinité sauvage. Cette terrible association avait fini par comprendre la plus grande partie des esclaves. La colonie lui appartenait en quelque sorte. Les planteurs connaissaient son existence. Néanmoins, ils n'y attachaient aucune importance et la considéraient comme une sorte de croquemitaine, dont il fallait rire tant soit peu. L'on eût dit que rien ne pouvait troubler leur quiétude.

En même temps que Saint-Domingue prenait de l'importance, un esprit public s'y était peu à peu formé et développé. Lorsque plusieurs planteurs se trouvaient réunis, ils ne se bornaient plus à parler entre eux de leur naissance, de leurs prétentions à la noblesse, du prix du sucre et du café et de la future récolte. Ils discutaient les affaires de la colonie, les actes de l'administration et se laissaient aller à de violentes récriminations. Le mécontentement était général et tous les colons appelaient de leurs vœux un régime qui fît droit à leurs demandes. Le système colonial, jusqu'alors suivi par la métropole, ne pouvait pas durer plus longtemps. Nos compatriotes d'Amérique n'étaient pas disposés à le tolérer davantage et n'attendaient que la première occasion pour s'en débarrasser. Ils voulaient des réformes complètes et leurs demandes étaient des plus justes et des plus légitimes. Un gouvernement, tant soit peu éclairé, se serait hâté de les satisfaire et de prendre l'initiative d'une révolution, qui s'imposait de plus en plus. Malheureusement, avec la cour de Versailles il ne fallait pas s'attendre à une politique intelligente, et, malgré ses bonnes intentions, Louis XVI était toujours hésitant lorsqu'il s'agissait de prendre un parti.

A partir du xviiie siècle, la colonie de Saint-Domiugue s'était transformée ; elle avait marché vers la prospérité avec une rapidité qui tenait en quelque sorte du prodige. Ces progrès étaient dus principalement aux colons dont l'initiative et l'activité avaient su mettre en valeur les richesses de l'île. L'administration coloniale avait été généralement défectueuse. Si quelques gouverneurs s'étaient montrés à la hauteur de leur mission, la plupart avaient froissé les habitants et brillé par leur incapacité. Le gouvernement de la colonie était confié à un officier général appartenant à l'armée ou à la marine, et cet usage, devenu en quelque sorte un principe, avait les résultats les plus déplorables. Les lieutenants-généraux, maréchaux-de-camp, les chefs d'escadre qui se rendaient dans la colonie, pensaient n'y faire qu'un séjour de courte durée. Pour eux, c'était un moyen de jouer un rôle et de se créer des droits pour occuper, une fois revenus en France, une situation plus élevée ou être nommés à un grade supérieur. Le système des gouverneurs militaires qui, pendant près d'un demi-siècle, a empêché le développement de l'Algérie et en a fait un champ de manœuvres destiné à *procurer de l'avancement,* existait à Saint-Domingue et y produisait des effets analogues.

A Saint-Domingue régnait le despotisme le plus complet et l'arbitraire était à l'ordre du jour. Chargé de mettre à exécution des ordonnances dont l'esprit ne montrait que trop souvent l'ignorance de leurs auteurs, le gouverneur général jouissait d'un pouvoir sans limites. Les fonctionnaires, surtout ceux qui appartenaient à l'armée, traitaient la colonie en véritable pays conquis. Depuis le traité de Paris, qui avait mis fin dès 1763 à la guerre maritime, l'on avait voulu, un instant, affranchir Saint-Domingue du joug accablant de l'autorité militaire, et plusieurs règlements furent rendus dans ce sens. Mais cet essai de réformes avait été passager, et à partir de 1769 l'on était revenu aux anciens errements. L'on disait avec raison que *le militaire dirigeait tout.* Il n'existait aucun conseil chargé de discuter les intérêts de la colonie. Les villes de Saint-Domingue étaient réputées places de guerre ; dans chacune d'elles, il y avait un lieutenant du roi, un major, un aide-major, et ces officiers étaient chargés de son administration. C'était, si l'on peut s'exprimer ainsi, une sorte de *bureau arabe.* Cette création, que l'on avait annoncée comme devant être un gage de protection et de sûreté, avait eu au contraire des effets déplorables. Les officiers ne cherchaient qu'à s'enrichir en ruinant les colons et ne cessaient de vexer les habitants, les blancs comme les mulâtres ; souvent ils empêchaient le cours de la justice, en s'attribuant le droit de juger. En vertu de cette usurpation, on les voyait fréquemment s'opposer aux poursuites exercées par les créanciers contre leurs débiteurs, accorder à ces derniers des délais au mépris des conventions, décider des questions de nue-propriété, d'usufruit et de servitudes. Le rétablissement des milices avait eu pour résultat de favoriser l'accroissement du pouvoir militaire. Les habitants libres, quelle que fût leur couleur, étaient astreints à des réunions périodiques et, sur l'injonction du commandant de quartier, ils étaient obligés de se rendre aux lieux de rassemblement, quelquefois assez éloignés de leur domicile. Avec un tel état de choses, il ne faut pas s'étonner si les colons étaient profondément irrités et si la domination de la métropole commençait à leur peser.

Le régime qu'on imposait à Saint-Domingue était d'autant plus odieux qu'on trouvait dans la colonie tous les éléments nécessaires pour y développer la vie politique. Les planteurs, les riches négociants constituaient une classe dirigeante dans toute l'acception du mot. Au lieu de les faire participer à la chose publique, les gouverneurs avaient soin de les en écarter, comme s'ils avaient eu à redouter leur intervention. Aussi, nos compatriotes d'Amérique aspiraient au jour où ils pourraient avoir un conseil élu chargé de voter et de répartir l'impôt, et des municipalités dans leurs villes et leurs paroisses. Ils se rappelaient qu'en 1762, sur la proposition de l'intendant de Clugny, ils avaient été appelés à nommer des délégués qui s'étaient réunis dans la capitale de l'île. Cette réunion avait constitué une assemblée dont toutes les décisions avaient été fort judicieuses. Cette innovation avait été malheureusement éphémère, mais le souvenir en était fidèlement gardé. Il existait un véritable esprit public dans la colonie. L'on y constatait, il est vrai, des rivalités locales. C'est ainsi que les provinces de l'Ouest et du Nord se jalousaient et un violent antagonisme animait l'une contre l'autre les villes du Cap et de Port-au-Prince. De son côté, la province du Sud se plaignait d'être sacrifiée. Mais toutes ces divisions disparaissaient, lorsqu'il s'agissait de soutenir la lutte contre la métropole. Les Français de Saint-Domingue avaient conscience de leurs forces et de leurs richesses et sentaient qu'ils étaient mûrs pour la vie politique. Ils voulaient que la colonie cessât d'être une possession, une simple dépendance de la mère-patrie, et fût appelée à se gouverner elle-même. Se débarrasser de la tutelle administrative, avoir ce que les Anglais appellent le *self-government* : tel était leur but, telle était leur ambition.

Le régime économique auquel était soumis la colonie provoquait également des plaintes et des récriminations. Ainsi que toutes nos colonies, Saint-Domingue ne pouvait commercer qu'avec la métropole. Le pacte colonial existait dans toute sa vigueur. Le monopole, établi dans le but de favoriser les armateurs et les négociants du royaume, portait un grave préjudice à notre possession. La cour de Versailles le savait et elle avait essayé de donner satisfaction aux demandes réitérées des colons. Contrairement à ce qui avait lieu en France, une ordonnance de 1727 permettait aux étrangers d'acquérir et de posséder des terres dans la colonie. Le môle Saint-Nicolas avait été déclaré port franc.

Cette dernière mesure n'avait donné que des résultats sans importance. Le môle Saint-Nicolas, situé à une extrémité de l'île, dans un canton aride, était un débouché insuffisant. En 1776, les étrangers avaient été autorisés à vendre des bois de construction, à condition de prendre comme paiement des sirops et des tafias. Cette innovation, dont on attendait beaucoup, avait eu des effets déplorables. Elle avait porté un grave préjudice à l'entrepôt du môle Saint-Nicolas et, en même temps, détruit le cabotage de Saint-Domingue qui, jusqu'alors, ne laissait pas d'être important.

Les productions de la colonie étaient aussi riches que nombreuses. Loin de favoriser leur développement, le gouvernement de la métropole, fidèle aux anciennes traditions de la politique coloniale, s'ingéniait en quelque sorte à le restreindre. L'exportation du tabac était prohibée à Saint-Domingue, et celui que l'on écoulait devait uniquement servir aux besoins des habitants de Saint-Domingue. L'introduction du rhum en France était fort limitée dans le but de protéger les eaux-de-vie du royaume. Il en résultait que la colonie ne produisait annuellement que 15,000 barils de rhum, tandis qu'elle aurait pu facilement en fournir plus de 80,000. Il était défendu de fabriquer du sucre en pain ; avoir des raffineries était le droit exclusif de la métropole. En vertu du principe qui fermait les colonies au commerce étranger, les habitants de Saint-Domingue ne pouvaient trafiquer qu'avec la France et étaient obligés de s'adresser à elle pour se procurer les denrées qui leur manquaient. Alors même qu'ils auraient trouvé ces denrées à leur porte, du moment qu'il s'agissait d'un territoire soumis à une domination étrangère, ils ne pouvaient les acheter directement. C'est ainsi que les farines que la colonie tirait pour se nourrir de New-York et de Philadelphie, étaient d'abord expédiées à Bordeaux, et ensuite apportées dans ses ports par les navires de cette ville. Les produits de Saint-Domingue, l'indigo, le sucre et le café, étaient plus que suffisants pour les besoins de la mère-patrie ; nous en approvisionnions alors une partie de l'Europe. Cette source de richesses n'appartenait pas aux colons, mais était l'apanage des négociants de la métropole qui, chaque année, réalisaient ainsi des bénéfices considérables. La colonie, qui se trouvait lésée dans ses intérêts, ne cessait de réclamer, mais ses plaintes demeuraient sans écho. Le commerce français s'opposait énergiquement à ce qu'elle pût trafiquer avec l'étranger et trouvait fort commode de s'enrichir à son détriment. Cette opinion était en quelque sorte devenue un principe *indiscutable*, et un novateur qui serait venu parler dans les ports de la métropole de la liberté commerciale de Saint-Domingue, se serait fait considérer comme un ennemi de la chose publique.

Telle était la situation économique de Saint-Domingue : elle fut avec le militarisme, l'une des principales causes de la révolution dans la colonie. C'est bien à tort, selon nous, que l'on a voulu l'attribuer à l'influence et au progrès des idées philosophiques du XVIIIe siècle. A Saint-Domingue, pour tout observateur, l'ancien régime ne pouvait plus durer. Le mécontentement était général, et l'on remarquait un mouvement inusité dans les esprits. Il se formait un courant vers un nouvel état de choses, et il était facile de constater que sa force devenait de plus en plus irrésistible. La colonie était à la veille de subir une transformation plus ou moins complète, et vouloir le nier, ce serait refuser de se rendre à l'évidence.

La révolution d'Amérique, dont le résultat avait été d'émanciper les colonies anglaises, avait eu un grand retentissement à Saint-Domingue. Dès le début de la guerre, les colons avaient témoigné leurs sympathies aux *insurgents*. Plusieurs d'entre eux avaient pris part à la lutte et combattu pour l'indépendance des États-Unis dans les troupes du général Rochambeau, ou avec les volontaires de Lafayette. De retour dans la colonie, ils avaient raconté les événements dont ils avaient été témoins. Les colons savaient que les habitants de la Nouvelle-Angleterre et de la Virginie, après avoir refusé de payer des taxes imposées par le gouvernement de la métropole, s'étaient soulevés, avaient conquis leur indépendance et fondé une jeune république dont l'avenir semblait devoir être des plus brillants. L'émancipation de l'Amérique qui, tout d'abord, leur avait paru chose extraordinaire, leur semblait toute naturelle, et pour beaucoup, le jour où Saint-Domingue s'émanciperait de la métropole, n'était peut-être pas fort éloigné. Cette idée n'était pas particulière à nos compatriotes des Antilles. On la retrouvait dans les possessions espagnoles. En 1780, le Pérou s'était soulevé contre l'Espagne. Peu après le traité de Paris de 1783, le comte d'Aranda qui y avait pris part en qualité de négociateur au nom du cabinet de Madrid, exposait dans une lettre au roi Charles III, la situation du Mexique et de la Nouvelle-Grenade. L'on était mécontent ; des complots s'organisaient et l'on songeait à secouer la domination espagnole. Les symptômes devenaient de plus en plus nombreux. A la Jamaïque, dans une île restée anglaise, l'on pouvait aussi constater un mouvement inusité. L'affaire des Bostoniens avait eu partout son contre-coup. Elle avait appris aux populations du Nouveau-Monde qu'elles pouvaient se passer de la vieille Europe. L'indépendance cessait d'être un rêve et devenait une réalité. La colonie de Saint-Domingue était mûre pour une révolution. L'incendie couvait sous la cendre, et il suffisait de la moindre étincelle pour le faire éclater.

CHAPITRE II

Les députés de Saint-Domingue à l'Assemblée Constituante. — La lutte des colons contre la métropole. — La première assemblée coloniale.

Tel était l'état de la colonie de Saint-Domingue à la veille de la révolution. La nouvelle de la convocation des États-Généraux y produisit une grande agitation. Le 18 mars 1788, les colons avaient envoyé au roi une adresse où ils demandaient à nommer des députés. Presque au même moment, les planteurs qui résidaient à Paris, se réunissaient en une société dont les séances se tenaient à l'hôtel Massiac, d'où lui vint dans la suite, le nom de *club Massiac*. Eux aussi réclamaient pour la colonie le droit de nommer des députés, et après avoir fait dans ce sens des démarches près du ministre de la marine, de la Luzerne, et près du roi, ils choisissaient des commissaires et leur confiaient le soin de défendre leurs intérêts. Ces commissaires étaient le marquis de Gouy d'Arcy, le comte de Reynaud, le marquis de Paroy, le duc de Praslin, le duc de Céreste, le marquis de Périgny, M. de Peyrac, le comte de Magolon et le chevalier Dougé. Ils s'adressèrent au Conseil d'État et présentèrent un mémoire à l'Assemblée des notables.

Le gouvernement de Louis XVI ne savait quel parti prendre. Aussi manqua-t-il de franchise. Le Conseil d'État jugea que la question de représentation des colonies ne devait pas être agitée. Le ministre de la marine qui ne voulait pas faire connaître aux commissaires le résultat de cette décision, se contenta de leur dire qu'il ne pouvait les reconnaître que comme de simples particuliers. C'était une faute ; il fallait s'arrêter à une décision quelle qu'elle fût. De la Luzerne, qui tout récemment avait été gouverneur de Saint-Domingue, aurait dû, mieux que personne, se douter du mauvais effet que produirait sa manière d'agir. L'on eût dit qu'il était aveugle.

Dans la colonie, l'administration avait une attitude analogue à celle du ministre. Le gouverneur Duchilleau était en désaccord avec l'intendant Barbé de Marbois. Les événements, qui allaient se précipiter, n'étaient pas de nature à amener un rapprochement entre eux. Les colons demandaient l'autorisation de s'assembler pour nommer des députés. Obéissant à des instructions secrètes dont de la Luzerne était l'auteur, les administrateurs alléguaient leur ignorance des intentions du roi, en ce qui concernait l'admission des députés des colonies aux États-Généraux, et *sur la forme dans laquelle il conviendrait de recueillir les sentiments des colons relativement à cette demande*. Ils les autorisaient néanmoins à pétitionner et les invitaient même à exposer leurs vœux *par lettres ou requêtes, qui leur seraient adressées des différents lieux de la colonie, sans qu'elles pussent cependant être signées par plus de cinq personnes; faute de quoi, elles devaient être rejetées comme nulles.* Ils défendaient en même temps, *conformément aux règlements de Sa Majesté, toute assemblée illicite,* menaçant de poursuivre tous ceux qui y assisteraient, suivant la *rigueur des ordonnances.* Dans une lettre adressée au gouverneur, le ministre de la marine ordonnait de *prévenir la circulation des billets interdits.*

C'était un véritable défi jeté à l'opinion publique. L'indignation fut extrême, et en voyant qu'ils ne pouvaient rien obtenir, les colons résolurent d'agir. Depuis quelque temps, un comité s'était organisé et avait pris la direction du mouvement. Ce comité tenait des séances secrètes; il s'était mis en rapport avec le club Massiac, et ses ramifications s'étendaient dans toutes les paroisses. Il décida qu'il serait procédé aux élections des députés. L'administration eut beau les interdire; ses efforts étaient impuissants. Dans les paroisses où l'on craignait quelque coup de force, l'on se réunissait, pour voter, sur une plantation isolée. A Port-au-Prince, au Cap, aux Cayes, les élections furent publiques, et l'administration ne fit rien pour s'y opposer. Aux Cayes, les députés du Sud furent reçus triomphalement, et l'on tira le canon en leur honneur. La révolution de Saint-Domingue était commencée.

Dix-huit députés, six pour chaque commune, avaient été élus, et quoique leur élection ne fût pas reconnue par le gouvernement royal, ils se regardaient comme légitimement nommés. Conformément à l'usage suivi en France, les électeurs avaient rédigé des cahiers dont nous résumons les principales demandes. La métropole devait reconnaître à la colonie le droit de se gouverner elle-même. Il était établi en principe, que pour participer au gouvernement de la colonie, il fallait y être propriétaire. L'administration de la colonie devait appartenir aux colons, ainsi que la plupart des fonctions publiques. Les cahiers insistaient sur la création d'assemblées provinciales, chargées de voter la loi et l'impôt. Pour devenir exécutoires, les lois auraient été sanctionnées par le roi, sur la demande d'un comité colonial résidant à Paris. La justice devait être rendue par des tribunaux civils à l'exclusion du militaire. Les colons n'oubliaient pas de montrer leurs prétentions aristocratiques ; c'est ainsi qu'ils demandaient que l'exercice d'une fonction publique, pendant quinze ans, assurât de la noblesse. Quant aux réformes à apporter à la condition des hommes de couleur, à l'esclavage, à la répression de la traite, il n'en était pas fait mention. Ces cahiers indiquaient nettement le caractère de la révolution de Saint-Domingue. Les colons voulaient avant tout se débarrasser de la tutelle de la métropole, et réclamaient pour la colonie le droit de se gouverner elle-même. Tel était leur but, et ils n'en avaient pas d'autre.

Les députés de Saint-Domingue se rendirent en France ; dès leur arrivée à Paris, ils se mettaient en rapport avec le club Massiac. Au lieu d'y trouver un appui, comme ils l'avaient espéré, ils y rencontrèrent des adversaires. Les membres du club Massiac n'avaient pas pris part aux élections de Saint-Domingue ; aussi ne voyaient-ils pas d'un bon œil les députés, qui tenaient leur mandat de leurs concitoyens. De plus, ils aspiraient à une indépendance plus ou moins complète de la colonie. Ils ne voulaient d'aucune représentation dans le sein des États-Généraux, et désiraient seulement avoir des députés *auprès* de l'Assemblée Nationale et *non* dans l'Assemblée ; de cette façon la colonie n'aurait eu rien à *démêler* avec la métropole. Les députés de Saint-Domingue se montraient moins absolus que le club Massiac. Ils réclamaient une constitution ; mais ils considéraient la colonie comme partie intégrante de l'empire français, et pénétrés de cette idée, ils voulaient que cette constitution fût décrétée par les États-Généraux, sur la présentation que devait leur en faire une assemblée coloniale. Les colons auraient nommé cette assemblée ; de plus, ils demandaient à envoyer des députés aux États-Généraux, afin de se concerter avec la métropole au sujet des lois relatives au commerce extérieur de la colonie et de ses relations avec les puissances étrangères. La division s'accentua entre la députation de Saint-Domingue et le club Massiac. Les membres de cette dernière réunion ne voulaient rien entendre, et affectaient de désigner les représentants de Saint-Domingue sous le nom de *membres du comité colonial*. De son côté, le gouvernement du roi n'était pas mécontent de cet antagonisme dont il espérait tirer parti. De la Luzerne ne cachait pas sa manière de voir à ce sujet. Il croyait que grâce à la lutte entre les deux partis le régime auquel était soumise la colonie continuerait de rester en vigueur. De plus, il pensait qu'en se montrant favorable aux prétentions de la réunion Massiac, il empêcherait les députés de siéger aux États-Généraux.

Dès les premières séances des États-Généraux, les députés de Saint-Domingue s'étaient adressés à la noblesse, qui les accueillit assez mal ; ils furent reçus par le tiers-état, et le 8 juin 1789, ils obtenaient un arrêté leur accordant la séance, sans néanmoins leur donner le droit de voter, sauf à statuer sur leurs pouvoirs. Ils étaient présents à la journée du Jeu de Paume. Quand ils se virent omis dans l'appel des bailliages, ils s'empressèrent de réclamer, en faisant remarquer, pour excuser l'irrégularité de leurs pouvoirs, les difficultés que les colons avaient eues pour se réunir et procéder à leur élection Le 28 juin, l'Assemblée les admettait provisoirement à siéger. Le décret du 4 juillet, qui les admit définitivement, les réduisait à six titulaires, à raison de deux pour chaque province de la colonie et à autant de suppléants. Les six députés admis étaient : le marquis de Gouy d'Arcy, le chevalier de Cocherel, le marquis de Perrigny, le comte de Reynaud, MM. Gérard et de Thébaudière. Parmi les députés suppléants, nous nous bornerons à nommer Larchevesque-Thibaud. C'est ici que les députés de Saint-Domingue montrèrent leur esprit particulariste. Ils s'engagèrent à rester à Paris comme s'ils avaient été tous admis à siéger à l'Assemblée Nationale. Pour ce qui regardait les affaires de la colonie, les six députés admis se concertaient avec leurs douze autres collègues et se conformaient toujours à l'opinion de la majorité. La députation de Saint-Domingue formait une corporation particulière, prenant des arrêtés, ayant des registres à elle : ses délibérations furent toujours signées par les dix-huit députés originairement élus, avec cette simple différence, que les députés admis à siéger étaient désignés sous le nom de députés votants, et les autres sous celui de députés suppléants.

Les hommes de couleur n'avaient jusqu'à présent joué aucun rôle. Ceux qui habitaient Saint-Domingue, étaient restés étrangers aux événements. Persuadés que la métropole pourrait peut-être améliorer leur situation, ils penchaient pour la plupart de son côté. Un certain nombre résidaient à Paris, et parmi eux, nous citerons Julien Raymond et Vincent Ogé, qui tous deux, grâce à leur fortune et à leur instruction, jouissaient dans leur classe d'un grand crédit. Ils avaient pris l'initiative d'un mouvement dont le but était fort légitime; ils voulaient mettre un terme à l'avilissement de leur race. Les mulâtres avaient répondu à cet appel; ils avaient nommé des commissaires chargés de défendre leur cause, et tout naturellement, leur choix s'était porté sur Raymond et Ogé. Un avocat au Conseil du roi, de Joly, leur prêtait son assistance, et de plus, ils étaient soutenus par la société des *Amis des noirs*, qui s'était formée à Paris en 1787, à l'instar de celle de Londres. Après avoir inutilement essayé de se faire admettre à l'Assemblée Nationale, les commissaires des gens de couleur s'étaient présentés au club Massiac, dans l'espoir de gagner à leur cause les sympathies des planteurs. C'est en vain qu'Ogé parla des malheurs qui frapperaient la colonie, si les colons, quelle que fût leur origine et leur couleur, au lieu de s'unir, persistaient à maintenir les abus du régime co-

-lonial. Les préjugés dominaient au club Massiac, et cet appel demeura sans écho.

A Saint-Domingue, l'on suivait attentivement les événements qui s'accomplissaient en France. Dès qu'un navire jetait l'ancre dans le port d'une ville, les colons s'empressaient de se porter à la rencontre des passagers et d'en tirer quelques renseignements. Une nouvelle était-elle tant soit peu intéressante, l'un des nouveaux débarqués se rendait au théâtre, paraissait sur la scène durant un entr'acte, et donnait lecture d'une notice où il avait consigné les nouvelles de Paris et de Versailles. Partout l'avénement d'un nouveau régime était acclamé avec un enthousiasme qui allait jusqu'au délire. Le comité qui siégeait à Port-au-Prince, tout d'abord secret, tenait publiquement ses séances, et au moyen de ses ramifications, il était souverain maître dans la colonie. Le gouverneur général Duchilleau voyait son impuissance ; comprenant combien son rôle était pénible, il n'avait pas voulu rester à Saint-Domingue. Dès le mois de juin 1789, il s'était embarqué pour la France, avant même d'avoir obtenu l'agrément du ministre de la marine.

La nouvelle de la prise de la Bastille retentit comme un coup de foudre ; toute retenue fut rompue. L'on s'électrisait au mot de liberté. Les blancs saluaient avec bonheur la destruction de la forteresse du gouvernement, oppresseur de Saint-Domingue, et pensaient que dorénavant, la colonie serait débarrassée de la tutelle de la métropole. Les hommes de couleur sortaient de leur indifférence apparente, et espéraient que l'inauguration d'une ère nouvelle ferait cesser leur état d'infériorité. Ils tenaient des conciliabules, formaient des comités et se berçaient de l'espoir d'être admis dans les assemblées politiques des blancs. Quant aux esclaves, personne n'y songeait ; blancs et mulâtres s'entendaient pour maintenir les nègres dans la servitude. La cocarde tricolore fut arborée avec ivresse, comme l'emblème de l'émancipation de la colonie. Les agents du gouvernement étaient obligés de la porter. Quant à la cocarde blanche, elle était considérée comme représentant le régime colonial qui tombait. Partout eurent lieu des réjouissances et des fêtes. Toute la population libre, les blancs comme les mulâtres, portait la cocarde tricolore. Les quelques rares partisans de l'ancien état de choses, qui ne voulaient pas se conformer à cet usage, devenu en quelque sorte une loi, n'osaient se montrer en public. L'un d'eux, nommé Goys, eut l'imprudence de paraître sur la promenade de la ville des Cayes, où il habitait, sans avoir de cocarde. Un rassemblement se forma, et on lui demanda des explications. Goys répondit par des propos injurieux à l'adresse de la Révolution. On se jeta sur lui aux cris de : « *Vive la colonie.* » Il fut tué d'un coup de pistolet, et sa tête promenée au bout d'une pique, sans que les autorités voulussent ou pussent s'y opposer. Aucune poursuite ne fut exercée contre les assassins.

L'autorité de la métropole était complétement méconnue. Les comités dominaient, et dans toutes les paroisses des municipalités avaient été installées. Le lieutenant général de Blanchelande, qui avait provisoirement remplacé Duchilleau, voyait son impuissance et assistait en spectateur aux événements. Au mois de septembre 1789, le nouveau gouverneur général, un chef d'escadre, le comte de Peynier, arrivait à Port-au Prince. Ce fonctionnaire n'avait rien de ce qu'il fallait pour maîtriser la situation. Homme à esprit étroit, imbu des idées du pouvoir absolu, il se figurait qu'une province pouvait être administrée comme un régiment, et qu'avec la force on pouvait vaincre tous les obstacles. Il n'allait pas tarder à être détrompé.

La situation ne faisait qu'empirer ; l'effervescence était à son comble. La nouvelle de la nuit du 4 août donna lieu à de nombreuses manifestations. Un *Te Deum* fut chanté dans la plupart des paroisses et à cette occasion, la petite ville de Saint-Marc fut livrée à l'anarchie la plus complète. Dans la journée du 12 octobre, un colon nommé Boulin avait été maltraité, pour avoir paru en public, sans porter la cocarde tricolore, et tous les blancs, prisonniers pour dettes, mis en liberté. Dans la soirée, des gens sans aveu pillèrent plusieurs maisons et mirent le feu à l'une d'elles. L'on s'empara de ces brigands, et une commission extraordinaire les condamna à la prison ou au bannissement. Le procureur général de la colonie qui résidait à Port-au-Prince, Lamardelle, revendiqua l'affaire, fit conduire les prisonniers dans la capitale et commencer une instruction. A cette nouvelle, les blancs de Saint-Marc menacèrent de descendre en armes à Port-au-Prince, si le jugement de la commission qu'ils avaient nommée n'était pas exécuté. Le procureur général céda ; c'était un encouragement donné à l'insurrection.

Partout le mépris du gouverneur s'accentuait de plus en plus. La ville du Cap, qui dirigeait le mouvement, résolut d'attaquer ouvertement l'autorité de la métropole. Dans cette cité, l'effervescence dépassait tout ce qu'on pouvait imaginer. Le théâtre était devenu le siège du comité, et chaque jour avaient lieu des réunions des plus tumultueuses. Le 12 octobre 1789, un colon nommé Chesneau était monté sur la scène, et avait attaqué publiquement Barbé de Marbois, qui par son administration tracassière, avait encouru la haine des habitants. Quelques jours après, la malle du courrier était pillée aux environs de la ville, et l'auteur de cet attentat n'était autre que Chesneau. La maréchaussée s'empara de sa personne, et une instruction fut commencée contre lui. A cette nouvelle, la jeunesse du Cap prit les armes, délivra le prisonnier, le reconduisit en triomphe à son domicile, et envahit le greffe de la sénéchaussée qu'elle livra au pillage.

Ce coup de force enhardit les habitants du Cap. La ville se souleva; le chef du mouvement était un riche planteur, Bacon de la Chevalerie. L'on voulait une victime; elle était désignée d'avance. C'était Barbé de Marbois et une expédition sur Port-au-Prince fut décidée. Pour exalter les esprits, l'on répandit le bruit que le gouvernement avait l'intention d'affranchir les esclaves, et que 3,000 nègres s'étaient réunis pour saccager le Cap. Les préparatifs de l'expédition eurent lieu publiquement, sans que le colonel Cambefort qui commandait le régiment en garnison dans la ville, s'y opposât. Dans les premiers jours de novembre, la petite armée, qui, durant le trajet, avait fait de nombreuses recrues parmi les planteurs, arrivait devant Port-au-Prince, sans rencontrer la moindre résistance.

Barbé de Marbois venait de s'embarquer pour la France. Les blancs du Cap séjournèrent néanmoins près d'une semaine à Port-au-Prince, où tout en observant une discipline sévère, ils se livrèrent à une propagande des plus actives. Le gouverneur, le comte de Peynier, s'était complétement effacé ; il avait laissé occuper Port-au-Prince, et le régiment qu'il avait à sa disposition n'avait reçu aucun ordre. Son incapacité était notoire, et il n'y avait pas à compter sur lui, pour maîtriser la situation.

Les colons de Port-au Prince suivirent l'impulsion qui leur avait été donnée, et sitôt le départ de l'armée du Cap, des rassemblements parcoururent la ville. Si à Port-au-Prince, l'on était décidé à prendre part au mouvement, plusieurs habitants avaient été froissés des prétentions des planteurs du Nord, et ne pouvaient admettre que leur cité, la capitale de la colonie, reçût des ordres du Cap, le chef-lieu d'une province. Les partisans de la métropole surent profiter de cette rivalité pour rattacher à leur cause un certain nombre de colons. Ils formèrent avec eux une corporation, celle des *Pompons blancs*, à cause de l'ornement de cette couleur que ses membres portaient à leur chapeau, comme signe de ralliement. Mais l'influence de cette association se réduisait à peu de chose, et la direction appartenait, pour le moment, au Cap et aux paroisses du Nord.

La partie du Nord était la plus importante par sa situation et ses richesses. La culture et l'industrie y étaient poussées plus loin que dans le reste de l'île et le numéraire plus abondant. Le Cap recevait plus de navires à lui seul que tous les autres ports de l'île ; la population était nombreuse dans la province [1]. Toutes ces raisons avaient fait que l'esprit public y était plus développé, et par conséquent plus remuant. Les colons pensèrent qu'au lieu d'un comité, une assemblée de toutes les paroisses de la province jouirait d'un plus grand crédit, et serait pour eux un moyen d'action pour lutter contre l'autorité de la métropole. Il avait été procédé aux élections dans le courant d'octobre, et l'on s'était dispensé de prendre l'avis du gouverneur. Le 1er novembre 1789, les élus s'étaient, pour la plupart, réunis au Cap et constitués en assemblée, sous le nom d'assemblée provinciale du Nord.

L'esprit de cette assemblée était aristocratique. Les hommes de couleur n'y avaient aucun représentant ; ils n'avaient pas même été admis à prendre part au vote. Parmi les personnages les plus influents de cette assemblée, nous citerons Bacon de la Chevalerie, Auvray, Daugy, Trémondrie et Larchevesque-Thibaud. Ce dernier devait jouer le premier rôle. Au moment de la convocation des États-Généraux, il était au Cap, administrateur des biens vacants. Sa valeur personnelle, sa fortune, son influence l'avaient fait désigner comme député à Versailles, et il avait été admis à titre de suppléant. Dès le 24 août 1789, il avait donné sa démission, en alléguant pour prétexte *que la révolution n'existant pas encore au moment de son élection, il ne pouvait pas être dans le sens de la révolution, sans prendre l'avis de ses*

---

[1] L'on comptait dans la province du Nord 17,000 blancs, 14,000 hommes de couleur, libres, et 190,000 esclaves.

commettants. Le véritable motif était que les affaires de la colonie le préoccupaient exclusivement. Larchevesque-Thibaud s'était empressé de revenir à Saint-Domingue, et il n'avait pas cessé de faire entendre des idées d'indépendance vis à vis de la métropole. Sa parole ardente et son savoir lui donnaient un grand crédit, aussi allait-il devenir l'un des chefs les plus fougueux du mouvement. Pour lui, la colonie de Saint-Domingue devait se gouverner elle-même et jouir d'un régime analogue à celui que possède actuellement le Canada.

L'assemblée provinciale du Nord, composée en grande partie de planteurs, partageait les idées de Larchevesque-Thibaud, et elle allait sans tarder montrer les sentiments dont elle était animée. Après avoir nommé président, Bacon de la Chevalerie, elle prêtait serment à la nation, à la loi, au roi et faisait ensuite prêter ce même serment aux fonctionnaires et aux troupes de la garnison. En qualité d'agents de la métropole, les fonctionnaires ne pouvaient être partisans de la révolution coloniale ; il en était de même des officiers. Mais ne recevant aucun ordre, tous prêtèrent serment. L'assemblée provinciale, en voyant que son autorité était acceptée sans difficultés, se déclara en permanence et vota l'inviolabilité de ses membres. Elle s'attribua la plénitude des pouvoirs législatif et exécutif, dans tout ce qui concernait le régime intérieur de la province. C'était une véritable usurpation.

L'un des premiers soins de l'assemblée fut de réorganiser les milices à l'imitation des gardes nationales de France, et de les placer sous ses ordres. Elle s'attribua ensuite la direction de toutes les caisses publiques et décida que les *livres, brochures, manuscrits, estampes ou gravures,* qui arriveraient dans les ports de la province, seraient visités, et ne pourraient être mis en vente, qu'avec son autorisation. Le but de cette mesure était facile à comprendre. L'assemblée ne voulait pas que des communications pussent exister avec la France, en dehors d'elle, dans la crainte que le gouvernement de la métropole ne cherchât à contrecarrer ses actes. Des comités locaux, des municipalités avaient été créés dans toutes les paroisses et les commandants de quartier en étaient membres de droit. C'était pour les colons un moyen de rattacher à leur cause tous les fonctionnaires qui appartenaient aux armées de terre et de mer. Le conseil supérieur du Cap, qui, quelques années auparavant, avait été supprimé, fut rétabli et installé le 6 janvier 1790, le jour des Rois ! Il y eut une fête à cette occasion. La ville du Cap était pavoisée et les réjouissances se prolongèrent fort avant dans la nuit. Le colonel Cambefort et tous les officiers de son régiment vinrent fraterniser avec les membres de l'assemblée. La province du Nord était en fait devenue indépendante, et personne ne songeait à rappeler qu'il existait un gouverneur général, chargé de représenter la France.

Ce dernier, le comte de Peynier, se rendait compte de la situation, mais son impuissance était complète. La garnison du Cap ne reconnaissait plus son autorité et obéissait à l'assemblée du Nord. C'est en vain que de Peynier invoquait les décrets de l'Assemblée Constituante. On lui répondait que ces décrets, rendus en l'absence des députés de Saint-Domingue, étaient sans valeur pour la colonie. De plus, on lui reprochait de faire lui-même peu de cas de ces décrets qu'il invoquait, puisqu'il n'avait pas encore fait prêter le serment civique aux troupes de Port-au-Prince. L'assemblée provinciale du Nord se prévalut même de cette circonstance pour déclarer « *qu'elle ne reconnaîtrait pas le gouverneur général comme dépositaire du pouvoir exécutif, tant qu'il n'aurait pas satisfait à cette obligation* ». Décidée à engager la lutte, elle avait condamné l'intendant Barbé de Marbois à être pendu et son corps brûlé. L'exécution eut lieu en effigie, le soir, à la lueur des torches, en présence d'une foule immense. A Bacon de la Chevalerie, Larchevesque-Thibaud avait succédé en qualité de président de l'assemblée provinciale. A peine était-il nommé, qu'il prenait l'initiative des mesures les plus violentes. Le 29 janvier 1790, il adressait une lettre à l'Assemblée Constituante pour dénoncer le ministre de la marine, de la Luzerne, comme un *tyran*, l'accuser de fomenter des insurrections et demander pour la colonie le droit de se gouverner elle-même. Deux jours auparavant, le 22 janvier, l'assemblée provinciale avait interdit toute correspondance avec de la Luzerne, sous peine d'être déclaré *traître*, et proclamé que les assemblées coloniales seules avaient le droit de statuer sur les affaires des colonies.

Du Nord, le mouvement avait gagné les autres provinces. Dans l'Ouest où se trouvait Port-au-Prince, le siège du gouvernement, il fut plus long à se produire, et moins violent. Jusqu'à la fin de 1789, les colons s'étaient contentés d'avoir un comité provincial où le comte de Peynier avait été admis en sa qualité de gouverneur général. Ce ne fut qu'au commencement de 1790, que les députés des paroisses de l'Ouest se réunirent à Port-au-Prince. Ils se bornèrent à se constituer en simple assemblée électorale, à réorganiser le comité provincial, à lui confier l'administration de la province et à exiger le serment civique tant du gouverneur général que des troupes. Après quoi, ils se séparèrent en prenant quelques arrêtés de peu d'importance. Il était bien évident que dans l'Ouest, l'esprit public différait sensiblement de celui du Nord. Cette divergence s'expliquait facilement, lorsqu'on connaissait la rivalité qui existait entre les deux villes de Port-au-Prince et du Cap. Dans l'Ouest, l'on était jaloux de la province du Nord, et de ses prétentions à la suprématie. De plus, l'on craignait de voir le siège du gouvernement transféré de Port-au-Prince au Cap, comme il en était question. Toutes ces raisons exerçaient une influence sérieuse, si bien que les colons de l'Ouest, tout en désirant la suppression de l'ancien régime, n'étaient pas disposés à entrer en lutte ouverte avec la métropole. Les idées d'autonomie y étaient, pour le moment, moins accentuées que dans le reste de l'île.

Il n'en était pas de même dans le Sud. Cette province, moins étendue et moins peuplée [1] que les deux autres, était, en même temps, celle où la culture était le moins avancée. Il fallait attribuer cette infériorité à l'espèce d'abandon où le Sud avait été laissé. Cette partie de l'île avait été colonisée après le Nord et l'Ouest. On

---

[1] Dans le Sud, on comptait 11,000 blancs, 10,000 hommes de couleur libres et 130,000 esclaves.

n'y trouvait aucun centre important, et sa capitale, les Cayes, était une petite ville de 5,000 habitants. L'industrie se réduisait à peu de chose et les capitaux étaient fort rares. Il en résultait que les habitants du Sud se regardaient comme sacrifiés, et que, chez eux, le mécontentement était général. Ils demandaient, depuis plusieurs années, un conseil supérieur pour leur province, des écoles publiques, une garnison aux Cayes, comme au Cap et à Port-au-Prince, et une diminution de la taxe qui frappait leurs produits, au moment de leur sortie. Le Sud devait forcément accueillir avec joie la nouvelle d'une révolution. Comme les communications avec le Nord étaient difficiles, l'agitation fut longue à se produire. Mais, lorsqu'on apprit les événements du Cap, ce fut comme une traînée de poudre. Les paroisses nommèrent des municipalités, élurent des députés qui, le 15 février 1790, se réunissaient aux Cayes et se constituaient en assemblée provinciale. A l'imitation de celle du Nord, la nouvelle assemblée s'attribua les pouvoirs les plus étendus, réorganisa les milices, et s'empara de la gestion des finances. L'autorité du gouverneur général était conspuée et les relations officielles avec Port-au-Prince à peu près interrompues. L'esprit d'autonomie qui dominait dans le Nord, se retrouvait dans la plupart des paroisses du Sud.

Jusqu'alors, les hommes de couleur n'avaient joué aucun rôle; ils espéraient que la chute de l'ancien régime changerait leur situation. Tout en déclarant vouloir améliorer le sort des mulâtres, les blancs regardaient le droit de gouverner la colonie comme étant leur monopole, et entendaient se le réserver exclusivement. A Paris, c'est en vain que les hommes de couleur s'étaient adressés au club Massiac ; ils s'étaient heurtés à des préjugés invincibles. Il en était de même à Saint-Domingue. Les hommes de couleur étaient exclus des comités, des municipalités, des assemblées provinciales. Dans plusieurs paroisses, on avait même voulu les empêcher de porter la cocarde tricolore, et pour les y autoriser, il avait fallu un ordre formel des administrateurs. Le mépris que les colons en Algérie ont pour les Arabes, ne nous donne qu'une idée imparfaite de celui des blancs pour les mulâtres, dans notre colonie américaine. Pour le moment, les hommes de couleur supportaient, sans avoir recours à la force, les vexations auxquelles ils étaient en but. Ils attendaient que l'Assemblée Constituante prît la défense de leur cause; mais il était évident que leur patience finirait par se lasser. Un soulèvement était à craindre de leur part.

Les blancs ne négligeaient rien, du reste, pour le provoquer. Au Cap, deux colons que leur bienveillance pour les nègres, faisait passer pour être partisans de leur affranchissement, avaient été, au mois d'octobre 1789, insultés et outragés. L'un était promené sur un âne à travers la ville et hué par la populace; l'autre obligé de prendre la fuite et brûlé en effigie. On faisait circuler les nouvelles les plus alarmantes, et, à chaque instant, la milice organisait des expéditions. Le bruit courut que Moreau de Saint-Merry, nommé intendant de la colonie, était sur le point de débarquer avec l'intention de soulever les esclaves. Le 23 octobre, plusieurs voiles étaient signalées à l'horizon. L'émotion dans tout le quartier du Cap fut extrême.

On battit la générale, et tous les blancs coururent aux armes. Aussitôt que les navires eurent jeté l'ancre, ils en prirent possession et se livrèrent à une perquisition des plus minutieuses, dans le but de s'emparer de Moreau de Saint-Merry et de le pendre à la vergue d'un mât. Heureusement que ce dernier ne se trouvait pas à bord et était resté en Europe. Quelques jours auparavant, un mulâtre de la ville, nommé Lacombe, avait adressé au comité provincial une supplique où il réclamait pour sa caste la jouissance des droits politiques. Pour appuyer sa demande, il déclarait que tous les hommes étaient égaux devant Dieu. Sa requête fut jugée criminelle par les blancs. Il fut arrêté et pendu, sans que son procès eût donné lieu à aucun commencement d'instruction.

Ces excès n'étaient pas particuliers au Cap. On pouvait en signaler d'analogues dans plusieurs paroisses. Dans l'Ouest, les hommes de couleur se bornaient à demander l'autorisation de se réunir pour nommer des délégués à l'assemblée, qui devait sous peu inaugurer ses séances à Port-au-Prince. Les mulâtres du Petit-Goave présentèrent, dans ce sens, une pétition dont l'auteur était un blanc, le sénéchal de leur ville, Ferrand de Baudières. Cette pétition excita l'indignation des colons. Les porteurs de la pétition furent arrêtés, et Ferrand de Baudières eut la tête tranchée, comme traître, sur la proposition du président du comité local, Valentin de Cullion. L'effervescence dans le Sud était la même. Dans la paroisse d'Acquin, les maisons de plusieurs mulâtres furent mises au pillage. Un planommé Labadie, qui appartenait à la classe de couleur, voyait sa demeure envahie par une troupe de blancs armés, sous le commandement du lieutenant de la maréchaussée. Un de ses esclaves était massacré; lui-même recevait trois blessures et n'échappait à la mort que par une sorte de miracle. La terreur régnait dans toute la colonie.

Le gouvernement du roi et l'Assemblée Constituante inspiraient une égale méfiance aux colons, qui désiraient avant tout la réunion d'une assemblée coloniale, afin que Saint-Domingue fût régi par ses propres lois. Cette idée avait trouvé un accueil favorable, à Paris, au club Massiac, dont les membres étaient parvenus à s'entendre avec le ministre de la marine, et à obtenir de la cour l'autorisation de réunir une assemblée à Saint-Domingue. Cette assemblée n'avait pas le pouvoir législatif et devait se borner à émettre des vœux. Sur ce point, l'accord existait entre le club Massiac et le ministre de la marine. Tel n'était pas l'avis des colons de Saint-Domingue. qui voulaient que la future assemblée eût les attributions législatives. De la Luzerne avait adressé au gouverneur général, en même temps que l'ordre de convoquer les électeurs, une lettre confidentielle, pour que lui et les fonctionnaires usassent de leur influence personnelle, près des électeurs, afin de *prévenir ou de modérer la chaleur des esprits et de faire nommer des partisans de la métropole*; un duplicata de cette lettre arriva par la voie du Cap. L'assemblée du Nord intercepta le paquet et l'ouvrit. Sa colère n'eut plus de bornes. Elle fit publier la lettre dans toute la colonie, dénonça la conduite de la Luzerne et flétrit celle du club Massiac. Elle déclara nuls les pouvoirs envoyés par les propriétaires de la colonie résidant en France, et ordonna à ceux qui *composaient le conciliabule de l'hôtel Massiac* de se rendre à Saint-Domingue, dans le délai de huit mois, ou d'envoyer à leurs fondés de procuration, leur renonciation formelle de se mêler des affaires de la colonie, ou de se réunir ailleurs que dans la colonie, sous peine de confiscation de leurs revenus. L'assemblée du Nord enjoignait en même temps aux députés de Saint-Domingue de rester près de l'Assemblée Constituante, pour recevoir les ordres que la colonie pouvait leur faire parvenir.

Cette déclaration reçut une approbation générale. Les idées d'émancipation s'affirmaient de plus en plus. Le gouvernement avait convoqué l'assemblée coloniale pour le 15 mars 1790 ; l'assemblée provinciale du Nord déclara cette date *illégitime et attentatoire aux droits de la colonie*. Les trois assemblées provinciales se concertèrent pour procéder à l'élection coloniale. Il fut décidé que les députés devaient être nommés par les assemblées primaires de chaque paroisse, composées des citoyens qui étaient domiciliés depuis un an et payaient l'impôt. Le vote par procuration était interdit. Le nombre des députés fut plus considérable que ne l'avait fixé le ministre de la marine ; il était de deux cent douze, dont quatre-vingts pour le Nord, soixante-quatorze pour l'Ouest et cinquante-huit pour le Sud. Les députés élus s'engageaient à n'accepter aucune place, faveur ou grâce du gouvernement, pendant une période de dix ans, à partir de leur élection, à moins du consentement exprès de l'assemblée coloniale. Par défiance, il fut décidé que l'assemblée coloniale se réunirait non pas à Port-au-Prince, le siège du gouvernement, mais dans la petite ville de Saint-Marc. La date de la réunion était fixée au 25 mars 1790. Toutes ces dispositions avaient été prises, sans que l'on consultât le gouverneur général dont le rôle devenait de plus en plus insignifiant.

Les hommes de couleur espéraient que les blancs voudraient bien les admettre dans les assemblées primaires ; si dans deux ou trois paroisses l'on fit droit à leurs demandes, ils furent systématiquement exclus dans les autres, souvent même insultés et outragés. Dans la province du Nord, à peine voulait-on les considérer comme des êtres doués de raison. L'assemblée de l'Ouest ne les admettait à prêter le serment civique, qu'en ajoutant à la formule la *promesse du respect* envers les blancs. Cet arrêté odieux provoqua un mécontentement général. Les mulâtres de la paroisse des Verrettes refusèrent de s'y soumettre, et au mois de janvier 1790, ils se réunissaient à Plassac sur les bords de l'Artibonite. Le comte de Peynier fit marcher contre eux un détachement du régiment de Port-au-Prince ; les principaux meneurs furent arrêtés. Presque partout, le serment exigé des hommes de couleur leur attirait des vexations et des outrages. Plusieurs d'entre eux furent massacrés, et leurs habitations incendiées. L'assemblée du Sud alla jusqu'à faire comparaître devant elle les hommes de couleur pour leur ordonner *de ne pas oublier la subordination et la déférence envers les blancs*. Poussés à bout, les mulâtres voulurent résister et formèrent des rassemblements dans plusieurs paroisses. Comme la plupart étaient sans armes, ils furent facilement écrasés. Néanmoins, l'on ne pouvait plus se faire illusion ; tout indiquait une prochaine insursurrection des hommes de couleur, si leurs réclamations n'étaient pas écoutées.

Les blancs ne paraissaient pas s'inquiéter beaucoup de cette agitation ; à les entendre parler, l'on eût dit qu'elle était sans importance. L'on remarquait, du reste, qu'ils avaient tendance à se diviser, et que l'esprit d'unité qu'ils avaient montré au début de la Révolution commençait à leur faire défaut. Deux partis se trouvaient en présence l'un de l'autre : celui des planteurs, des *grands blancs*, comme l'on disait alors, était de beaucoup le plus nombreux. L'autre parti se recrutait principalement parmi les négociants, et dominait à Port-au-Prince et au Cap. Les habitants de cette dernière ville n'avaient pas tardé à s'apercevoir que l'état de trouble et d'anarchie que traversait la colonie était peu favorable à leur commerce. De son côté, l'assemblée du Nord, qui voyait que son rôle finirait, du moment qu'une assemblée coloniale serait réunie, penchait vers le deuxième parti et entraînait avec elle un certain nombre de paroisses du Nord. Tout en réclamant l'autonomie de la colonie, ce parti voulait renouer avec la métropole et reconnaître son autorité, afin d'avoir la paix et la sécurité. Il n'en était pas de même des planteurs qui rêvaient une indépendance à peu près complète. Pour eux, Saint-Domingue n'était pas une colonie, mais une terre franco-américaine, liée par un contrat avec la France. Ils ne voulaient rien avoir de commun avec l'Assemblée Constituante, et le gouvernement du roi aurait été simplement représenté par un délégué résidant à Port-au-Prince. Le régime qu'ils désiraient pour Saint-Domingue, aurait eu une certaine analogie avec l'*union personnelle* qui régit actuellement les rapports de la Suède et de la Norvège.

Les élections eurent lieu. Le parti des planteurs obtint la plupart des nominations. L'assemblée coloniale était surtout composée de propriétaires fonciers, possédant de nombreux esclaves et fort entichés de leurs préjugés. L'on y voyait seulement quelques hommes de loi et des négociants qui avaient été envoyés par les villes de Port-au-Prince, du Cap et de Saint-Marc. Il était facile de deviner l'esprit de la nouvelle assemblée. Ses membres affectaient de s'intituler *cultivateurs*. Les principaux étaient Daugy, Larchevesque-Thibaud, Bacon de la Chevalerie, Hanus de Jumécourt, Borel, de Cullion, Millet et Bruley. Le 25 mars 1790, l'assemblée se réunissait à Saint-Marc ; le 15 avril, elle se constituait définitivement et s'intitulait *Assemblée générale de la partie française de Saint-Domingue*, et nommait pour président Bacon de la Chevalerie. Elle ne fit pas mention du serment civique, et le gouverneur général fut seul à le rappeler dans son discours. Mais elle eut soin de faire écrire sur le rideau qui décorait la salle des séances ces mots : « *Saint-Domingue, la loi, le roi, notre union fait notre force.* » En substituant le mot Saint-Domingue à celui de la nation, l'assemblée montrait assez son intention de faire de la colonie un état indépendant, n'ayant pas d'autre lien avec la France que celui de l'union personnelle avec le roi.

L'assemblée coloniale confirma immédiatement ses sentiments par ses actes. Dans l'une de ses premières séances, elle apprenait l'arrivée d'un détachement de 300 soldats, destinés à renforcer les garnisons de l'île. Elle prit la résolution de ne pas les recevoir, et de les renvoyer en Europe, sur le premier bâtiment qui serait en partance. Peu de jours après, s'adressant au gouverneur général qui rappelait que la colonie était partie intégrante de l'empire français, le président, Bacon de la Chevalerie, répondait que les *colons étaient aussi bons Français que leurs frères d'Europe, et qu'à leur exemple, ils rentraient dans l'exercice de leurs droits et s'occupaient d'élever les bases d'une bonne constitution.* Le décret du 8 mars 1790 rendu par l'Assemblée Constituante avait accordé une certaine autonomie aux colonies. Des assemblées locales étaient instituées ; mais l'Assemblée Constituante se réservait les attributions législatives. L'assemblée coloniale, qui désapprouvait ce décret, ne s'était décidée à l'enregistrer que le 10 juin. En même temps, elle décidait que les *lettres* et *paquets* adressées au gouverneur général et aux administrateurs de la colonie, seraient dorénavant ouverts par le président en présence de l'assemblée. Dans la séance du 27 avril, l'assemblée instituait des comités de rapports avec la métropole, de constitution, de législation, de commerce, de finances, d'agriculture et de la force armée. Le gouverneur général n'avait plus ainsi le droit de correspondre avec la France ; il n'avait même plus le commandement des troupes.

Le comité de constitution ne perdit pas de temps, et le 22 mai il présentait à l'assemblée un projet de constitution qui fut adopté à l'unanimité, après quatre jours de discussion. Ce projet était l'œuvre de Daugy et de Larchevesque-Thibaud, principalement du second. Il était précédé d'une déclaration où il était dit que les droits de la partie française de Saint-Domingue avaient été *longtemps méconnus et oubliés*, et que la même partie française de Saint-Domingue, *trop peu connue de la France*, avait seule le droit de statuer sur son régime intérieur, sans que l'Assemblée Nationale eût à intervenir. La constitution que nous reproduisons n'était que le développement de cette déclaration :

Art. 1er. — Le pouvoir législatif, en ce qui concerne le régime intérieur de Saint-Domingue, réside dans l'assemblée de ses représentants constitués en assemblée générale de la partie française de Saint-Domingue.

Art. 2. — Aucun acte du corps législatif, en ce qui concerne le régime intérieur, ne pourra être considéré comme loi définitive, s'il n'est fait par les représentants de la partie française de Saint-Domingue, librement et légalement élus, et s'il n'est sanctionné par le roi.

Art. 3. — Tout acte législatif fait par l'assemblée générale, dans le cas de nécessité urgente, et en ce qui concerne le régime intérieur, sera considéré comme loi provisoire ; dans ce cas, ce décret sera notifié au gouverneur général qui, dans les dix jours de la notification, le fera promulguer et tiendra la main à son exécution ou remettra à l'assemblée générale ses observations sur le contenu dudit décret.

Art. 4. — L'urgence, qui déterminera l'exécution provisoire, sera décidée par un décret séparé, qui ne pourra être rendu qu'à la majorité des deux tiers des voix prises par l'appel nominal.

Art. 5. — Si le gouverneur général remet des observations, elles seront aussitôt inscrites sur le registre de l'assemblée générale. Il sera procédé à la revision du décret, d'après ces observations. Le décret et les observations seront livrés à la discussion dans trois différentes séances ; les voix seront données par oui et par non pour maintenir ou annuler le décret. Le procès-verbal de la délibération sera signé par tous les membres présents, et désignera la quantité de voix qui auront été pour l'une ou pour l'autre opinion. Si les deux tiers des voix maintiennent le décret, il sera promulgué par le gouverneur général et exécuté sur-le-champ.

Art. 6. — La loi devant être le consentement de tous ceux pour qui elle est faite, la partie française de Saint-Domingue proposera les plans concernant les rapports commerciaux et autres rapports communs ; les décrets qui seront rendus à cet égard par l'Assemblée Nationale ne seront exécutés dans la partie française de Saint-Domingue que lorsqu'ils auront été consentis par l'assemblée générale de ses représentants.

Art. 7. — Ne seront pas compris dans la classe des rapports communs de Saint-Domingue avec la France, les objets de subsistance que la nécessité forcera d'introduire. Mais les décrets qui seront rendus à cet égard par l'assemblée générale seront aussi soumis à la revision, si le gouverneur présente à leur sujet des observations dans le délai fixé par l'article 3, l'on observera toutes les formalités prescrites par l'article 3.

Art. 8. — Tout acte fait par l'assemblée générale et exécuté provisoirement dans le cas de nécessité urgente, n'en sera pas moins envoyé sur-le-champ à la sanction royale. Si le roi refuse son consentement audit acte, l'exécution en sera suspendue, aussitôt que ce refus sera loyalement manifesté à l'assemblée générale.

Art. 9. — L'assemblée générale sera renouvelée en totalité tous les deux ans et aucun des membres qui aura siégé dans l'assemblée précédente ne sera éligible à la nouvelle.

Art. 10. — L'assemblée décrète que les articles ci-dessus, comme faisant partie de la constitution de la partie française de Saint-Domingue, seront incessamment envoyés en France pour être présentés à l'acceptation de l'Assemblée Nationale et du roi. Ils seront, en outre, envoyés à toutes les paroisses et districts de la partie française de Saint-Domingue et notifiés au gouverneur général.

En votant cette constitution, l'assemblée coloniale montrait ses tendances séparatistes et, chaque jour, devenait plus audacieuse. Ses partisans, qui avaient adopté comme signe de ralliement un pompon rouge par opposition au pompon blanc, dominaient dans la plupart des paroisses. Les garnisons de Port-au-Prince et du Cap étaient indisciplinées, et à différentes reprises les soldats s'étaient mutinés contre leurs officiers. L'assemblée coloniale était maîtresse de la colonie. Effrayé de ses prétentions, de Peynier, qui jusqu'alors n'avait montré que de la faiblesse, résolut d'organiser la résistance. Dans ce but, il accueillit favorablement les réclamations des hommes de couleur, à qui l'on refusait toujours les droits politiques, et se mit en rapport avec les soldats, en prenant part à leurs banquets civiques. De plus, il chercha à ranimer le zèle des fonctionnaires, trop souvent défaillants, et encouragea les réunions des pompons blancs. Sur ces entrefaites, arrivait dans la colonie, le colonel de Mauduit pour y commander le régiment de Port-au-Prince. Son énergie l'eut bientôt désigné comme chef aux partisans de la métropole. Deux partis se trouvaient ainsi en présence l'un de l'autre. Une lutte était inévitable : elle n'allait pas tarder à se produire.

L'assemblée coloniale se considérait comme dépositaire de la souveraineté de Saint-Domingue et, par conséquent, elle était disposée à faire peu de cas des assemblées provinciales. Celle du Nord lui portait particulièrement ombrage. L'assemblée coloniale avait rendu un décret limitant le taux de l'intérêt qui, parfois, allait jusqu'à l'usure. Ce décret visait surtout les négociants du Nord, alors en grande majorité dans l'assemblée de cette province. Il y eut immédiatement rupture entre le Cap et Saint-Marc. Jalouse de la suprématie de l'assemblée coloniale, l'assemblée du Nord se prépara à la résistance. Cette opposition surprit l'assemblée coloniale, qui ne s'y attendait pas. Six commissaires furent envoyés par elle au Cap dans un but de conciliation. L'assemblée du Nord leur ordonna de sortir de la ville dans les vingt-quatre heures, et prononça la dissolution de la municipalité du Cap dont les sympathies pour l'assemblée coloniale n'étaient pas douteuses. Elle fit appel aux paroisses du Nord et déclara officiellement cesser toute relation avec Saint-Marc. Sans se montrer aussi résolue, l'assemblée du Sud avait une attitude analogue et plusieurs paroisses de l'Ouest paraissaient disposées à suivre son exemple.

L'assemblée coloniale n'en persista pas moins dans ses résolutions. Elle pensait qu'à force d'audace elle arriverait à vaincre les résistances et, sur la proposition de Larchevesque-Thibaud, elle décida de cesser tout rapport avec l'assemblée du Nord, de soulever contre elle la ville du Cap et de correspondre directement avec les municipalités et les comités provinciaux. Elle résolut de prendre les mesures les plus énergiques. Après s'être défendue de vouloir l'indépendance vis-à-vis la métropole, elle déclara traîtres tous ceux qui feraient de l'opposition à ses actes *souverains*, proclama l'ouverture des ports de la colonie à toutes les nations et décréta le licenciement des deux régiments coloniaux, afin d'en faire une garde nationale soldée, et, pour gagner les sous-officiers de ces régiments, elle eut recours à toutes les séductions. La plupart des sous-officiers et des soldats ne répondirent pas à cet appel. Le seul détachement du régiment de Port-au-Prince, qui était en garnison à Saint-Marc, se laissa embaucher. Il n'y avait plus de doutes à garder : l'on était à la veille de la guerre civile.

Encouragé par les fonctionnaires, les pompons blancs et les hommes de couleur, le gouverneur général de Peynier comprit enfin la nécessité d'agir. Il pensa avec raison qu'il fallait avant tout dissoudre le comité provisoire de l'Ouest qui siégeait à Port-au-Prince et était entièrement dévoué à l'assemblée coloniale. Dans la nuit du 29 au 30 juillet 1790, le colonel de Mauduit reçut l'ordre de se porter, à la tête des grenadiers de son régiment et d'un détachement de pompons blancs, vers le lieu où le comité tenait ses séances. Un attroupement en couvrait les approches. De Mauduit proclama la loi martiale. Le chef de l'attroupement répondit en commandant aux siens une fusillade qui tua une quinzaine de soldats. Exaspérée, la troupe fit une charge à la baïonnette. Les défenseurs du comité prirent la fuite; trois d'entre eux avaient été tués et quarante arrêtés. Dans le but de ménager l'opinion publique, le gouverneur les fit mettre en liberté. Le colonel de Mauduit eut le tort de faire déposer chez lui, comme un trophée pris sur l'ennemi, les drapeaux des trois districts de Port-au-Prince qu'il avait trouvés dans la maison du comité. Cette satisfaction d'amour-propre lui attira la haine générale.

Débarrassé du comité provisoire de l'Ouest, le gouverneur songea à abattre la puissance de l'assemblée coloniale. Le colonel de Mauduit reçut l'ordre de se porter sur Saint-Marc avec une partie de son régiment, de faire le siège de cette ville en cas de résistance et de combiner ses mouvements avec le corps de troupes qui était sorti du Cap, conformément aux instructions de l'assemblée du Nord. L'assemblée coloniale semblait disposée à soutenir la lutte et appelait les *bons citoyens* à sa défense. Des deux côtés, l'on se prêtait les projets les plus absurdes. Le gouverneur faisait répandre le bruit que l'assemblée coloniale avait vendu la colonie aux Anglais ; cette dernière prétendait que le gouverneur appelait les Espagnols et criait à la contre-révolution. Dans les deux partis l'exaltation était extrême. Pour le moment, le gouvernement semblait avoir l'avantage. L'assemblée coloniale avait bien pour elle la masse des planteurs et des petits blancs ; mais aux troupes régulières, qui se disposaient à venir l'attaquer, elle n'avait à opposer que la petite garnison de Saint-Marc. Ses partisans ne pouvaient arriver à temps pour lui prêter assistance. Aussi sa situation était-elle des plus critiques quand elle apprit que le vaisseau le *Léopard* venait de se prononcer en sa faveur.

Le *Léopard* était depuis quelque temps en rade de Port-au-Prince. Son équipage avait été gagné à la cause de l'assemblée coloniale par les soins du comité provincial de l'Ouest. Le commandant de ce vaisseau, le marquis de la Galissonnière, qui se trouvait à terre lors de la dissolution du comité, avait refusé de reprendre son commandement, en voyant les dispositions de ses matelots. Le second du bâtiment, qui était un créole de Saint-Domingue, le baron de Santo-Domingo, accepta avec plaisir de le remplacer. Le gouverneur donna l'ordre au *Léopard* de partir sur-le-champ pour la France. Comme il ne se pressait pas d'obéir, les batteries des forts se mirent en mesure de tirer dessus à boulets rouges. Le navire appareilla ; mais au lieu de s'en retourner en Europe, il vint mouiller à Saint-Marc. L'équipage envoya son nouveau commandant, de Santo-Domingo, faire acte d'obéissance à l'assemblée et déclarer en son nom que, *pour sa défense, il était prêt à verser la dernière goutte de son sang.*

Cette déclaration inattendue et la marche des troupes

de Port-au-Prince décidèrent l'assemblée coloniale à s'embarquer en masse pour aller implorer, en France, *la justice nationale*. Par suite des maladies et des défections, le nombre des députés se trouvait réduit à cent. Le *Léopard* en reçut à son bord quatre-vingt-cinq ; il emmenait en même temps la plus grande partie des soldats de la garnison de Saint-Marc. Le 8 août, il mettait à la voile et touchait à Brest dans les derniers jours de septembre. L'assemblée coloniale fut reçue avec enthousiasme par la commune de Brest, au bruit des salves d'artillerie et du son des cloches. Les gardes nationaux se disputèrent l'honneur de l'escorter et ses membres étaient regardés comme *des victimes infortunées du despotisme*. Il est à remarquer que le séjour des députés de Saint-Domingue à Brest coïncida avec une insurrection des marins de l'escadre. Cette rébellion était-elle leur œuvre ? Ils s'en défendirent ; mais un rapport présenté à l'Assemblée Constituante les accuse formellement d'en avoir été les instigateurs. Sans être aussi affirmatif, l'on peut dire qu'ils n'y furent pas complètement étrangers.

Le départ de l'assemblée de Saint-Marc ne rétablit pas le calme dans la colonie. Les *Léopardins*, c'est ainsi que l'on appelait les députés qui s'étaient embarqués à bord du *Léopard*, comptaient de nombreux partisans, et la proclamation qu'ils avaient lancée au moment de leur départ avait trouvé de l'écho. La partie du Sud s'était soulevée et avait pris les armes. Sur les quatorze paroisses que comptait cette province, treize s'étaient confédérées et avaient établi le siège de leur ligue aux Cayes. Le commandant de cette place, le major de Codère, connu pour son dévouement à la métropole et ses sympathies pour les hommes de couleur, avait été massacré. Un conseil avait pris la direction du mouvement et le gouverneur avait reconnu sa puissance. Dans l'Ouest, la ville de Léogane forçait, à coups de canon, un brick de l'état, la *Levrette*, à se retirer ; dans la plupart des autres paroisses, les blancs étaient divisés. Dans le Nord, l'assemblée provinciale formait une ligue avec les paroisses de son territoire ; on invitait leurs délégués à se rendre au Cap pour assister à une fête civique. De Peynier avait perdu le peu d'autorité que la fuite de l'assemblée de Saint-Marc lui avait un instant donnée. Son désir bien manifeste de replacer la colonie sous le régime militaire, lui avait de nouveau aliéné l'opinion publique. Son pouvoir était plus que jamais méconnu. En somme, l'anarchie régnait dans la colonie. C'est sur ces entrefaites qu'eut lieu le soulèvement des hommes de couleur.

Il était bien évident que les hommes de couleur auraient recours à la force pour obtenir la jouissance des droits politiques que les blancs leur refusaient, contrairement au décret rendu par l'Assemblée Constituante le 28 mars 1790. Les dissensions des colons ne pouvaient que les encourager dans leurs desseins. L'un de leurs commissaires à Paris, Vincent Ogé, prit l'initiative du mouvement. Malgré les entraves de la police, il parvint à gagner Londres, Charlestown, aux États-Unis, où il se procura des armes et des munitions, et le 23 octobre 1790, il parvenait à débarquer au Cap et de là se rendait au Dondon, le lieu de sa naissance. Il se présenta aux hommes de couleur, comme leur chef, et sans attendre un soulèvement général, il se mit en marche vers la Grande-Rivière avec trois à quatre cents mulâtres ou noirs libres. Parmi ses compagnons, se trouvait le mulâtre Chavannes, qui, ainsi que lui, avait pris part à l'expédition de Rochambeau, en Amérique, et dont il avait fait son lieutenant.

Au bout de quelques heures, la petite troupe qui s'était grossie de quelques partisans, rencontrait deux dragons. Ogé leur remit deux lettres, l'une pour le président de l'assemblée provinciale du Nord, et l'autre pour le colonel Vincent qui commandait la garnison du Cap. Dans ces lettres, Ogé sommait les blancs d'exécuter sans retard le décret du 28 mars 1790 et d'admettre en conséquence les hommes de couleur à la jouissance des droits politiques. A la nouvelle du soulèvement des hommes de couleur, l'émotion fut grande au Cap. On battit la générale, et Vincent courut à la rencontre des insurgés avec cinq cents hommes. Il fut repoussé. Le colonel Cambefort sortit alors de la ville avec quinze cents soldats et de l'artillerie ; grâce à sa supériorité numérique et à celle de son armement, il écrasa facilement le rassemblement. Les mulâtres se débandèrent ; on leur fit quelques prisonniers. Plusieurs d'entre eux et entre autres, Ogé et Chavannes, se jetèrent dans la partie espagnole.

Ce soulèvement n'était pas un fait fortuit et isolé. Dans l'Ouest, les hommes de couleur avaient formé des rassemblements, aux Verrettes, et dans le Sud, aux environs des Cayes. Le colonel de Mauduit fut chargé de les réduire. Arrivé aux Verrettes, au lieu d'engager la lutte, il entra en pourparlers avec les chefs du mouvement et parvint, grâce à ses ménagements, à les décider à dissoudre leurs bandes. Dans les environs des Cayes, cinq ou six cents mulâtres avaient, sous le commandement de l'un d'eux, nommé Rigaud, formé un véritable camp retranché. De Mauduit se les concilia par sa bienveillance et les amena à mettre bas les armes.

Ces événements auraient dû éclairer les blancs. Il était bien évident que l'insurrection ne faisait que commencer. Si, pour le moment, les rassemblements formés par les hommes de couleur avaient été dissous, d'autres ne tarderaient pas à s'organiser. Au lieu de se rendre compte de la situation, les colons semblaient être pris d'un véritable vertige. Loin de se montrer conciliants vis-à-vis des hommes de couleur, ils étaient plus que jamais entichés de leurs préjugés. Le gouverneur général, de Peynier, leur était devenu suspect à cause de la modération qu'il avait montrée dans la répression du soulèvement des mulâtres, si bien qu'abreuvé de dégoûts, il se démit de ses fonctions en novembre 1790, et passa en France, après avoir remis ses pouvoirs au lieutenant général de Blanchelande. L'assemblée provinciale du Nord avait fait partir pour Santo-Domingo la corvette la *Favorite*, avec la mission de réclamer au gouvernement espagnol Ogé et ses compagnons, qui s'étaient réfugiés sur son territoire. On fit droit à cette demande et les fugitifs furent ramenés au Cap, où la mort les attendait. Ogé et Chavannes subirent le supplice de la roue ; vingt-et-un de leurs partisans furent pendus et treize condamnés aux galères. Ces exécutions, qui eurent lieu en février 1791, terrorisèrent pour le moment la population de couleur, mais ne firent que creuser l'abîme qui la séparait des blancs. Partout des comités locaux composés de planteurs exerçaient une surveillance des plus jalouses. Le nouveau gouverneur, de Blanchelande, en supprimant des municipalités et en disant hautement que, conformément à ses instructions, il allait rétablir le régime militaire, ne faisait qu'aggraver la situation. Il fallait nécessairement s'attendre à de nouveaux troubles.

Au mois de février 1791, l'on avait appris la manière dont les membres de l'assemblée coloniale avaient été reçus à l'Assemblée Constituante. Ils n'avaient pas eu les honneurs de la séance ; leurs décrets avaient été annulés et des remerciements votés à l'assemblée provinciale du Nord, au colonel de Mauduit et au régiment de Port-au-Prince qui les avaient dissous. Ils étaient même traités de rebelles. Ce décret produisit dans toute la colonie la plus vive indignation. L'on y parlait hautement de se séparer de la France ; la ville du Cap, elle-même, où jusqu'alors la métropole comptait de nombreux partisans, se montrait des plus exaltées. Au lieu de se calmer, les esprits étaient de plus en plus irrités. Tout faisait prévoir un effondrement général.

CHAPITRE III

La seconde assemblée coloniale. — La lutte des blancs et des hommes de couleur. — Insurrection des nègres.

En annulant les actes de l'assemblée de Saint-Marc, l'Assemblée Constituante avait décidé qu'il serait procédé à la nomination d'une nouvelle assemblée coloniale. Les assemblées primaires devaient se réunir, et, cette fois, les colons étaient obligés de se soumettre à la loi du 28 mars 1790 qui accordait les droits politiques aux hommes de couleur. Plus imbus que jamais de leurs préjugés, les blancs ne pouvaient se décider à admettre les mulâtres comme électeurs. Le gouverneur général, de Blanchelande, avait en vain ordonné de convoquer les assemblées primaires ; il n'avait pas été possible de dresser la liste des citoyens actifs. L'agitation était extrême, quand l'arrivée d'une escadre vint compliquer la situation et précipiter les événements.

Le gouverneur général avait été avisé qu'une escadre était partie de France pour Saint-Domingue avec des troupes destinées à renforcer les garnisons de l'île. Mais informé qu'à Port-au-Prince, l'on se proposait d'appeler les marins et les soldats à la révolte, il envoya une corvette porter à l'escadre l'ordre de se rendre au môle Saint-Nicolas. L'escadre, n'ayant pas rencontré cette corvette, parut inopinément dans la rade de Port-au-Prince, dans le courant de mars. Elle était sous les ordres du commandant de Villages, et comprenait deux vaisseaux, deux frégates et un transport. Deux bataillons, appartenant aux régiments d'Artois et de Normandie, étaient à son bord. Dès que les bâtiments eurent jeté l'ancre, les partisans de l'assemblée de Saint-Marc se mirent en rapport avec les équipages, et parvinrent à les rendre défiants vis-à-vis de leurs chefs, qu'ils leur représentaient comme des agents de la contre-révolution. Grâce aux chaloupes qui entouraient les navires, plus de cinq cents hommes avaient isolément gagné la ville où ils avaient été reçus comme des libérateurs. De Blanchelande engagea, mais inutilement, l'escadre à se rendre au môle Saint-Nicolas. Voyant qu'il n'était pas écouté, il céda et permit de mouiller à Port-au-Prince. Les troupes débarquèrent; les cafés et les cabarets leur furent ouverts. Les soldats étaient accueillis dans toutes les maisons et partout le vin leur était prodigué. Le gouverneur général consentit même à recevoir une députation de matelots, et, le soir, il y eut de brillantes illuminations. La population et l'armée fraternisaient ensemble.

De Blanchelande sentait son impuissance. Le régiment de Port-au-Prince s'était laissé en partie gagner, et les hommes de couleur, mécontents de l'arrestation de leur chef, Rigaud, étaient peu disposés à soutenir le gouverneur. Aussi ce dernier resta-t-il spectateur des événements. Le comité provincial de l'Ouest s'était reconstitué sous le titre de *nouvelle municipalité*, et avait repris ses séances. Le mulâtre Rigaud avait été mis en liberté par une foule nombreuse aux cris de : « *A la lanterne les aristocrates!* », l'association des pompons blancs dissoute et la garde nationale réorganisée. Désespéré, de Blanchelande quitta la ville et prit la route du Cap. Son départ ne fit qu'augmenter l'agitation. Il fallait une victime, et le colonel de Mauduit, connu par son dévouement à la métropole, était désigné d'avance. La populace, aidée des soldats révoltés, s'empara de sa personne et le massacra, après lui avoir fait subir de nombreux outrages. L'on s'acharna sur son cadavre que l'on traîna à travers la ville. Sa tête fut portée au bout d'une pique. Après cet acte, digne de cannibales, la foule se portait à l'église et *un Te Deum y était chanté pour remercier Dieu de la révolution qui venait de s'accomplir*. Elle était complète. Les fonctions de gouverneur furent données à un colon, le marquis de Caradeux, avec le titre de capitaine général de la garde nationale; celles d'intendant supprimées et un matelot déserteur, Praloto, Maltais d'origine, eut le commandement de l'artillerie. La nouvelle municipalité s'intitulait assemblée provinciale et faisait appel aux paroisses de l'Ouest.

La nouvelle de la révolution de Port-au-Prince fut un coup de foudre dans la colonie. Toutes les paroisses de l'Ouest et une partie de celles du Sud y adhérèrent. Plus imbus que jamais de leurs préjugés, les blancs étaient exaspérés par le décret de l'Assemblée Constituante, qui accordait les droits politiques aux hommes de couleur. Il y eut un cri de colère contre la métropole. Le bruit courut que Bordeaux allait envoyer un corps de volontaires pour appuyer l'exécution du décret. Peu s'en fallut que, dans plusieurs villes, l'on ne massacrât les Bordelais qui s'y trouvaient. La plupart des paroisses, surtout celles de l'Ouest et du Sud, envoyèrent des adresses à la nouvelle municipalité de Port-au-Prince, et presque toutes ne cachaient plus leurs tendances séparatistes. Les adresses disaient « *que l'Assemblée Constituante s'était dégradée, que son décret était un crime, un parjure national, que la colonie s'était donnée autrefois à la France, et que les conditions du traité étant changées, le pacte était anéanti* ». L'on se montrait partout résolu à résister à la métropole. Seule, la ville du Cap semblait, en prodiguant à de Blanchelande les honneurs dus à son rang, tenir pour la métropole. L'assemblée du Nord avait fait célébrer un service solennel en l'honneur de Mauduit, et reçu les pompons blancs fugitifs. Mais son autorité se réduisait à peu de choses. Dans la province, plusieurs paroisses et, entre autres, celle du Gros-Morne, avaient envoyé leur adhésion à Port-au-Prince ; la fidélité du régiment du Cap était douteuse. Aussi le gouverneur ne pouvait songer à lutter contre Port-au-Prince, qui se sentait appuyé par la grande majorité des colons. Si dans le Nord il existait un certain ordre, dans l'Ouest et dans le Sud l'anarchie était à peu près complète.

Les assemblées provinciales et les corps populaires réclamaient la réunion d'une nouvelle assemblée coloniale, pensant que c'était le meilleur moyen de s'opposer à la mise à exécution du décret de la Constituante. De Blanchelande, qui avait renoncé à jouer un rôle, obéit et promit de suspendre l'exécution du décret. Les assemblées primaires se réunirent au mois de juin. Les hommes de couleur n'y étant pas admis, le résultat des élections ne pouvait être douteux. Les députés élus avaient fait partie de l'assemblée de Saint-Marc, ou étaient ennemis de toute concession. L'irritation était telle, que dans la ville du Cap l'on proposa de saisir les bâtiments qui se trouvaient dans la rade et de confisquer les marchandises qui appartenaient *aux Français*. Dans la plupart des paroisses, l'on avait refusé le serment civique et la cocarde tricolore avait été foulée aux pieds, comme étant l'emblème de la métropole. La nouvelle assemblée se réunissait à Léogane, dans l'Ouest, le 1ᵒʳ août 1791, sous le titre d'*Assemblée générale de la partie française de Saint-Domingue*. Elle choisit pour président un planteur nommé de Cadusch, et au bout de quelques jours elle s'ajournait, le 25 août, au Cap. Elle avait décidé de siéger dans cette ville, afin de pouvoir mieux surveiller le gouverneur général.

Après les élections de juin, les hommes de couleur ne pouvaient avoir aucun doute sur les sentiments de la nouvelle assemblée à leur égard. Depuis quelques mois, ils s'étaient donné une organisation en constituant, dans un grand nombre de paroisses, des comités qui correspondaient entre eux. Deux paroisses de l'Ouest, la Croix-des-Bouquets et le Mirebalais, où s'étaient réfugiés plusieurs mulâtres de Port-au-Prince, après les troubles de cette ville, étaient devenues leurs centres principaux. Il fallait s'attendre à voir les hommes de couleur prendre les armes, si l'on s'entêtait à leur refuser les droits politiques. A la fin de juin et au commencement de juillet, plusieurs rassemblements s'étaient formés dans la province de l'Ouest ; ils avaient été facilement dissous par la maréchaussée. Il y avait là les indices de la situation. Néanmoins, les planteurs restaient sourds à ces avertissements. Suivant l'expression de Mirabeau, *les créoles dormaient sur les bords du Vésuve.* Nous ajouterons que les premiers jets du volcan ne parvenaient pas à les réveiller.

Le 7 août 1791, les hommes de couleur du Mirebalais se réunissaient dans l'église de ce bourg et nommaient pour défendre leurs droits un conseil de quarante membres. Ils envoyaient en même temps une adresse au gouverneur général pour lui demander l'exécution du décret de la Constituante. De Blanchelande déclara leur assemblée illicite et leur ordonna de se dissoudre. Leur conseil décida qu'une prise d'armes aurait lieu le 26 août, et fixa le rendez-vous sur une habitation située dans les environs de Port-au-Prince. Le rassemblement, composé de mulâtres et de nègres libres, comprenait plusieurs centaines de combattants et avait à sa tête le mulâtre Beauvais qui s'était distingué au siège de Savannah, et un noir de la Martinique, nommé Lambert. Dans ses rangs se trouvaient Pétion et Boyer. A Port-au-Prince, l'on crut que l'on viendrait facilement à bout de ce rassemblement. Quelques pelotons de cavaliers, que l'on avait envoyés dans la plaine du

Cul-de-Sac, avaient dû se replier sur la ville. Dans la nuit du 1er au 2 septembre, trois cents hommes de troupe de ligne et de garde nationale, avec plusieurs pièces de canon, sortirent de Port-au-Prince et se portèrent sur la Croix-des-Bouquets où les mulâtres s'étaient concentrés. Le combat s'engagea sur l'habitation Peinier. Le feu, mis aux champs de cannes à sucre, entoura et aveugla les blancs qui, surpris par une vive fusillade, furent mis en déroute et laissèrent sur le terrain une centaine de morts et de blessés.

Les mulâtres avaient armé leurs esclaves et, sur leur appel, quelques centaines de nègres avaient quitté leurs plantations et étaient venus les rejoindre. Ils se trouvèrent bientôt être au nombre de plusieurs milliers d'hommes. Néanmoins, leurs chefs préférèrent négocier et signèrent un concordat avec les blancs du Mirebalais et de la Croix-des-Bouquets. Par ce concordat, les blancs de ces deux paroisses s'engageaient à ne pas s'opposer à l'exécution du décret de la Constituante et à reconnaître les droits politiques aux hommes de couleur. L'assemblée provinciale, tout d'abord, s'était prononcée pour la résistance ; dans ce but, elle s'était adressée au gouverneur de la Jamaïque et en avait obtenu quelques munitions. Elle comprit bientôt la gravité de la situation et entra en pourparlers. Le 23 octobre elle acquiesçait au concordat de la Croix-des-Bouquets, et les délégués de Port-au-Prince et des autres paroisses de l'Ouest suivaient son exemple. Le lendemain, c'est-à dire le 24 octobre, quinze cents hommes de couleur entraient dans la ville sous le commandement de leur chef Beauvais. Blancs et mulâtres étaient mêlés ensemble et tous avaient en signe de joie leurs chapeaux ornés de lauriers. De Caradeux donnait le bras à Beauvais. Le cortège était salué par des acclamations et des décharges d'artillerie. L'enthousiasme était général.

En prenant les armes, les mulâtres avaient appelé à défendre leur cause un certain nombre de nègres, les uns esclaves, les autres marrons et leur avaient donné une certaine organisation militaire, sous le nom de *Suisses*. Ces auxiliaires devenaient un embarras et même un danger; l'on chargea des commissaires blancs et mulâtres de s'entendre à leur égard, et de prendre des mesures en conséquence. La plupart des *Suisses* furent rendus à la culture; l'on excepta seulement deux cents noirs, dont on avait pu connaître les dispositions. L'on pensait qu'il serait imprudent de les disperser sur les plantations où ils auraient soufflé l'esprit de révolte. Il fut décidé que ces deux cents nègres seraient déportés sur une plage déserte du Mexique avec quelques armes et des vivres pour trois mois Le capitaine du navire chargé du transport, au lieu de les conduire à la baie des Mosquitos, conformément à ses ordres, les débarqua sur la côte de la Jamaïque. Le gouverneur de cette île les fit conduire au Cap. L'assemblée coloniale les envoya, enchaînés, sur un ponton dans la rade du môle Saint-Nicolas. Des furieux vinrent une nuit à bord, massacrèrent la plupart de ces malheureux et jetèrent leurs cadavres à la mer. Cet assassinat demeura impuni. Après de telles atrocités de la part des blancs, faut-il s'étonner des cruautés commises par leurs esclaves?

La tranquillité paraissait revenir dans l'Ouest et la paix être établie entre les blancs et les hommes de couleur. Dans cette province, les blancs avaient reconnu qu'ils devaient en partie renoncer à leurs prétentions, et plusieurs d'entre eux, effrayés du mouvement séparatiste qui tendait à s'accentuer, pensaient qu'il était sage de se rapprocher des mulâtres, connus pour être partisans de la métropole. Les hommes de couleur réclamaient avant tout les droits politiques; du moment qu'on accueillait leur demande, ils ne voulaient plus continuer la guerre et encore moins bouleverser la colonie. Un intérêt commun, l'esclavage, réunissait les blancs et les mulâtres; ces derniers, en qualité de propriétaires de nègres et de plantations, en désiraient le maintien aussi bien que les blancs. L'abandon qu'ils firent de leurs auxiliaires noirs, après le concordat du 23 octobre, ne prouve que trop leurs sentiments à cet égard. Du reste, une raison majeure avait décidé les blancs et les hommes de couleur à s'unir. Dans l'Ouest, les deux partis avaient été effrayés par les nouvelles du Nord. Les esclaves s'étaient soulevés en masse et l'insurrection était générale. Cette province était en feu.

L'insurrection des esclaves n'était pas un fait dû au hasard ou à un événement fortuit. Étant données les circonstances, elle était fatale et, depuis longtemps, on aurait dû la pressentir. A différentes époques, en 1679, en 1691, en 1718, l'on avait eu à réprimer des révoltes de nègres. Aux limites des parties française et espagnole, la montagne de Bahoruccio était devenue le refuge de nombreux marrons, qui avaient fini par y former une véritable peuplade. Après de vaines tentatives pour les soumettre, les gouverneurs des deux colonies avaient fini par leur accorder la liberté et traité avec eux, afin de mettre fin à leurs déprédations. Les peines terribles édictées par le code noir contre les esclaves fugitifs nous montrent que le sentiment de la liberté existait chez eux à l'état latent. Quelques années avant la révolution, la société *des amis des noirs*, en répandant dans la colonie des écrits, des images, des gravures, avait éveillé chez les nègres des idées de révolte et d'affranchissement. La convocation des États-Généraux avait bouleversé Saint-Domingue. Si sur les plantations les esclaves adonnés au travail des champs ne connaissaient que vaguement les événements qui s'accomplissaient en France, il n'en était pas de même des domestiques privilégiés des blancs, nés et élevés dans leurs familles et ayant parfois l'avantage de savoir lire et écrire. Les planteurs ne se gênaient pas, en présence de leurs serviteurs, de critiquer, d'attaquer le gouvernement et de s'entretenir de leurs projets de résistance. Ces cours de politique n'étaient pas perdus et les domestiques étaient devenus les meneurs de la population noire. En outre, les matelots des navires français, étant pour la plupart des habitués des clubs de la métropole, répétaient aux nègres, avec qui ils étaient en relation dans les ports, les doctrines qu'ils avaient entendu émettre. Les réclamations des hommes de couleur au sujet des droits politiques, les tentatives d'Ogé et de Chavannes leur avaient appris à discuter l'autorité des blancs. Telles furent les causes de l'insurrection des esclaves.

Ce fut une opinion assez accréditée parmi les planteurs que le mouvement fut suscité par le gouvernement de la métropole et que les agents de M. de la Luzerne en furent en quelque sorte les instigateurs. Il est certain que les nègres s'armèrent au nom du roi, que plusieurs de leurs rassemblements portaient des drapeaux fleurdelisés et qu'ils se qualifiaient de *gens du roi*. Néanmoins, l'on ne peut en déduire que l'insurrection ait eu un sens royaliste. Les blancs se montraient hostiles au gouvernement royal, à la métropole ; par esprit d'opposition, les esclaves arborèrent les emblèmes détestés de leurs maîtres. N'oublions pas que les premières nouvelles de la révolution, dès qu'elles furent portées à Saint-Domingue, y causèrent la plus grande fermentation. Au milieu de l'embrasement général des passions, quand le mot liberté était dans toutes les bouches, que les blancs demandaient l'indépendance politique, que les hommes de couleur réclamaient les droits civiques, il eût été étrange que les noirs seuls eussent été insensibles à un mot dont l'effet est toujours magique. Dès la première année de la révolution, un mulâtre de la province du Sud, François Raymond, écrivait à son frère résidant à Paris et ne lui cachait pas ses inquiétudes. Selon lui, les esclaves étaient prêts à se soulever. Du moment que des troubles avaient éclaté à Saint-Domingue, l'insurrection des nègres devait avoir lieu ; elle était dans l'air. Mais ce qu'il y a de surprenant, c'est la rapidité avec laquelle elle se développa et embrasa toute la colonie.

En décrivant les mœurs des nègres de Saint-Domingue, nous avons parlé du culte de Vaudoux dont les sectateurs formaient une vaste association, enlaçant dans ses réseaux l'île tout entière. Lorsque les premiers troubles éclatèrent dans la colonie, les réunions dans les bois, durant la nuit, devinrent plus nombreuses, surtout dans le Nord. L'on s'y entretenait des événements et les mots de liberté et d'égalité éveillaient des espérances. Les rares nouvelles qui venaient de France étaient autant de stimulants pour les esclaves. Ils savaient qu'ils étaient bien plus nombreux que les blancs et cette supériorité leur donnait confiance. Les différents groupes de l'association de Vaudoux étaient en rapports suivis les uns avec les autres ; ils s'entendirent peu à peu pour une insurrection générale. Les instigateurs du mouvement étaient des domestiques et des commandeurs. Parmi ces derniers se trouvait un nègre originaire des Antilles anglaises, nommé Boukman, qui était chargé de diriger les esclaves de la plantation Turpin, dans la paroisse du Gros-Morne. Sa qualité de prêtre de Vaudoux, son courage, ses relations avec plusieurs mulâtres libres lui donnaient un grand crédit parmi les nègres. Boukman résolut de se mettre à la tête de ses compagnons de servitude et de les soulever. Mais, auparavant, désireux de s'assurer de leur concours aveugle, il voulut frapper leur imagination. Il conduisit, par une nuit d'orage, dans une épaisse forêt, les noirs de sa plantation et de plusieurs plantations voisines. Après diverses cérémonies rappelant les rites de la côte d'Afrique, il se présenta comme inspiré par Vaudoux et ayant reçu l'ordre d'égorger les blancs. Une négresse, faisant fonction de prêtresse, plongea un couteau dans les entrailles d'un cochon noir. La victime bondit, le sang ruissela et les conjurés en burent avec avidité à genoux. Boukman prêta le serment de diriger l'entreprise et tous les assistants jurèrent de lui obéir. Au mois de juillet 1791, l'insurrection était chose décidée.

A la mi-août, deux habitations furent incendiées; c'était l'indice de l'insurrection qui éclata, d'une manière générale, le 22 du même mois. A dix heures du soir, les nègres de la plantation Turpin partaient sous la conduite de Boukman et entraînaient avec eux les esclaves des plantations Flaville, Clément, Trémes et Noë. C'est alors que s'accomplirent des scènes d'horreur. Les nègres n'étaient plus des êtres humains, mais des bêtes féroces qui cherchaient à assouvir leur rage, et égorgeaient tous les blancs qu'ils pouvaient atteindre, après les avoir torturés. Les femmes subissaient les derniers outrages, les enfants étaient empalés et plusieurs planteurs furent sciés vivants entre deux planches. En quatre jours, la moitié de la province du Nord avait été incendiée et ne présentait plus qu'un monceau de ruines. Le feu que les noirs mettaient aux cannes à sucre, à tous les bâtiments, à leurs cases, couvrait pendant le jour le ciel de tourbillons de fumée, et embrasait, pendant la nuit, l'horizon d'aurores boréales qui jetaient au loin le reflet d'autant de volcans. Dans les campagnes, au silence le plus absolu succédait un vacarme épouvantable produit par les hurlements des nègres. Ces transitions du bruit au silence et du silence au bruit, la lueur des flammes portaient partout l'effroi; la terreur était générale.

La ville du Cap ne connut le désastre que par les incendies qui embrasaient l'horizon et les cris des fuyards qui se précipitaient à ses portes. Tout d'abord frappés de stupeur, les habitants du Cap se renfermèrent chez eux pour y mettre leurs esclaves sous clef. Les troupes seules couvraient les rues, pour se rendre à leurs différents postes. Le canon d'alarme appela bientôt la population aux armes. Les colons sortent de leurs demeures, s'abordent, se questionnent et au désir de la vengeance, leur courage se réveille. Des cris de colère retentissent contre les hommes de couleur, et plusieurs d'entre eux furent massacrés comme complices des noirs. L'assemblée provinciale dut prendre ces malheureux sous sa protection. C'était en vain que les mulâtres, surtout ceux qui étaient propriétaires d'esclaves ou de plantations. demandaient des armes pour aller combattre l'ennemi commun, et à marcher avec les blancs. La force des préventions était telle qu'on hésita tout d'abord à accepter leurs offres.

Le gouverneur général de Blanchelande organisa la résistance. Des corps de troupes de ligne et de garde nationale furent envoyés dans la plaine, tandis que le lieutenant-colonel du régiment du Cap, de Touzard, se portait avec plusieurs pièces de canon au Limbé où se trouvait le gros des insurgés. La colonne des blancs se frayait la route à travers les bandes de rebelles, lorsqu'elle fut rappelée au Cap par un ordre du gouverneur qui cédait aux inquiétudes des habitants. La révolte entourait la ville, et les noirs, promenant partout l'incendie, s'étaient avancés jusqu'au Haut-du-Cap. Les coups de canon redoublés que l'on tirait sur eux, avaient peine à arrêter leur marche. Le retour du colonel de Touzard mit fin à leur attaque ; mais en se retirant, ils restaient maîtres de la campagne où ils étendirent leurs déprédations. Néanmoins, leur retraite donna quelque répit, dont on profita pour se mettre en état de défense.

L'on chercha à restreindre l'insurrection ; dans ce but, de Blanchelande résolut d'empêcher les nègres de la province de l'Ouest de communiquer avec les insurgés du Nord. Les montagnes des Gonaïves, qui séparaient ces deux parties de la colonie, constituaient une barrière assez difficile à franchir. On la rendit encore plus redoutable, au moyen d'une série de postes qu'on appela le *cordon de l'Ouest*. Le maréchal-de-camp de Rouvrai, chargé de diriger les opérations, voulait circonscrire la révolte, et à cet effet, il fit établir des camps au Trou, à Vallières, à la Grande-Rivière, au Morne, à Dondon, à la Marmelade et à Fort-Dauphin. La région où se trouvait ces paroisses était limitée par la mer et les frontières espagnoles ; aussi, grâce à sa configuration, elle dut d'être préservée pendant quelques temps, des ravages des noirs. L'on avait affaire à un ennemi, qui ne laissait pas d'être inquiétant. Au lieu d'attaquer en masse nos colonnes, les insurgés se tenaient dispersés dans les fourrés, de manière à envelopper et à écraser les détachements isolés et peu nombreux. Pour nos officiers habitués aux tactiques des armées européennes, c'était une guerre d'un nouveau genre, d'autant plus dangereuse qu'elle leur était inconnue. La lutte s'annonçait comme devant être longue et difficile.

C'est au milieu de ces tristes événements que la nouvelle assemblée ouvrit ses séances au Cap ; elle comptait cent treize députés. Plusieurs de ses membres avaient été surpris en route et massacrés par les insurgés. La nouvelle assemblée n'avait pas l'unité de celle de Saint-Marc. Deux partis se trouvaient en présence l'un de l'autre, le *côté Est* et le *côté Ouest*. Le *côté Est* était le parti de la métropole ; la plupart des colons du Nord s'y rattachaient. Pour eux, la scission avec la France n'était qu'un épouvantail dont il fallait se servir pour obtenir la révocation du décret concernant les hommes de couleur. Le *côté Ouest*, principalement formé des députés de l'Ouest et du Sud, rêvait l'indépendance de la colonie. L'insurrection des nègres ne lui paraissait pas si dangereuse qu'on croyait. Le titre à donner à l'assemblée fut le prétexte que les deux partis mirent en avant, afin de se compter. Soixante-sept voix contre contre quarante-six se prononcèrent pour la dénomination d'*Assemblée générale de la partie française* de *Saint-Domingue* et celle d'assemblée coloniale fut rejetée. Le *côté Ouest* l'avait emporté. L'assemblée montra bientôt ses tendances, en accusant la métropole des désastres de la colonie. Elle dédaigna de lui faire connaître la situation, et pour empêcher le gouverneur général de correspondre avec la France, elle fit mettre l'embargo sur tous les bâtiments qui étaient dans le port. Croyant pouvoir réprimer l'insurrection par elle-même, elle arrêta la formation de trois régiments de garde nationale soldée, établit des cours prévotales, augmenta les droits d'octroi, et nomma, de nouveau, président, le marquis de Cadusch. De plus, elle défendit à *tout libraire ou imprimeur de publier, vendre ou distribuer aucun écrit concernant la révolution française ou relatif aux affaires de Saint-Domingue,* sous peine d'être poursuivi et puni comme *perturbateur public et incendiaire.* L'autorité du gouverneur général avait cessé d'exister et l'assemblée se considérait comme investie de la souveraineté.

Par faiblesse, de Blanchelande sanctionnait tous les actes de l'assemblée. C'est en vain qu'il s'était adressé au gouverneur de la partie espagnole de l'île pour en obtenir des secours. On lui avait répondu d'une manière évasive. Le gouverneur Don Garcia s'était contenté de placer sur la frontière quelques corps de troupes, pour réprimer les courses des blancs et des noirs. Il se sentait peu de sympathies pour les planteurs qui parlaient sans cesse d'indépendance et de plus, il n'était pas mécontent de voir disparaître la prospérité dans une possession française.

L'assemblée coloniale avait cherché à nouer des relations avec l'extérieur. Elle s'était adressée au gouverneur de la Jamaïque, engageait des pourparlers avec lui, et en obtenait plusieurs centaines de fusils Tant que durèrent les négociations, il n'était question au Cap que des Anglais et de leur générosité. L'on parlait hautement de se séparer de la France. Lorsque le gouverneur de la Jamaïque refusa d'envoyer des troupes pour agir contre les nègres, l'assemblée rompit tout rapport avec lui et les louanges en l'honneur de la Grande-Bretagne cessèrent comme par enchantement. Les colons avaient aussi compté sur les États-Unis. Dès le mois de septembre 1791, un créole nommé Roustan s'était rendu près du gouvernement fédéral, muni de lettres de créance, et avec le titre de *député de la partie française de Saint-Domingue*, près les États-Unis. L'assemblée coloniale traitait de souverain à souverain. Les Américains auraient été assez disposés à secourir la colonie de Saint-Domingue ; mais ils n'avaient pas de troupes réglées, et tout ce qu'ils purent faire, ce fut de lui faciliter les moyens de se procurer des vivres et des munitions. Dans la Caroline du Sud, un agent nommé Polony, envoyé par l'assemblée, n'avait rien pu obtenir. Les négociants de Charlestown ne voulaient envoyer des bâtiments que contre espèces sonnantes ou lettres de crédit. Il serait intéressant de connaître les négociations qui eurent lieu entre le gouvernement fédéral et les représentants de Saint-Domingue ; mais on ne les connaît que d'une manière assez vague. Néanmoins, il n'est pas douteux que Roustan, partisan de l'indépendance de la colonie, n'ait demandé pour elle le protectorat de la république américaine. Peut-être, et c'est probable, fut-il question de faire entrer Saint-Domingue, à titre de quinzième état [1], dans l'union fédérale. Washington, alors à la tête des affaires, voulait avant tout consolider son œuvre et était peu soucieux de jeter son pays dans une entreprise où il pouvait avoir à redouter des complications. Quand l'assemblée de Saint-Domingue vit qu'elle ne pouvait compter sur aucune puissance étrangère, elle eut alors recours à la mère-patrie.

Au début de l'insurrection, le sentiment du danger avait rapproché les partis ; mais dès que les blancs eurent reconnu, dans des combats partiels, leur supé-

---

[1] En 1791, le Vermont avait formé le quatorzième état.

riorité sur les noirs, les divisions reparurent comme par le passé. Les assemblées populaires rendaient les agents du gouvernement responsables du soulèvement des esclaves, et ces mêmes agents en accusaient les assemblées. L'*Est* et l'*Ouest* s'adressaient des reproches réciproques. Quoique l'on fût rassuré pour le moment, l'on s'occupa de réprimer la révolte. Des commissions prévotales fonctionnaient dans toutes les paroisses, et à la suite de chaque corps de troupes. Chaque jour était marqué par de nombreuses exécutions. Sur l'une des places du Cap, il y avait en permanence cinq potences et deux échafauds pour le supplice de la roue. La fureur des blancs était telle que plusieurs nègres furent brûlés vifs. La justice était sommaire, et souvent les malheureux que l'on condamnait, avaient été forcés de marcher malgré eux. Les insurgés ne voulaient pas de neutres, et les nègres qu'ils surprenaient se cachant, étaient égorgés sans pitié. Ces cruautés souvent répétées, recrutaient la révolte. De leur côté les colons se montraient aussi défiants que féroces, et à leurs yeux, les blancs qui n'étaient pas des créoles devenaient suspects. C'est ainsi que l'assemblée coloniale prit un arrêté des plus violents contre les Français de la métropole. Elle ordonna, que tous ceux qui n'avaient, dans la colonie, ni propriétés, ni proches parents, seraient renvoyés en Europe, et en attendant le moment du départ, il furent arrêtés, emprisonnés et traités avec une dureté que rien ne saurait justifier.

L'on avait appris par les prisonniers que l'on s'était résolu à faire, que les insurgés se qualifiaient de *gens du roi*, que leur chef nommé Jean-François prenait le titre de *grand amiral de France*, portait un habit galonné et voyageait d'ordinaire dans un carrosse attelé de six chevaux ; son premier lieutenant, Biassou, s'intitulait *généralissime des pays conquis.* L'on sut aussi que des hommes de couleur marchaient avec les rebelles, et que les Espagnols les appuyaient secrètement, en leur fournissant des armes et des munitions. Les nègres tenaient toujours la campagne, et l'on eût dit qu'ils se multipliaient, malgré les pertes qu'ils éprouvaient dans les combats qu'on leur livrait. Ils acquéraient peu à peu l'habitude de la guerre et une espèce de tactique. Au commencement, leur ignorance était telle qu'ils ne savaient pas se servir des canons dont ils s'étaient emparés, et les chargeaient, en mettant les boulets au fond de la pièce et la poudre ensuite. Des soldats espagnols étaient venus les instruire. Pour se procurer des vivres et des munitions, les insurgés livraient aux habitants de la partie espagnole, les meubles des habitations qu'ils pillaient, les bestiaux dont ils s'emparaient et leur vendaient des enfants noirs qu'ils enlevaient sur les plantations. Des deux côtés, la guerre devenait atroce.

L'insurrection ne perdait pas de terrain. Sans cesse refoulés dans les mornes, les nègres revenaient toujours dans la plaine. De Blanchelande résolut de prendre l'offensive. Sur son ordre, une partie de la garnison de Port-au-Prince se porta à la rencontre du corps de troupes qui gardait les postes séparant la partie du Nord de celle de l'Ouest. Ce mouvement réussit, la paroisse de Plaisance fut balayée et l'on s'empara de celle de l'Acul. En même temps, le colonel de Touzard débarquait à Port-Margot, reprenait le Limbé et était assez heureux pour arracher aux mains des noirs, deux cents femmes et enfants. Ces opérations jetèrent le désordre parmi les insurgés, qui attribuaient leurs défaites à la trahison, et se laissaient aller au découragement. De leur côté, les blancs étaient aussi soupçonneux ; ils accusaient les militaires d'être de connivence avec les rebelles. On allait jusqu'à les rendre responsables des ravages du climat. Si de Blanchelande faisait sortir du Cap des détachements, l'on disait qu'il dégarnissait la ville et l'exposait aux dangers d'une attaque. S'il les faisait rentrer, on lui reprochait de ne pas secourir les camps disséminés dans les campagnes. Les colons donnaient eux-mêmes l'exemple de la discorde. Dans plusieurs paroisses, les partisans de l'*Est* et de l'*Ouest* refusaient de cantonner ensemble et de se porter secours. Ces divisions firent, qu'au bout de trois mois, l'on n'était pas plus avancé qu'au premier jour, et que les nègres étaient restés les maîtres de dix à douze paroisses de la province du Nord.

Le calme qui s'était établi dans la partie de l'Ouest, grâce au concordat de la Croix-des-Bouquets, devait être de courte durée. Conformément à ce traité, l'on devait procéder à l'élection de députés aux assemblées coloniale et provinciale, et les hommes de couleur étaient appelés à y prendre part. La date avait été fixée au 24 novembre et, au jour dit, le vote eut lieu paisiblement à Port-au-Prince. Craignant avec raison que les élections ne lui fussent pas favorables, l'assemblée de l'Ouest cherchait un prétexte pour recommencer la lutte et se maintenir au pouvoir, quand un incident imprévu vint réaliser ses souhaits.

Un nègre libre et des canonniers de Praloto s'étaient pris de querelle. Le nègre fut arrêté et conduit à la municipalité ; la populace l'arracha de force de l'hôtel de ville et le pendit à un reverbère. A cette nouvelle, la garnison des hommes de couleur, qui était casernée au palais du gouvernement, prit immédiatement les armes ; son irritation était à son comble. Si bien qu'un mulâtre blessa un canonnier qui passait dans la rue. L'on battit aussitôt la générale ; la troupe de ligne et la garde nationale se rassemblèrent, et la municipalité ordonna de *dissiper, par les armes, les mal intentionnés*. Un capitaine du régiment de Normandie, qui remplissait les fonctions de commandant de la ville, se présenta aux chefs des hommes de couleur avec plusieurs officiers et habitants. Il parlementait avec Beauvais, quand des cris confus annoncèrent l'arrivée de Praloto avec son artillerie. Sur son ordre, vingt pièces de canon furent mises en batterie et leur feu roulant décima les mulâtres. Après avoir résisté quelques temps, Beauvais battit en retraite ; il rallia tout son monde, et parvint, non sans peine, à sortir de la ville.

La lutte avait été acharnée et le nombre des victimes était considérable. Un désastre plus grand encore frappa Port-au-Prince. Pendant le combat, le feu avait éclaté au nord et au sud de la ville ; bientôt plusieurs îlots furent la proie des flammes. Ce fut en vain que les troupes essayèrent d'arrêter le fléau, ou tout au moins d'en atténuer les effets. La plus grande partie de la ville était construite en bois et bâtie sur du tuf. L'incendie dura quarante-huit heures ; sur trente et quelques îlots, vingt-sept avaient été brûlés. Le désordre vint encore augmenter la calamité. Les maisons qui avaient été épargnées par le fléau furent pillées par les troupes de Praloto, composées en partie d'aventuriers de tous les pays. Les pertes étaient considérables ; on pouvait les évaluer à plus de cinquante millions de livres. L'on s'en prit d'abord aux mulâtres, surtout à leurs femmes, et plusieurs centaines de ces malheureuses furent obligées de quitter la ville avec leurs enfants. L'on accusa ensuite les commerçants qui auraient cherché ainsi le moyen de détruire leurs livres de commerce. Il est présumable que l'incendie de Port-au-Prince ne fut pas une œuvre préméditée, mais un effet du hasard.

Chassés de Port-au-Prince, les mulâtres se réunirent à la Croix-des-Bouquets et y formèrent un camp. Plusieurs blancs étaient avec eux et un certain nombre de nègres étaient venus les rejoindre. Leurs chefs étaient, l'un des leurs, Beauvais, et un blanc, un riche planteur, de Jumécourt, ancien capitaine d'artillerie et chevalier de Saint-Louis. Les habitants de Port-au-Prince se préparaient à soutenir un siège. C'est en vain que le commandant de la station navale, de Grimouard, se proposa aux deux partis, en qualité de médiateur. Les pourparlers ne purent aboutir. Les hommes de couleur demandaient l'exécution du concordat du 23 octobre, la punition juridique de Praloto et l'embarquement de ses canonniers. L'accord ne put se faire, et Port-au-Prince ne tarda pas à être bloqué. Léogane se trouvait dans le même cas, et Rigaud en faisait en quelque sorte le siège avec un nombreux rassemblement. Le Sud était plus troublé que jamais. Plusieurs villes de cette province avaient, à l'imitation de Port-au-Prince, chassé les hommes de couleur, et ces derniers avaient armé leurs esclaves et tenaient la campagne. Telle était la situation de la colonie, lorsqu'on y apprit l'arrivée des commissaires civils envoyés par l'Assemblée Constituante.

En France, l'on ne connaissait que vaguement ce qui se passait à Saint-Domingue. La discussion où l'abbé Maury prit la parole, avait attiré l'attention sur les Antilles. L'Assemblée Constituante savait que les hommes de couleur revendiquaient les droits politiques ; mais elle ignorait l'insurrection des esclaves. Elle décida que, conformément au décret du 1er février 1791, trois commissaires seraient envoyés à Saint-Domingue pour y maintenir *l'ordre et la tranquillité publique*. Ces trois commissaires étaient Roume, Mirbeck et Saint-Léger. Les deux premiers avaient été avocats au parlement de Paris, et le troisième était un médecin irlandais, au service de la France. Ils débarquèrent au Cap, à la fin de novembre 1791, et leur étonnement fut extrême en apprenant ce qui se passait. Lorsqu'ils avaient été nommés, ils avaient reçu des instructions pour l'exécution du décret du 15 mai, qui donnait les droits politiques aux hommes de couleur. Le décret du 24 septembre étant venu rapporter celui du 15 mai, leur mission devenait tout autre ; elle était, du reste, des plus difficiles à remplir. A la fois suspects aux blancs qui voyaient en eux des agents de la métropole, et aux mulâtres qui leur reprochaient de leur enlever les droits civiques, leur politique devait être forcément incertaine.

Les commissaires furent reçus avec respect. Sitôt

leur arrivée, un *Te Deum* avait été chanté à l'église du Cap, et l'assemblée de la colonie avait substitué à sa dénomination d'*assemblée générale* celle d'*assemblée coloniale*, comme étant plus conforme aux décrets de la Constituante. Les commissaires croyaient pouvoir parler de conciliation ; après avoir publié la nouvelle constitution et le décret du 24 septembre, ils proclamèrent une amnistie pour tous ceux qui déposeraient les armes, et prêteraient le serment requis par la constitution dans un délai déterminé. Ils cherchèrent en même temps à nouer des négociations avec les insurgés. Malheureusement les blancs se montraient, plus que jamais, irrités et avides de vengeance. Les nègres, au contraire, fatigués de l'existence qu'ils menaient, aspiraient, pour la plupart, à la paix. Ils craignaient que, grâce aux secours attendus de la métropole, les blancs ne finissent par les exterminer. Un capucin, le Père Sulpice, qui avait été curé dans la paroisse du Trou, leur fit connaître l'amnistie, et les détermina à envoyer des parlementaires à l'assemblée coloniale et aux commissaires civils. Deux mulâtres, Raynal et Duplessis, acceptèrent cette mission, et se rendirent au Cap, où on les conduisit chez le gouverneur général et à la barre de l'assemblée, pour y exposer leur requête. Ils demandaient l'oubli du passé et la liberté pour les quatre cents principaux révoltés. Moyennant ces conditions, ils offraient de rendre les prisonniers blancs qu'ils avaient en leur pouvoir, et s'engageaient à mettre fin à l'insurrection. Ils remirent en même temps une lettre, dont les auteurs étaient les principaux chefs. Jean-François, Biassou et Toussaint-Louverture, avaient signé cette lettre.

La lecture seule de cette lettre, conçue en termes modérés, aurait dû faire comprendre qu'il était temps d'en finir à tout prix avec l'insurrection, et qu'il fallait profiter des bonnes dispositions des nègres. Malheureusement, l'assemblée coloniale ne voulait rien entendre. Elle fit subir un véritable interrogatoire aux envoyés Raynal et Duplessis, et prit plaisir à leur montrer autant de hauteur que les commissaires mirent de bienveillance dans leur accueil. Sa réponse fut un véritable défi : « *Émissaires des nègres révoltés,* » leur dit le président, « *vous allez entendre les intentions de l'assemblée coloniale. L'assemblée, fondée sur la loi et par la loi, ne peut correspondre avec des gens armés contre la loi, contre toutes les lois. L'assemblée pourrait faire grâce à des coupables repentants et rentrés dans leurs devoirs. Elle ne demanderait pas mieux que d'être à même de reconnaître ceux qui ont été entraînés contre leur volonté ; elle sait toujours mesurer ses bontés et sa justice, retirez-vous.* » Cette réponse, remise à Biassou, faillit coûter la vie aux prisonniers blancs qu'il avait en son pouvoir, tant il était irrité. Il ne se laissa calmer que par la démarche des commissaires, qui demandaient une entrevue aux chefs de l'insurrection. Elle fut accordée, et l'habitation de Saint-Michel fut choisie comme rendez-vous. Jean-François, le principal chef des nègres, promit de s'y rendre.

Les commissaires civils allèrent au lieu de la conférence avec quatre membres de l'assemblée et plusieurs planteurs. Jean-François ne tarda pas à paraître. La brutalité d'un colon, qui s'oublia jusqu'à le frapper d'un coup de cravache, faillit rompre les pourparlers. Heureusement l'un des commissaires, Saint-Léger, eut assez de confiance pour s'avancer seul au milieu des noirs, et par son attitude bienveillante, il parvint à les calmer. Jean-François réitéra les demandes faites en son nom par ses délégués, et promit la soumission de tous ses compagnons, si l'on voulait oublier le passé et accorder les quatre cents libertés qu'il réclamait. Les commissaires répondirent qu'ils ne pouvaient rien décider; mais comme preuve de sa bonne volonté, ils lui demandèrent de leur rendre les blancs qu'il tenait prisonniers. Jean-François se retira en assurant qu'*il était touché de voir enfin des blancs qui témoignaient quelque humanité*, et, le lendemain, il envoyait au Cap une vingtaine de planteurs de la Grande-Rivière, avec une forte escorte, commandée par Toussaint-Louverture. Ce dernier, reçu avec dédain par l'assemblée coloniale, comprit que les pouvoirs des commissaires étaient illusoires, et communiqua ses appréciations à Jean-François, à Biassou et aux autres chefs. Le crédit des commissaires civils fut dès lors ruiné dans l'esprit des noirs, au grand détriment de la pacification.

L'on eût dit que les blancs voulaient donner de nouvelles forces à l'insurrection. L'assemblée coloniale s'était opposée à la publication d'une proclamation des commissaires, où les nègres, s'ils voulaient se soumettre, étaient assurés de l'amnistie. Dans le Nord, l'assemblée provinciale avait ordonné le désarmement des mulâtres dont la plupart combattaient dans les rangs des blancs. Cet ordre imprudent ne put pas même être exécuté au Cap, et ne reçut son application que dans quelques paroisses. Il n'eut pas d'autre résultat que d'irriter les hommes de couleur, et de pousser un certain nombre d'entre eux à embrasser la cause des insurgés.

Les concordats que quelques paroisses avaient signés à l'imitation de celle de la Croix-des-Bouquets, n'avaient pas été reconnus par l'assemblée coloniale. Dans les camps, les blancs et les hommes de couleur étaient pleins de défiance, les uns vis-à-vis les autres. Ces divisions favorisaient l'insurrection. Grâce à la connivence des mulâtres, Jean-François s'était emparé d'Ouanaminthe et l'avait incendiée, après y avoir massacré les blancs qui s'y trouvaient. Une nuit, Biassou tournait le Haut-du-Cap, entrait dans le fort Belair que lui livraient les hommes de couleur, chargés de le défendre, braquait ses canons sur la ville et occupait l'hôpital. Heureusement, il ne sut pas tirer parti de la confusion où il avait mis le Cap, et se retira sans essayer d'enlever la ville. Les plaines étaient en partie au pouvoir des insurgés, et les riches habitations de Terre-Neuve, du Gros-Morne, de Jean-Rabel réduites en cendres. La situation s'aggravait de plus en plus.

L'assemblée coloniale agissait, comme si elle avait été prise de vertige. Elle s'opposait au départ de l'un des commissaires, Saint-Léger, et en accusait un autre, Roume, de trahison. Elle enlevait, par un arrêté, le commandement des gardes nationales au gouverneur général de Blanchelande, en déclarant que la colonie était simplement *en état de troubles, et non en état de guerre ;* elle s'attribuait la direction des plans de campagne, et souvent même, des détails de leur exécution. Les corps populaires étaient autorisés par elle à requérir les forces de terre et de mer. La municipalité du Cap fut rétablie et composée des adversaires les plus acharnés de la métropole. Le maire était un vieillard sans volonté, nommé Chevalier, disposé à tout accepter. Le véritable chef de la municipalité était le procureur de la commune, Larchevesque-Thibaud, connu pour l'un des partisans les plus fougueux de l'indépendance de Saint-Domingue, et l'un des orateurs les plus écoutés des réunions populaires. C'était un véritable tribun, et sous son impulsion, la municipalité prit les mesures les plus violentes. Un imprimeur, coupable d'avoir publié la proclamation du roi accordant l'amnistie aux nègres, eut ses presses brisées. C'est ainsi que le parti colonial espérait tout faire plier sous son autorité, et détruire les derniers vestiges du pouvoir de la métropole.

Les commissaires semblaient avoir pris à tâche de s'effacer. Le 19 février 1792, l'assemblée coloniale avait nommé une commission chargée de déterminer leurs pouvoirs et, le 10 mars, elle prenait un arrêté en vertu duquel elle seule avait le droit de faire exécuter, avec l'approbation du gouverneur général, les décrets de l'Assemblée Nationale. Désormais les commissaires n'avaient aucun rôle à jouer. L'autorité du gouverneur général n'était pas seulement méconnue ; sa personne était encore en but à des attaques continuelles. De Blanchelande avait voulu passer une revue de la garde nationale et des troupes de ligne. Le commandant de la garde nationale refusa, sous le prétexte qu'il ne connaissait que les ordres donnés par la municipalité. Cet acte d'indiscipline trouva un défenseur dans Larchevesque-Thibaud, qui prononça à l'assemblée coloniale un réquisitoire des plus violents contre de Blanchelande, déclara que l'assemblée avait pour premier devoir de soutenir la Révolution et que la garde nationale n'avait pas d'autre but. En même temps, il demandait que l'assemblée tint désormais ses séances dans l'église du Cap, « *où une foule nombreuse* », ajoutait-il, « *prouverait combien les ennemis de la révolution sont en petite quantité* ». Ce langage audacieux souleva une véritable tempête. Le bruit se répandit que le gouverneur se proposait de faire arrêter un adversaire aussi redoutable. Larchevesque-Thibaud devint un héros. Une garde particulière lui fut donnée pour veiller à sa sûreté et sa popularité fut plus grande que jamais.

Malgré l'opposition de l'assemblée coloniale et des corps populaires, le commissaire Saint-Léger s'était embarqué pour Port-au-Prince ; en y arrivant, il avait pu se rendre compte de la situation. Les hommes de couleur et leurs partisans connus sous le nom de *confédérés de la Croix-des-Bouquets*, bloquaient cette ville par terre. Le feu de ses forts tonnait sans cesse sur la campagne. Plusieurs de ses quartiers ne présentaient plus que des ruines. Les vivres étaient rares, la viande fraîche manquait et l'on ne tirait de la mer que des ressources incertaines. L'on commençait à souffrir de la disette.

Les confédérés avaient appris avec joie l'arrivée du commissaire civil ; ils lui demandèrent une entrevue, qui eut lieu sous le canon du fort Saint-Joseph. Saint-Léger y vint avec plusieurs délégués de l'assemblée de l'Ouest et une escorte chargée surtout de le surveiller. Les représentants des hommes de couleur se montrèrent modérés et, sur la demande du commissaire civil, ils laissèrent les provisions arriver daus la ville. Conformément au décret du 24 septembre 1791, Saint-Léger demanda la formation de nouvelles municipalités ; il fut obéi dans la plupart des paroisses de l'Ouest, quoique les mulâtres eussent de la peine à se résigner à ne pas paraître dans les assemblées primaires. Mais ils pensaient que cette disposition n'était que transitoire. Les municipalités furent toutes composées de blancs. Leur premier acte fut de confirmer les concordats précédemment conclus et de réclamer les droits politiques pour les hommes de couleur. Il n'en fallait pas davantage pour encourir la haine de l'assemblée coloniale et de l'assemblée provinciale de l'Ouest, qui refusèrent de reconnaître les nouvelles municipalités. Quant à Saint-Léger, il était accusé de trahison et passait pour être *l'ami des noirs*.

Les espérances que l'arrivée du commissaire civil à Port-au-Prince avaient fait naître étaient illusoires ; on le vit bientôt. Le marquis de Borel, l'un des membres les plus fougueux de l'assemblée coloniale, avait quitté le Cap pour venir transformer en camp militaire l'habitation qu'il avait sur l'Artibonite. Sous le prétexte de combattre les gens de couleur, il parcourait le pays à la tête d'une bande d'aventuriers, livrant les plantations au pillage. Ses brigandages amenèrent une ligue des blancs et des mulâtres de plusieurs paroisses ; sa bande fut forcée de se dissoudre. Sur ces entrefaites, un détachement de troupes de ligne, en garnison dans le Nord, s'était mis en route, malgré les ordres du gouverneur général, pour venir se joindre à de Borel. Les hommes de couleur lui tendirent une embuscade; l'officier qui commandait le détachement y périt avec la plupart de ses soldats. A cette nouvelle, l'irritation fut à son comble à Port-au-Prince. Saint-Léger, qui négociait alors à la Croix-des-Bouquets avec les confédérés, fut accusé du *massacre des blancs de l'Artibonite*, et l'assemblée provinciale vota sa déportation. Le commissaire civil quitta Port-au-Prince et se retira à Léogane.

Au moment de son départ, Saint-Léger avait engagé les deux partis à suspendre la lutte. Pour lui montrer le cas qu'on faisait de ses instructions, les forts de la ville tonnaient de nouveau sur la campagne et l'assemblée provinciale décida qu'on irait reprendre la Croix-des-Bouquets, devenue le principal centre des mulâtres. Le 22 mars, la garnison de Port-au-Prince, renforcée d'un corps de nègres, se mettait en marche et s'emparait de la Croix-des-Bouquets, sans y trouver une résistance sérieuse. Quelques jours après, les hommes de couleur vinrent l'y attaquer. La lutte fut acharnée de part et d'autre. Quoique inférieurs en nombre, les blancs l'emportèrent grâce à la supériorité de leur artillerie; ils eurent plus de cent morts et les mulâtres un millier d'hommes mis hors de combat. Quoique victorieux, les blancs pensèrent ne pas devoir garder la position qu'ils avaient conquise et rentrèrent dans Port-au-Prince. Cette affaire n'avait servi qu'à rendre les haines plus vivaces et, en même temps, elle fut le signal d'un soulèvement général dans le Sud. Dans cette province, plusieurs villes se montraient disposées en faveur de Port-au-Prince; dans les campagnes, les hommes de couleur avaient armé leurs esclaves. Tout faisait prévoir que cette partie de la colonie allait être livrée aux horreurs de la guerre civile.

Saint-Léger essayait encore de faire de la conciliation. Il avait convoqué à Saint-Marc les délégués des blancs et des hommes de couleur et trouvé un concours sincère chez le mulâtre Pinchinat, qui jouissait d'un puissant crédit parmi les gens de sa caste. D'un autre côté, les blancs de certaines paroisses de l'Ouest étaient animés d'intentions pacifiques. Aussi, le 21 avril 1792 un traité de paix et d'union était signé par les représentants des deux races. Ce traité, que l'on appelait *l'union de Saint-Marc*, reproduisait les clauses du concordat de la Croix-des-Bouquets et, de plus, il dénonçait à la nation et au roi l'assemblée provinciale de l'Ouest et l'assemblée coloniale comme les auteurs des troubles de la colonie. Toutes les paroisses de l'Ouest, à part la ville de Port-au-Prince, adhérèrent à ce traité ainsi que plusieurs quartiers du Sud. Du côté des blancs, le maréchal de Fontanges s'était distingué par sa modération et avait en quelque sorte joué le rôle de médiateur. L'on pouvait espérer une période d'apaisement et croire que Saint-Domingue allait cesser d'être en proie à la guerre civile.

L'assemblée coloniale avait vu d'un mauvais œil la formation de la ligue de Saint-Marc, et elle essayait, mais inutilement, de jeter le désordre dans ses rangs. Plusieurs paroisses du Nord s'étaient ralliées au traité de Saint-Marc. A la suite d'un nouveau décret rendu par l'Assemblée Nationale, qui rétablissait le décret du 15 mai, la plus grande partie des mulâtres se prononçait énergiquement en faveur de la nouvelle ligue. L'assemblée coloniale songeait à soutenir la lutte ; elle s'était même demandé si elle ne procéderait pas à l'embarquement des commissaires, à la dégradation du gouverneur général et au renvoi, en Europe, de tous les chefs militaires. Mais, en dehors du Cap, ses partisans étaient pour le moment en minorité ; aussi pensa-t-elle ajourner ses séances dans le courant de juin. Six semaines auparavant, les commissaires Mirbeck et Saint-Léger s'étaient embarqués pour la France, afin d'instruire le gouvernement de ce qui se passait à Saint-Domingue. Roume se disposait à suivre leur exemple quand le chef du *côté Est* à l'assemblée coloniale, Dumas, le fit changer de résolution. Il resta dans la colonie.

Toutes les espérances s'étaient tournées du côté de la ligue de Saint-Marc. Le 20 juin 1792, le commissaire Roume et le gouverneur général de Blanchelande débarquaient dans cette ville et y étaient reçus au milieu des acclamations et aux cris de : « *Vive le roi !* » Les hommes de couleur promettaient leur concours, si le gouverneur s'engageait à reprendre Port-au Prince, à dissoudre l'assemblée de l'Ouest, à déporter ceux de ses membres qui s'étaient compromis et à licencier les troupes soldées que la municipalité de cette ville avait prises à son service. De plus, les troupes de couleur qui avaient été chassées devaient être autorisées à y rentrer. Le gouverneur et le commissaire acceptèrent ces conditions et l'on s'occupa sans retard de préparer l'expédition. De Blanchelande prit la mer avec deux vaisseaux et plusieurs transports afin de fermer la rade de Port-au-Prince. Quant à Roume, il se rendit par terre à la Croix-des-Bouquets où l'attendait Beauvais avec sa petite armée. Les mulâtres du Sud s'étaient mis en marche sous le commandement de leur chef Rigaud pour compléter l'investissement de la ville. Le succès n'était pas douteux.

La ville de Port-au-Prince ne s'attendait pas à une attaque aussi rapide. De Caradeux, qui y exerçait le commandement militaire, fut effrayé et se réfugia aux États-Unis. Les habitants de Port au-Prince appelèrent alors à leur secours de Borel, qui quitta le Cap avec une douzaine de petits bâtiments sur lesquels il avait embarqué les débris de sa bande. Son intention était de se rendre à Port-au-Prince; mais il fut capturé à la hauteur du môle Saint-Nicolas par un vaisseau de la station navale et retenu quelque temps en prison avec ses aventuriers. A l'aspect des préparatifs militaires qui devenaient redoutables, les habitants de Port-au Prince n'essayèrent pas de résister et se soumirent à la première sommation (juillet 1792). Le commissaire et le gouverneur ordonnèrent l'arrestation et la déportation des principaux meneurs. Praloto fut poignardé au moment où on le conduisait à bord d'un vaisseau. Le bataillon du 9ᵉ régiment, ci-devant Normandie, fut embarqué pour la France. C'était une faute; on manquait de troupes à Saint-Domingue. Le gouverneur général aurait dû le savoir mieux que personne et avoir le courage de résister aux ordres des confédérés. Quoi qu'il en soit, l'occupation de Port-au-Prince était de la plus grande importance et l'on pouvait encore espérer que l'œuvre de pacification suivrait son cours.

Le commissaire Roume se chargea de parcourir la province de l'Ouest, afin d'y ramener le calme. Sa mission était assez facile ; la seule difficulté qu'il rencontrait était de faire rentrer les esclaves sur les plantations. Il se heurtait là à une résistance très prononcée ; néanmoins, son autorité était assez respectée. Il n'en était pas de même du gouverneur de Blanchelande qui s'était rendu dans le Sud où régnait l'anarchie. Les mulâtres de cette province avaient pris les armes et, dans leur lutte contre les blancs, ils montraient une férocité incroyable. Leur chef Rigaud, qui venait d'être nommé général par les commissaires, était depuis longtemps reconnu comme tel par les gens de sa caste. Plein d'orgueil et d'ambition, son intelligence ne pouvait être mise en doute et son influence était réelle. L'on savait que ses sympathies étaient pour la France et, avec tant soit peu d'habileté, il pouvait devenir pour nous un auxiliaire fort précieux.

De Blanchelande pensait que la publication du décret du 15 mai nous concilierait les hommes de couleur. Dans le Sud, les blancs de la petite ville de Jérémie et des quatre paroisses qui en dépendaient, s'étaient fédérés sous le titre de *Coalition de la Grande-Anse*. Ils avaient nommé un conseil administratif, à peu près rompu toute relation avec le gouvernement colonial, et guerroyaient contre les mulâtres pour leur propre compte. La lutte avait été terrible, et de part et d'autre, l'on s'était massacré avec férocité. Les blancs, soutenus par leurs esclaves qu'ils avaient armés, l'avaient emporté. La plupart des hommes de couleur de leur ville qui n'avaient pas péri dans le combat avaient été faits prisonniers, et depuis ce moment, on les tenait enchaînés sur des pontons. Cette mesure avait été étendue aux femmes, aux vieillards et aux enfants. De Blanchelande se rendit à Jérémie, dans le but de rendre ces malheureux à la liberté. Mais en présence de l'attitude des blancs exaspérés par la mise à exécution du décret du 15 mai, il prit un moyen terme qui ne donna satisfaction à personne. La population de couleur de Jérémie fut, sur son ordre, envoyée au Cap. De Jérémie, de Blanchelande alla à Tiburon, et de là aux Cayes où il arriva dans les derniers jours de juillet. Il y fut fort bien reçu, principalement par les mulâtres qui l'attendaient avec impatience. Quelques mois auparavant Rigaud avait été chargé par Saint-Léger de négocier avec l'assemblée du Sud une convention analogue à celle de la Croix-des-Bouquets. Sa mission avait échoué, et à la suite du refus de l'assemblée provinciale, les nègres s'étaient soulevés dans les mornes de la Hotte. Cette insurrection portait l'épouvante jusqu'aux portes des Cayes. Les habitants de cette ville conjurèrent de Blanchelande de réduire les rebelles, et pour eux, l'escorte que le gouverneur avait avec lui était suffisante pour cette entreprise. Rigaud lui conseillait d'entrer en pourparlers avec les insurgés, et de les diviser, en accordant la liberté aux principaux d'entre eux. De Blanchelande était assez de cet avis; mais les blancs ne voulaient rien entendre et se plaignaient amèrement. Ils reprochaient au gouverneur de vouloir sacrifier leur province. La bienveillance qu'il témoignait aux sang-mêlés, ses démarches pacifiques étaient presque regardées comme des crimes. L'on allait jusqu'à l'accuser de pousser au mépris des blancs, en admettant à sa table les chefs des mulâtres. Fatigué de ces récriminations, de Blanchelande céda, mais à contre-cœur ; l'on eut dit qu'il prévoyait un échec.

Les insurgés occupaient les mornes de la Hotte, c'est-à-dire l'une des chaînes les plus élevées de l'île, et pour arriver à leur principale position, située sur la crête de la montagne, il fallait traverser des défilés assez dangereux. Le 6 août, un coup de canon donnait le signal de l'attaque, et trois colonnes, fortes chacune de 500 hommes, composées de troupes de ligne, de planteurs et de mulâtres, se mettaient en marche. Malheureusement les commandants des colonnes agirent sans se concerter ; de plus, les soldats, imbus pour la plupart de l'esprit d'indiscipline, obéissaient difficilement. Aussi l'attaque échoua et les blancs furent repoussés avec des pertes sensibles. Seule, la deuxième colonne formée par un bataillon du 88e de ligne et des planteurs de la plaine, montra de la résolution. Elle s'engagea dans des gorges, où elle fut assaillie par les noirs qui firent rouler sur elle des quartiers de rochers, et la décimèrent par une vive fusillade. Elle dut se replier en laissant une centaine de morts. De Blanchelande donna l'ordre de la retraite. Enhardis par leurs succès, les insurgés vinrent assaillir son quartier général, qui n'était défendu que par de faibles détachements, et où les fuyards avaient porté le désordre. L'on fut obligé d'abandonner deux canons, les vivres et les munitions, et l'on rentra aux Cayes, en pleine déroute. La défaite avait été complète.

De Blanchelande fut accusé de ce désastre, et en butte

aux attaques les plus injustes. Les officiers et les soldats, qui avaient été les premiers à prendre la fuite, se montraient les plus violents ; l'on ne cessait de parler de trahison, lorsqu'on aurait dû parler de lâcheté. Aussi dans son indignation, de Blanchelande ne put s'empêcher de dénoncer à la justice de l'assemblée provinciale *les lâches qui avaient abandonné leurs drapeaux*. C'était peine perdue. En voyant son impuissance, le gouverneur général quitta le Sud pour revenir au Cap. Les troupes de ligne refusèrent de le suivre et se débandèrent. Quant aux nègres, ils restaient maîtres des hauteurs de la Hotte, et il fallait s'attendre à voir, dans le Sud, l'insurrection gagner du terrain.

En France, les commissaires Mirbeck et Saint-Léger avaient fait connaître à l'Assemblée Nationale la situation de Saint-Domingue. Les nouvelles venues de la colonie avaient jeté l'effroi dans les villes maritimes, qui avaient de nombreux intérêts dans notre possession d'Amérique. L'Assemblée Nationale s'occupa sans retard des affaires de Saint-Domingue. Le 29 février 1792, elle repoussait la motion de Garan de Coulon, qui demandait qu'il fût procédé à l'élection de nouvelles assemblées coloniales, que l'on donnât les droits politiques aux hommes de couleur, et que l'amnistie fût proclamée. Deux mois plus tard, revenant sur sa détermination, elle rendait le décret du 4 avril 1792. D'après ce décret, les hommes de couleur obtenaient les droits politiques. Il devait être procédé à la réélection des assemblées coloniales et des municipalités, et de plus, des commissaires étaient envoyés dans les Antilles. Ces commissaires, au nombre de sept, dont trois pour Saint-

Domingue, avaient les pouvoirs les plus étendus. Ils étaient autorisés à dissoudre les assemblées coloniales, à requérir la force publique, à prendre provisoirement les mesures qu'ils jugeraient nécessaires, à arrêter et à déporter les fauteurs de troubles. Les pouvoirs qu'on leur accordait en faisaient de véritables dictateurs. Les trois commissaires pour Saint-Domingue étaient Sonthonax, Polvérel et Ailhaud. En même temps, s'embarquait avec eux pour l'Amérique, un corps de 6,000 hommes de troupes, sous le commandement du général Desparbès. Ces secours étaient suffisants pour réprimer l'insurrection, si l'on savait agir. Malheureusement, il en fut autrement. La colonie allait entrer dans la période de la ruine.

CHAPITRE IV

Les commissaires Sonthonax et Polvérel. — Leurs luttes avec les colons. — Affranchissement général des esclaves. — Appel à l'étranger.

Le 18 septembre 1792, les trois commissaires Sonthonax, Polvérel et Ailhaud débarquaient au Cap-Fraçais. Le premier, qui devait exercer dans l'île une véritable dictature, mérite une mention spéciale. Originaire de la petite ville d'Oyonax, dans le Bugey, Sonthonax exerçait, à Paris, au moment de la révolution, les fonctions d'avocat au Parlement. Il appartenait au parti de la Gironde, et était le protégé de Brisson et de Grégoire. D'une valeur médiocre, sans scrupules, d'une probité douteuse, il se distinguait par la haine profonde qu'il portait à tout ce qu'il pensait lui être supérieur. Pourvu que son ambition fût satisfaite, il était prêt à tout faire. Tel allait être le représentant du gouvernement français à Saint-Domingue, tandis que pour maîtriser les événements, il aurait fallu un homme d'état, dans toute l'acception du mot.

Le 20 septembre, une séance solennelle avait lieu dans l'église du Cap, pour l'installation des commissaires civils. Daugy assura ces derniers du concours de l'assemblée coloniale dont il était le président, tant en son nom qu'en celui de ses collègues. Sonthonax répondit qu'il connaissait à Saint-Domingue deux classes distinctes et séparées l'une de l'autre, les hommes libres, quelle que fût leur couleur et les esclaves. Quatre jours après, c'est-à-dire le 24 septembre, les commissaires publiaient une proclamation avec un grand appareil. Ils y manifestaient leur attachement au décret du 4 avril 1792 dont l'exécution leur était confiée, et reconnaissaient l'esclavage des nègres, comme *nécessaire à la culture et à la prospérité de la colonie. Tous les citoyens en état de porter les armes* étaient en même temps invités à se préparer à une attaque générale contre l'insurrection que l'on voulait étouffer. Les commissaires civils semblaient prendre une attitude favorable aux colons, qui tout d'abord crurent à leur sincérité. L'effet immédiat de la proclamation fût de rapprocher les blancs et les mulâtres ; l'on pouvait croire que les intérêts communs resserreraient leur union. Les commissaires affectaient de la désirer, mais leur conduite n'était qu'une feinte. Sonthonax poussait si loin la dissimulation, que le 4 décembre, il déclarait publiquement que, si l'Assemblée Nationale égarée pouvait oublier *les prérogatives des colons et détruire le germe de leur prospérité*, il ne se rendrait jamais l'exécuteur d'une pareille injustice.

Les troupes arrivées de France avec les commissaires présentaient un effectif de plus de 6,000 hommes. Elles étaient commandées par le général Desparbès, qui avait sous ses ordres les maréchaux-de-camp d'Himisdal, de Lasalle et de Montesquiou-Fézensac. Ces renforts, joints aux garnisons de la colonie, aux blancs organisés en milice, permettaient de disposer de forces importantes, et l'on pouvait écraser l'insurrection. Mais il ne fallait pas perdre de temps et mener vigoureusement les opérations. Les nègres n'auraient pas soutenu longtemps la lutte, d'autant plus que beaucoup d'entre eux commençaient à se lasser de leur existence vagabonde. Tel n'était pas l'avis des commissaires, qui voulaient favoriser les insurgés, en les laissant se livrer impunément à leurs déprédations. Ils pensaient amener ainsi la ruine de la colonie. L'ordre fut donné au général Desparbès de se tenir sur la défensive. La conduite des commissaires était si révoltante, que le 19 octobre, les soldats du corps expéditionnaire leur présentèrent une pétition conçue dans ces termes : « *Depuis un mois que nous sommes débarqués, nous consumons lâchement dans l'inaction un temps qui aurait suffi pour réduire les esclaves révoltés. Qu'attendez-vous pour mettre en action six mille soldats, quand le salut de la colonie que nous sommes venus protéger, semble dépendre d'une attaque générale ? Cependant les brigands se prévalent de notre repos. Ils attaquent journellement de petits postes ; ils brûlent à nos yeux de magnifiques propriétés qu'une seule attaque aurait soustraites à la destruction.* »

A cette expression franche de la loyauté, les commissaires répondirent par des actes arbitraires. Ils avaient fait arrêter le gouverneur de Blanchelande, qui fut envoyé en France, pour y périr sur l'échafaud, le 7 avril 1793 ; le 12 octobre 1792, ils rendaient un arrêté prononçant la dissolution de l'assemblée coloniale. Au lieu de procéder à de nouvelles élections, conformément à leurs instructions, ils installèrent, de leur propre autorité, une commission composée de douze membres, dont six blancs nommés par l'assemblée coloniale, et six mulâtres désignés par eux. Les emplois vacants, dans les corps administratif et militaire, étaient prodigués aux hommes de couleur, et l'on dressait des listes de proscription. Les troupes d'Europe étaient disséminées, soi-disant pour leur faciliter les subsistances. Mais les commissaires avaient eu soin de choisir pour les cantonnements des quartiers malsains. Aussi les effets du climat se firent rapidement sentir, et au bout de deux mois, la moitié de l'effectif était tombée malade.

Sur ces entrefaites, la connaissance des événements du 10 août parvint à Saint-Domingue. Les troupes, déjà mécontentes, apprirent avec peine, la déchéance du roi, et leur hostilité contre le gouvernement se manifesta hautement. Nombre de colons pensaient qu'il fallait profiter de ces dispositions, pour se débarrasser des commissaires, et les embarquer pour l'Europe.

Le général Desparbès se montrait favorable à un coup de main, et avait promis son concours. Il ne restait plus qu'à agir. Au jour fixé par les organisateurs du complot, l'ancien régiment du Cap devenu le 106e de ligne, un bataillon du 92e, des détachements du 15e et du 73e et la garde nationale à cheval se rassemblèrent au Champ-de-Mars. Malheureusement, on les laissa sans ordres. Les colons répugnaient à la guerre civile, et le général Desparbès refusait de se compromettre. Profitant de l'hésitation de leurs adversaires, les commissaires avaient eu l'adresse de s'assurer de l'appui du 16e régiment de dragons, d'un bataillon de l'Aisne et de la garde nationale à pied. En même temps, un corps de dix-huit cents hommes, que le gouverneur de la Martinique, partisan de la contre-révolution, n'avait pas voulu recevoir, venait de débarquer, et tout naturellement, il avait embrassé la cause des commissaires. La tentative avait échoué.

Pendant plusieurs jours, l'effervescence fut à son comble. Des rixes avaient lieu à chaque instant dans les rues, et souvent elles se terminaient par des assassinats. C'est ainsi que furent massacrés le commandant de la garde nationale, de Cognon et plusieurs de ses amis, qui cherchaient à le défendre. Les partisans des commissaires ne cessaient de vociférer des menaces contre les officiers de l'ancien régiment du Cap, et de leur côté, les blancs de la ville semblaient décidés à la résistance. Sonthonax affectait de s'appuyer sur les mulâtres; dans le désir de provoquer la lutte, il avait organisé un bataillon exclusivement composé de gens de couleur, et l'avait chargé du service de la ville. Le général Desparbès était destitué et recevait l'ordre de s'embarquer pour la France avec plusieurs de ses officiers. Sonthonax voulait remplacer ces derniers par des mulâtres, au préjudice des droits acquis par des militaires que l'ancienneté de leurs services appelait aux grades vacants. Toutes ces mesures avaient exaspéré la population et un conflit était inévitable.

Le 2 décembre 1792, les troupes s'étaient rassemblées au Champ-de-Mars, sur l'ordre de Sonthonax qui avait eu soin de séparer les régiments de ligne des bataillons composés des hommes de couleur ; le commissaire civil donna l'ordre à ces derniers de charger leurs armes, en présence des troupes réglées qui n'avaient pas de cartouches. Les blancs de la ville ne pouvaient plus douter que leur massacre fût chose décidée. Renforcés d'un certain nombre de matelots qui étaient débarqués, ils s'armèrent et se réunirent au régiment du Cap pour attaquer les sang-mêlés. Une fusillade s'engagea, et il y eut une trentaine de tués et de blessés. Ce fut en vain que la municipalité essaya d'arrêter la lutte en se mettant au milieu des combattants. Le chevalier d'Assas, récemment nommé colonel du régiment du Cap, fut frappé mortellement, en s'efforçant de mettre fin au combat. A la fin de la journée, les mulâtres se retirèrent au Haut-du-Cap d'où ils menaçaient la ville. Ils consentirent toutefois à y rentrer, et toutes les autorités s'en allèrent à leur rencontre. L'affaire du 2 décembre fournit à Sonthonax l'occasion de se débarrasser de toutes les personnes qui lui portaient ombrage et s'étaient signalées comme les adversaires de son pouvoir tyrannique. C'est ainsi que Larchevesque-Thibaud et Daugy, les chefs du parti colonial, étaient embarqués pour la France. Les hommes de couleur furent autorisés à former de nouvelles compagnies de garde nationale. Sonthonax avait la dictature, et il est triste de dire qu'il avait trouvé le concours le plus actif et le plus dévoué chez le général Rochambeau, arrivé depuis peu de la Martinique, et alors de passage à Saint-Domingue.

Les commissaires civils s'étaient séparés, pour aller chacun administrer une province de la colonie. Sonthonax restait dans le Nord; Polvérel alla dans l'Ouest, et Ailhaud dans le Sud. Ce dernier, qui ne se sentait ni la force, ni la volonté de remplir la mission qui lui avait été confiée, repassa presque immédiatement en France. Ses deux collègues restèrent seuls. Polvérel était débarqué à Saint-Marc, et son premier soin fut de chercher à fomenter la guerre civile, en excitant les mulâtres contre les blancs. Quant à Sonthonax, il avait fondé au Cap un club composé de ses partisans les plus fougueux sous le titre de *réunion des amis de la Convention Nationale*. Il ne négligeait rien pour accomplir son œuvre de destruction.

Il fallait néanmoins faire quelque chose contre l'insurrection, ou tout au moins se donner l'apparence de réprimer les incursions des noirs dont l'audace augmentait de jour en jour. Sonthonax se décida à faire marcher sur Ouanaminthe le général Rochambeau qu'il avait nommé gouverneur à la place du général d'Himisdal. Pour le moment, il lui témoignait une grande confiance. Choqué de cette préférence, d'Himisdal s'empressa de donner sa démission de son commmandement militaire dans le Nord, et quitta la colonie. Rochambeau se mit en mouvement et atteignit Ouanaminthe que les insurgés ne cherchèrent pas à défendre. A l'approche des blancs, les nègres s'étaient retirés dans les Mornes, prêts à descendre dans la plaine, sitôt que nos soldats se seraient éloignés. Cette expédition entreprise, pompeusement annoncée, n'eut aucun résultat, et ne servit qu'à fatiguer les troupes. Si l'on avait voulu mettre fin à l'insurrection, il aurait fallu avoir recours à d'autres moyens que des promenades militaires.

Rochambeau ayant reçu l'ordre d'aller prendre possession de son gouvernement de la Martinique, Sonthonax confia le commandement des troupes du Nord au général de Laveaux. Les opérations furent reprises avec une certaine vigueur. Le camp de la Tannerie, qui fermait l'entrée des Mornes et de la Grande-Rivière, était devenu la principale place d'armes des nègres. Ce poste retranché, couvert par un double fossé, plein d'eau, fortement palissadé, était commandé par Biassou. Des travaux assez importants y avaient été exécutés; des ouvrages détachés garnis de canons de gros calibre défendaient les approches de cette sorte de citadelle. Il était bien évident que les insurgés avaient été dirigés dans la construction de leur forteresse par des déserteurs de l'armée espagnole. Mais quand il s'agit de soutenir notre attaque, les noirs montrèrent qu'ils manquaient de solidité. A la vue des troupes françaises, les bandes de Biassou, frappées de terreur, prirent la fuite. Malheureusement, on ne put les atteindre. Le terrain était tellement hérissé d'obstacles, que nos soldats ne pouvaient entrer dans le camp, qu'un par un. Aussi les nègres eurent le temps de déguerpir.

Sans perdre un instant, le général de Laveaux se hâta de pénétrer dans le quartier de la Grande-Rivière. Le corps expéditionnaire était divisé en deux colonnes dont les attaques combinées menaçaient d'envelopper le gros des révoltés. Leur chef, Jean-François, surpris sur l'habitation Pivoteaux, où il avait établi son quartier-général, eut à peine le temps de s'échapper. Stupéfaites par l'apparition spontanée de nos troupes, ses hordes ne songèrent pas même à mettre le feu à leurs canons, et prirent la fuite, en poussant des cris affreux. Une vingtaine de fuyards furent capturés et entre autres, un mulâtre libre, nommé Coco-Laroche, qui se parait de la croix de Saint-Louis et était revêtu de l'uniforme de maréchal-de-camp, dont il avait pris le titre. Le général de Laveaux les fit tous fusiller.

Cette expédition déconcertait les nègres et la terreur se mettait parmi eux. Sur le simple avis qu'on faisait circuler d'une amnistie, ils venaient en grand nombre implorer grâce. L'on peut juger de la panique que le coup de main du général de Laveaux avait produite, par le nombre de femmes qui vinrent se rendre. On en compta jusqu'à quatorze mille. L'insurrection paraissait anéantie pour le moment dans le Nord. Il ne restait plus aux débris des bandes pour s'y réfugier que les hauteurs des paroisses de Sainte-Suzanne et de Vallières que l'on n'avait pas encore occupées. Il est vrai que, de là, les nègres pouvaient se glisser à travers nos postes, et venir de nouveau infester les environs du Cap. Mais la révolte n'avait plus de centre, et n'était plus à vrai dire que du vagabondage. La battue des montagnes de l'Ouest, faite par le 84e de ligne et les planteurs organisés en milice, avait parfaitement réussi. Aussi, l'on pouvait espérer que les dernières traces de l'insurrection ne tarderaient pas à disparaître dans le Nord.

Dans l'Ouest, Polvérel s'était rendu de Saint-Marc à Port-au-Prince, où il ne fit qu'un court séjour. En apprenant le départ d'Ailhaud pour la France, il pensa qu'il devait sans tarder se rendre dans le Sud. Cette province était en quelque sorte livrée à l'anarchie. La coalition de la Grande-Anse, composée de Jérémie et des paroisses voisines, subsistait toujours et ne cachait plus ses tendances séparatistes. A Jacmel, les blancs refusaient d'accorder les droits politiques aux hommes de couleur. Aux Cayes, l'on était sans cesse menacé par les insurgés des Platons qui ravageaient la plaine, et y commettaient de nombreuses atrocités. Polvérel arriva aux Cayes dans le courant de janvier 1793, et encouragé par les habitants, il se décida à s'emparer des Platons. Le général de Montesquiou-Fézensac commandait la province; dégoûté de tout ce qui s'y passait, il avait demandé et obtenu son rappel. Le colonel Harty le remplaçait provisoirement. Sans perdre un instant, il se mit à la tête d'un bataillon de l'Aisne fort de cinq cents hommes, et s'en alla occuper les Platons. Il n'eut pas grand'peine à en déloger les nègres qui ne firent qu'un semblant de résistance. Exaspérés par les massacres commis sur les plantations, nos soldats ne firent pas de prisonniers. Pour achever la pacification du Sud, il aurait fallu le sillonner de colonnes mobiles. Tel n'était pas l'avis de Polvérel, qui en présence des dispositions des colons dont l'hostilité s'affirmait ouvertement, quittait les Cayes en mars 1793 et s'embarquait pour l'Ouest.

Cette province était plus troublée que jamais, et l'on avait lieu de craindre que les événements, dont Port-au-Prince avait été le théâtre l'année précédente, ne se renouvelassent. Les commissaires n'avaient rien négligé pour y fomenter une nouvelle guerre civile. Le marquis de Borel, si tristement connu, était devenu leur partisan, et avait su gagner leur confiance au Cap. Ils l'avaient nommé, eu égard *à ses qualités de bon patriote*, commandant de la garde nationale de Port-au-Prince. De Borel s'était rendu dans cette ville, et il était entré en lutte avec le maréchal-de-camp de Lasalle, qui remplissait par intérim les fonctions de gouverneur général. A la suite de plusieurs tracasseries, de Lasalle, qui était usé par l'âge et les maladies, déconsidéré par ses mœurs déréglées, sans influence sur les troupes, se voyait obligé de quitter Port-au-Prince. Il se retira avec son état-major auprès des commissaires.

De Borel s'attribua les pouvoirs militaires, et pour justifier son usurpation, il écrivit *que des raisons de salut public l'avaient seules porté à s'emparer de l'autorité*. Il voulait faire réunir une nouvelle assemblée coloniale, et dans ce but, il ordonna de convoquer les assemblées primaires. Afin de se donner de l'importance, il fit répandre le bruit que des rassemblements s'étaient formés dans la plaine, et sur son ordre, un détachement décoré du nom d'armée, se portait à la Croix-des-Bouquets, sous le commandement du comte de Boutilliers, capitaine d'artillerie. Quelques jours après, cette prétendue armée rentrait à Port-au-Prince, et quoiqu'elle n'eût pas tiré un seul coup de fusil, elle recevait les honneurs de la victoire. Un journal de la ville apprenait qu'on avait dispersé de nombreuses bandes d'insurgés et tué plus de quinze cents nègres rebelles. Toutes les prouesses de Boutilliers et de sa troupe s'étaient bornées à l'arrestation de deux colons, Coutard et de Jumécourt, à qui les blancs de Port-au-Prince reprochaient leurs sympathies pour les hommes de couleur. La comédie de Borel et de ses partisans ne trompa personne.

En quittant le Sud, Polvérel s'était rendu à Saint-Marc ; il y trouva Sonthonax qui était arrivé le 4 mars avec un détachement de troupes de ligne et un peloton de dragons. Les commissaires s'efforcèrent par leurs cajoleries de gagner la confiance des gens de couleur, et en même temps, ils songeaient à réduire la ville de Port-au-Prince. Les gardes nationales des paroisses de l'Ouest furent réquisitionnées, et l'on chercha à se procurer des ressources pécuniaires. L'insurrection avait anéanti la plus grande partie des revenus. Peu avant de se séparer, l'assemblée coloniale avait créé un nouvel impôt *dit de subvention*. Cet impôt consistait à prélever le quart des revenus, à titre d'emprunt. Sonthonax avait approuvé cette mesure fiscale ; mais il s'était heurté à l'opposition de Polvérel, qui soutenait avec raison que les autorités de Saint-Domingue dépassaient leurs pouvoirs, en adoptant un impôt dont l'assiette était si contraire à toutes les données financières. Selon lui, il était indispensable d'en référer à l'Assemblée Nationale. Tel n'était pas l'avis de Sonthonax ; aussi un dissentiment s'était élevé entre les deux commissaires. A Saint-Marc, Sonthonax n'eut pas de peine à vaincre son collègue, et il fut décidé qu'on procéderait à la perception de l'impôt *dit de sub-*

vention. C'était un expédient sur lequel il ne fallait pas trop compter, eu égard à la situation de la colonie.

Sonthonax savait bien qu'avec les forces dont il disposait tant sur terre que sur mer, Port-au-Prince ne pouvait résister longtemps. Néanmoins, il se conduisit comme s'il avait eu à combattre une insurrection générale ; il réunit plusieurs centaines de mulâtres et ordonna d'armer des esclaves. Son activité était prodigieuse et contrastait singulièrement avec l'inertie qu'il n'avait pas cessé de montrer dans le Nord contre les nègres. Les préparatifs contre Port-au-Prince furent bientôt terminés, et le 5 avril 1793, les commissaires arrivaient devant cette ville. L'escadre, composée d'un vaisseau, de deux frégates et d'une gabarre, vint s'embosser devant la place, et ferma la rade. Du côté de la terre, le général de Lasalle occupait les positions de Drouillard et du morne Pelet, et Beauvais, à la tête d'un corps de gens de couleur, celle de Bizoton. Le siège ne pouvait pas être de longue durée.

Des pourparlers eurent lieu entre les commissaires et la municipalité sans aucun résultat. La municipalité consentait bien à recevoir les commissaires, le général de Lasalle, son état-major et les troupes de ligne ; mais elle refusait l'entrée de la ville à la multitude de nègres et de mulâtres qui accompagnaient le corps expéditionnaire, et avaient juré l'extermination des blancs de Port-au-Prince. Sonthonax ne voulut écouter aucune proposition et ordonna l'attaque. Le 12 avril, à neuf heures du matin, le vaisseau et les deux frégates ouvrirent le feu ; les forts de la ville ripostèrent, et la canonnade dura jusqu'au soir. L'escadre avait lancé quatre à cinq mille bombes et boulets rouges et reçu plus ou moins de projectiles. Dans la ville, nombre de maisons avaient été endommagées et une quarantaine de personnes avaient été tuées. Pendant que la flotte incendiait Port-au-Prince, les troupes faisaient mine de se préparer à donner l'assaut; mais conformément à leurs instructions secrètes, elles avaient soin de garder l'inaction la plus complète, L'investissement de la place n'était pas sérieux, si bien que de Borel et ses principaux partisans purent facilement s'échapper. Ici la connivence de Sonthonax ne pouvait être mise en doute. Le 13 avril, Port-au-Prince capitulait.

Le lendemain, les commissaires civils faisaient une entrée triomphale dans la ville. Ils débarquèrent au bruit des salves d'artillerie et leur arrivée fut le signal d'atrocités. Les blancs, qui n'avaient pas eu le temps de prendre la fuite, furent incarcérés pour la plupart ou embarqués à bord de l'escadre. Plusieurs bâtiments furent réquisitionnés pour déporter les individus suspects. Des nègres et des mulâtres se répandaient dans toutes les maisons, sur toutes les habitations, les pillaient, les incendiaient, égorgeaient les colons et violaient les femmes et les filles de ceux qu'ils traînaient en prison, par les ordres de Sonthonax et de Polvérel. La garde nationale fut réorganisée et les commissaires eurent soin d'en exclure tous ceux dont les opinions leur étaient suspectes. Un bataillon de l'*Égalité* fut formé au moyen des sang-mêlés et des noirs qui se distinguaient le plus par leur haine contre les blancs. Cette troupe de brigands était spécialement chargée de maintenir l'ordre ! Port-au-Prince était en ruines, et Sonthonax pouvait se vanter à juste titre d'avoir détruit la prospérité et la richesse d'une des cités les plus florissantes de l'Amérique.

Les massacres de Port-au-Prince exaspérèrent la population. Dans l'Ouest, plusieurs paroisses refusèrent de reconnaître l'autorité des commissaires ; dans le Sud, tous les blancs avaient pris les armes et nombre de nègres avaient embrassé leur cause. Les commissaires pensèrent qu'il leur serait facile de réduire cette province, du moment qu'ils avaient le concours des mulâtres, et que leur chef, le général Rigaud leur était dévoué. Ce dernier reçut l'ordre d'aller soumettre la coalition de la Grande-Anse. Les forces dont il disposait s'élevaient à douze cents hommes, presque tous appartenant à la classe de couleur. Pour lui, le succès n'était pas douteux ; grande était son erreur. Arrivé à quelque distance de la Grande-Anse, les blancs, forts de leur discipline et de l'appui de leurs esclaves, vinrent l'attaquer avec impétuosité. La déroute des mulâtres fut complète ; ils s'enfuirent en laissant plus de cinq cents des leurs sur le champ de bataille.

Les commissaires avaient quitté Port-au-Prince, et le 10 juin, ils étaient de retour au Cap. La situation dans le Nord s'étaient empirée. Au lieu de mener activement les opérations militaires et d'étouffer l'insurrection, les troupes avaient gardé l'immobilité la plus complète et s'étaient contentées de faire des reconnaissances insignifiantes. Sonthonax ne voulait pas que les blancs pussent rétablir leur domination dans la colonie, et pour arriver à ce but, il s'efforçait de répandre l'indiscipline parmi les troupes d'Europe. Les insurgés devenaient de plus en plus hardis, et bientôt les campagnes du Cap furent infestées de rôdeurs. Le général de Laveaux résolut d'aller les chasser ; l'expédition semblait chose facile. Malheureusement, les noirs avaient été prévenus de l'arrivée de nos troupes. Ils les laissèrent s'avancer imprudemment dans d'épais fourrés, et à un moment donné, les accueillirent par une vive fusillade. Nos soldats et les planteurs qui les accompagnaient, lâchèrent pied en abandonnant leur artillerie. Cet échec, résultant d'une panique, n'était rien par lui-même ; mais son effet moral fut immense. Les nègres, dont beaucoup étaient disposés à déposer les armes, reprirent courage, et songèrent à soutenir de nouveau la lutte contre les blancs.

Les souvenirs que les commissaires avaient laissés au Cap étaient loin de leur être favorables. Avant de partir pour Port-au-Prince, Sonthonax avait fait arrêter quatre membres de la commission provisoire, au sortir d'un souper auquel il les avait invités, et en avait destitué deux autres. Leur crime était d'avoir émis, en discutant une mesure financière, des opinions contraires à la sienne. Aussi, en son absence, des écrits périodiques n'avaient pas cessé de dénoncer les actes odieux dont il s'était rendu l'auteur. Sur ces entrefaites, le 7 mai 1793, la frégate *la Concorde* arrivait dans le port du Cap ; elle amenait le général Galbaud nommé gouverneur de Saint-Domingue. Les colons s'empressèrent de lui adresser leurs plaintes sur les abus de pouvoirs dont s'étaient rendus coupables les commissaires civils. Galbaud se montra tout disposé à les écouter et à les appuyer. Heureuse de se sentir soutenue, la municipalité de la ville lui manifesta ouvertement ses sympathies. La lutte se prépara dès lors entre Galbaud et Sonthonax.

Dans leur expédition, les commissaires civils étaient loin d'avoir pratiqué la politique des mains nettes. Ils ramenaient avec eux soixante-dix mulets chargés des dépouilles de Port-au-Prince, le fruit de leur pillage. Le jour même de leur retour au Cap, ils lancèrent une proclamation où ils déclaraient qu'ils venaient de *purger* la province de l'Ouest *de tous les aristocrates de la peau, que tous ceux qui, dans le Nord, se trouvaient entachés du même cas, n'avaient qu'à s'en aller, et que les hommes de couleur seuls formaient pour eux le vrai peuple de Saint-Domingue.* Le général Galbaud était mandé par eux. « *Il faut détruire la race blanche,* » s'écria Sonthonax. — « *En ce cas*, lui répondit Galbaud, *renvoyez-moi en France. Je ne puis obéir à des hommes qui se mettent au-dessus de la loi.* » Les dictateurs destituèrent aussitôt Galbaud de son commandement, ainsi que son frère qui servait sous ses ordres, en qualité d'adjudant-général, et les consignèrent à bord de la frégate *la Normandie*, en attendant leur départ pour la France. Pour légitimer leur conduite arbitraire, ils invoquèrent un décret de l'Assemblée Nationale, portant qu'aucun des propriétaires des Indes occidentales ne pouvait exercer le gouvernement dans la colonie où ses biens étaient situés. Galbaud possédait une plantation à Saint-Domingue et se trouvait dans ce cas ! Personne ne fut dupe de ce prétexte. La cause véritable était que Galbaud n'avait pas voulu devenir un instrument docile aux mains de Sonthonax.

Tout annonçait au Cap que la lutte était imminente. La ville se remplissait de troupes de couleur et présentait l'aspect de la tristesse. Les rues étaient sillonnées par des bandes de nègres en haillons, et chaque jour, des blancs étaient impunément assassinés. Dans la matinée du 20 juin, plusieurs matelots qui étaient descendus à terre, furent massacrés. Ce fut le signal, et toutes les colères, qui bouillaient depuis longtemps, éclatèrent. A la suite d'une altercation survenue entre un officier de marine et un officier de couleur, les matelots se soulevèrent et délivrèrent les prisonniers que les commissaires avaient envoyés à leur bord, aux cris de : « *Aux armes ! A bas Sonthonax ! A bas Polvérel !* » Sans hésiter un seul instant, Galbaud se mit à leur tête, et sur son ordre, le contre-amiral Cambis et plusieurs capitaines de vaisseau, suspects pour leurs opinions, étaient privés de leurs commandements. Il n'y avait plus que son autorité à être reconnue sur toute la rade.

A quatre heures du soir, le général Galbaud descendait à terre avec douze cents marins ; la plupart des blancs de la garde nationale et les volontaires à cheval vinrent le rejoindre. Invité par la municipalité à prendre le commandement des troupes, il marcha sur l'arsenal, s'en empara sans coup férir et ordonna l'arrestation des deux commissaires. Ces derniers avaient trouvé des défenseurs dans les hommes de couleur, qui se rassemblèrent pour soutenir leur cause. Quant aux troupes régulières, laissées sans direction, elles gardaient la neutralité, ne sachant quel parti prendre, et restaient, pour le moment, immobiles dans leurs casernes.

Le combat commença bientôt. Chaque rue était devenue un champ de bataille où retentissait une vive fusillade. L'attaque et la défense étaient acharnées. La nuit mit fin aux hostilités; mais le lendemain, au point du jour, la lutte recommençait avec une nouvelle fureur. Le général Galbaud voulait s'emparer de l'hôtel du gouverneur et, dans ce but, il le fit foudroyer par une batterie. Malheureusement, cette batterie fut enlevée par les hommes de couleur. Cet échec partiel n'arrêta pas les blancs. Le capitaine de Beaumont se précipita dans le jardin du gouverneur à la tête d'une compagnie de ligne et des gardes nationaux; tout pliait devant lui, lorsqu'il tomba grièvement blessé. Le désordre se mit aussitôt dans les rangs de sa troupe. En même temps, les matelots, après s'être emparés de la plus grande partie de la ville, s'arrêtaient dans les maisons et s'enivraient avec les liqueurs fortes qu'ils y trouvaient. Ce manque d'unité dans l'action était d'autant plus préjudiciable à Galbaud et à ses partisans, que plusieurs bataillons de la ligne venaient de se prononcer pour les commissaires. Néanmoins tout annonçait que la victoire resterait aux blancs; leurs adversaires, foudroyés par les canons de l'arsenal, commençaient à faiblir.

C'est alors que, voyant leur perte certaine, les commissaires cédèrent à un sentiment féroce. Ils firent ouvrir les prisons et invitèrent les esclaves de la ville, au nombre de plusieurs milliers, à se ruer sur les blancs. Excités, armés par les mulâtres, les noirs n'étaient que trop disposés à suivre ce funeste conseil. En même temps, Sonthonax ordonnait d'introduire dans le Cap les bandes d'insurgés, qui rôdaient aux environs, sous le commandement de deux chefs connus pour leurs cruautés, Pierrot et Macaya. Trois mille hommes, devenus de véritables sauvages, se précipitèrent dans la ville, en poussant des hurlements affreux. En voyant les siens plier, et en apprenant que son frère avait été fait prisonnier, et plusieurs de ses officiers tués, Galbaud se décida à la retraite. Le port était couvert de blancs qui, pour échapper à la mort, cherchaient à gagner les bâtiments en rade. La confusion était si grande, que plusieurs chaloupes chavirèrent, et qu'un certain nombre de fugitifs furent engloutis par les flots. D'autres essayèrent d'atteindre les vaisseaux à la nage. L'on n'entendait que des cris déchirants. En même temps, le feu, qui éclatait dans tous les quartiers de la ville, vint mettre le comble à cette scène d'horreur. Cette catastrophe, dont le souvenir est resté légendaire, coûtait à la France plusieurs centaines de millions, et anéantissait en partie notre commerce maritime. Le principal auteur de ce désastre était un Français, Sonthonax. C'est pourquoi nous nous étonnons que M. Schœlcher ait fait, dans sa *Vie de Toussaint-Louverture*, l'éloge de ce misérable, parlé de *ses efforts pour réorganiser et restaurer le travail* et vanté son activité. En écrivant ces lignes, M. Schœlcher montre son ignorance profonde des événements accomplis à Saint-Domingue.

Avant de quitter le Cap, Galbaud eut soin de détruire l'arsenal et les magasins de l'État, qu'il tenait sous son canon. Il en fit enlever ou avarier les munitions de guerre et de bouche, et mit à la voile pour les États-Unis avec deux vaisseaux, plusieurs frégates et trois cents bâtiments de commerce, portant un grand nombre de colons avec les débris de leurs fortunes. La flotte comptait, sans les blessés, dont elle était encombrée, plus de dix mille réfugiés blancs ou noirs. Elle mit quatorze jours pour se rendre dans la baie de Chesapeack. Nos malheureux compatriotes trouvèrent une généreuse hospitalité sur la terre américaine. Les états de Virginie, du Maryland, de New-York et du Massachussetts en particulier, et le gouvernement fédéral, se firent un devoir de leur venir en aide et de leur prêter assistance. Beaucoup d'entre eux se fixèrent aux États-Unis, et aujourd'hui encore, surtout dans les états du Sud, leurs descendants se rappellent leur origine française.

Au départ de la flotte du Cap, les nègres s'étaient précipités comme un torrent sur l'arsenal. Pour mettre fin à leur pillage, l'on avait été obligé de tirer sur eux à mitraille. Sur les ruines de la ville, les commissaires proclamèrent que *la volonté de la République était de donner la liberté à tous les nègres, qui combattraient tant contre les Espagnols que contre les ennemis de l'intérieur et de l'extérieur; qu'en conséquence tous les esclaves, déclarés libres par eux, seraient les égaux des citoyens blancs.* Pour relever la ville de ses décombres, il eût fallu autre chose qu'une proclamation. Les cadavres laissés sans sépulture avaient développé des maladies contagieuses. Les vivres manquaient et bientôt la famine se fit sentir avec toutes ses horreurs. La plupart des maisons, naguère les demeures de riches colons, et où brillaient le luxe et l'élégance, avaient été abandonnées, et elles n'étaient plus visitées que par des bandes de nègres, accourus de tous côtés dans l'espoir du pillage.

C'est en vain que les commissaires voulurent, tant soit peu, régulariser le dangereux appui auquel ils avaient eu recours; ils avaient beau parler de *liberté, d'égalité, de civisme* et *de volonté nationale aux nouveaux citoyens;* peu jaloux du titre d'hommes libres, les nègres semblaient être disposés à reprendre la vie errante, et à s'adonner au brigandage dont ils avaient contracté l'habitude. Le vernis de civilisation qu'ils avaient pris dans leurs rapports avec les blancs avait disparu, et ils étaient redevenus sauvages. Quand il n'y eut plus rien à piller au Cap, ils désertèrent en masse pour rentrer dans les bois, ou se retirer sur les mornes. Ce ne fut qu'à grand'peine, que les commissaires parvinrent à retenir près d'eux le chef Pierrot, qu'ils avaient nommé général. Ils échouèrent complètement dans leurs tentatives auprès des autres, et cependant ils n'avaient pas épargné les séductions.

La situation de la colonie devenait de plus en plus critique. La France soutenait la lutte contre l'Europe. Le 1ᵉʳ février 1793, elle avait déclaré la guerre à l'Angleterre, et le mois suivant à l'Espagne. Ces deux puissances, qui disposaient de forces imposantes aux Antilles, allaient naturellement chercher à s'emparer de Saint-Domingue. Nous ne pouvions songer à leur opposer une résistance sérieuse : il ne restait plus dans la rade du Cap qu'un vaisseau, une frégate incapable de tenir la mer et deux goëlettes. L'armée, fort réduite comme effectif, était désorganisée. Les commissaires pensèrent à gagner les chefs des nègres, et à s'en faire des auxiliaires, afin de rétablir leur domination sur l'île. L'abbé de La Haye, qui avait exercé les fonctions de curé, dans l'une des paroisses du nord, accepta d'être le négociateur et se rendit près de Jean-François et de Biassou.

Ces deux chefs, grisés par le succès et les honneurs qu'on leur rendait, flattés par les autorités espagnoles, qui les comblaient de distinctions, refusèrent naturellement de reconnaître le pouvoir des commissaires et de traiter avec eux. Macaya avait quitté le Cap avec sa bande chargée de butin. Polvérel voulut le séduire, en lui prodiguant les titres de *citoyen général*, *d'ami de la République*. Macaya, que les Espagnols venaient de nommer maréchal-de-camp, et appelaient *Excellence*, répondit qu'il était *le sujet de trois rois, le roi du Congo, roi de tous les noirs, du roi de France, qui représentait son père, du roi d'Espagne, qui représentait sa mère; que ces trois rois étaient les descendants de ceux qui, conduits par une étoile, étaient allés adorer l'Homme-Dieu, et qu'il ne pouvait passer au service de la République, afin de n'être pas entraîné à faire la guerre à ses frères, les sujets de ces trois rois.*

Les nègres ne se bornaient pas à repousser les avances du gouvernement colonial, ils se montraient hostiles. Jean-François et Biassou s'emparaient du camp de la Tannerie, forçaient le cordon de l'Ouest, et s'avançaient avec leurs hordes sur le Cap. Nos troupes étaient démoralisées. Le colonel de Nully refusait de servir les commissaires, et s'était retiré dans la partie espagnole avec les grenadiers de Béarn et de Rohan, en laissant sans défense le quartier confié à sa garde. Un simple dragon, devenu colonel, Brandicourt, désigné sous le nom d'*enfant gâté de la Révolution*, avait suivi cet exemple, et était passé aux Espagnols avec le détachement qu'il commandait. Pour nos soldats aussi bien que pour leurs officiers, les noms de Sonthonax et de Polvérel étaient devenus synonymes d'assassins, de voleurs et d'incendiaires.

Les commissaires étaient l'objet de la réprobation générale. Les mulâtres commençaient à les voir avec défiance, surtout ceux qui, en qualité de propriétaires de plantations, étaient partisans de l'esclavage et avaient les mêmes intérêts que les blancs. C'est en vain que dans une proclamation, Sonthonax et Polvérel essayèrent d'évoquer de nouveau chez les sang-mêlés leurs anciennes haines contre les blancs. Ils les conjuraient en même temps de défendre la colonie contre les Espagnols, et signalaient dans leurs rangs la présence de *perfides aristocrates*. Ce langage de clubiste restait sans effet chez les mulâtres, aussi bien que chez les noirs. Ce fut au milieu de ces tristes circonstances que le 14 juillet 1793 fut célébré au Cap. Un autel de la patrie avait été dressé sur le Champ-de-Mars, et l'arbre de la liberté, un beau palmiste des Antilles, y avait été planté. La ville était en ruines : aussi les réjouissances ne pouvaient être bien vues de la population. Néanmoins, Polvérel prononça un discours où il rappelait *la lutte des opprimés contre les oppresseurs*, et parlait *de la République, de la Convention Nationale, de la guerre à mort contre tous les rois, de liberté et d'égalité ;* tout ce fatras révolutionnaire eut fort peu de succès. Les malheureux habitants du Cap, déjà en proie à la misère, envisageaient l'avenir avec inquiétude.

Polvérel ne tarda pas à se séparer de Sonthonax, et, dans les derniers jours de juillet, il se rendait dans l'Ouest avec une troupe de mulâtres. Sitôt son arrivée, les opérations militaires furent reprises, et le commandant de Port-au-Prince, le colonel Desfourneaux, reçut l'ordre d'entrer en campagne. Il enleva aux insurgés les camps de Lesec et de la Tannerie, et voulut porter la guerre dans la partie espagnole; mais il échoua devant San-Miguel de l'Atalaya, dont il ne put s'emparer, et fut obligé de se replier sur les Gonaïves, non sans avoir éprouvé des pertes assez sensibles. Plusieurs paroisses de l'Ouest menaçaient de se soulever contre le gouvernement colonial. Pour remédier aux difficultés, Polvérel, dont l'incapacité était notoire, trouva qu'il n'y avait rien de mieux à faire que de changer le nom de Port-au-Prince en celui de *Port-Républicain*, afin de *rappeler sans cesse à ses habitants les obligations que leur imposait la Révolution.*

Dans le Sud, la situation n'était pas brillante. Le successeur d'Ailhaud, Delpech, l'ancien secrétaire de Sonthonax et de Polvérel, était arrivé aux Cayes le 29 juin. Le chef des hommes de couleur de la province, le général Rigaud, vint l'y rejoindre : le nouveau commissaire civil allait être entre ses mains un instrument fort docile. De leur côté, les blancs n'étaient pas disposés à accepter la suprématie des mulâtres ; aussi la lutte entre les deux castes était inévitable; du reste, Delpech ne négligeait rien pour la provoquer. Le conflit se produisit aux Cayes, à l'occasion de la célébration du 14 juillet. Les troupes et la garde nationale avaient été réunies sur la place publique ; quelques coups de fusil furent échangés entre deux compagnies de couleur différente. Ce fut le signal : une action sanglante s'engagea entre les blancs d'une part, et les mulâtres et les nègres de l'autre. Elle devint bientôt générale et ne se termina que le lendemain. Les blancs avaient été vaincus : ils avaient eu cent cinquante morts. Les hommes de couleur avaient fait des pertes à peu près égales. A partir de ce moment, Rigaud fut omnipotent dans toute la province, à l'exception des quartiers de la Grande-Anse et de Tiburon. L'autorité du commissaire Delpech cessa dès lors d'exister; aussi sa mort, arrivée peu après, passa inaperçue.

Dans le Nord, Sonthonax sentait son impuissance. Il n'avait que dix-huit cents soldats à opposer à vingt-cinq mille nègres. Les Espagnols avaient envahi la province, et la paroisse d'Ouanaminthe, effrayée de l'anarchie, les avait reçus en libérateurs. Sonthonax s'était adressé de nouveau à Jean-François. Mais ce chef, qui jouait au roitelet, était moins disposé que jamais à reconnaître l'autorité des commissaires. Flatté des titres que lui prodiguaient les Espagnols, il se livrait à la traite, ainsi que son lieutenant Biassou, et tous deux vendaient aux planteurs de Santo-Domingo et de Samana des noirs incorporés dans leurs troupes. Pour justifier leur commerce, ils disaient qu'ils se débarrassaient ainsi *de mauvais sujets bons à dépayser.*

C'est alors que Sonthonax, cherchant à raffermir son autorité chancelante, et cédant aux instances de quelques colons, qui s'étaient attachés à sa fortune, résolut de proclamer l'affranchissement des esclaves. Il espérait déterminer en sa faveur un élan de la race noire. Il est bien évident que Sonthonax outrepassait les pouvoirs dont il avait été investi. Une loi était nécessaire pour supprimer l'esclavage; mais peu importait au commissaire civil. Le 29 août 1793, une déclaration pompeuse, précédée d'un préambule, où il était question des droits de l'homme, abolissait l'esclavage.

Saint-Domingue étant une colonie à plantations, l'esclavage était un de ses éléments constitutifs. Le temps était venu où cette odieuse institution devait disparaître. Mais pour opérer cette réforme, il fallait agir avec prudence, afin d'éviter à la colonie une secousse terrible. L'on aurait dû faire ce que le Brésil a depuis accompli, procéder graduellement à la libération des esclaves, et éviter ainsi l'anarchie. Supprimer d'un coup de décret l'esclavage à Saint-Domingue, c'était rendre la situation encore plus critique, et appeler de nouveaux malheurs sur notre possession. La consternation fut générale. Rien ne peut donner une idée de l'exaspération des propriétaires blancs, mulâtres ou noirs. Tous réclamaient, au moins temporairement, le maintien de la servitude; ils voyaient avec anxiété, que les plantations seraient abandonnées et que la culture disparaîtrait dans un avenir prochain. Polvérel blâmait lui-même la précipitation avec laquelle son collègue avait agi. Delpech, qui subissait l'influence des mulâtres, et en particulier celle de leur chef, Rigaud, écrivait que *la commission civile n'avait pas le droit de donner la liberté à tous les esclaves, que l'action de Sonthonax était un coup d'électricité et que, dans sa province, tous les citoyens tremblaient pour leur vie et leurs propriétés.* Le décret de Sonthonax était partout regardé comme un arrêt de mort.

L'affranchissement des esclaves, opéré d'une façon si subite, devait nécessairement amener de nouveaux troubles, surtout dans le Nord. De nombreux excès furent commis dans cette province. Deux chefs noirs, Pierrot et Cécile, se distinguaient tout particulièrement. Les habitations étaient dévastées, et le brigandage pullulait. Dans l'Ouest et dans le Sud, le premier mouvement des esclaves avait été d'abandonner les plantations. Beaucoup étaient ensuite revenus, surtout sur celles où les blancs étaient restés. La culture n'était pas délaissée comme dans le Nord. Cependant, l'on pouvait constater que la grande propriété était menacée, et que nombre d'affranchis se contenteraient dorénavant de planter des vivres, et de tirer du sol ce qui était strictement nécessaire à leur nourriture. La production du sucre était restreinte et, avec elle, l'une des sources de la prospérité de Saint-Domingue.

La proclamation de la liberté par les commissaires modifia profondément l'esprit public dans la colonie, et nous aliéna la masse de la population créole. Les blancs et les mulâtres étaient également mécontents, et l'hostilité contre la métropole devint bientôt générale. Effrayés, ne voyant plus dans le gouvernement de la métropole, si tristement représenté, qu'un pouvoir odieux et tyrannique, les colons, quelle que fût leur couleur, eurent recours aux Anglais et aux Espagnols, et sollicitèrent leur protection. Cet appel à l'étranger a jeté une certaine défaveur sur nos compatriotes d'Amérique. Cependant, tout en blâmant leur conduite, on l'excuse, eu égard aux circonstances et aux événements.

Si nous nous rappelons les débuts de la Révolution à Saint-Domingue, nous voyons que les colons avaient, pour la plupart, des tendances séparatistes, ou tout au moins désiraient une autonomie complète. Pour eux, la colonie n'était pas une dépendance de la France, mais une terre franco-américaine, n'ayant d'autres liens avec la métropole que ceux d'un contrat, d'une union personnelle avec le roi. Ces idées étaient tellement répandues que, sans la Révolution, la colonie de Saint-Domingue aurait cherché dans la suite à conquérir son indépendance. L'assemblée de Saint-Marc s'était montrée animée de sentiments, qui ne peuvent laisser aucun doute à ce sujet. Du moment que la mère-patrie envoyait à Saint-Domingue des représentants indignes qui, au lieu d'y ramener le calme et la sécurité, y apportaient l'anarchie, les colons se considéraient comme déliés de toute obligation. Pour eux, le pacte avait été rompu, et en s'adressant à l'étranger, ils pensaient user d'un droit indiscutable.

Le mouvement partit du Sud, de la Grande-Anse. Nous nous rappelons que les blancs de Jérémie et des quatre paroisses voisines avaient formé une ligue, une *coalition*, et étaient devenus en fait indépendants de la colonie. Le 18 août 1793, ils avaient chargé l'un des leurs, Venant de Chamilly, de se rendre près du gouverneur de la Jamaïque, pour entamer des négociations.

Le 3 septembre, un traité avait été conclu entre la *coalition* de la Grande-Anse et le gouvernement britannique. Il comprenait treize articles, et il servit de texte à toutes les paroisses, qui firent des conventions avec l'Angleterre. Dans l'article premier, les colons déclaraient que, ne pouvant recourir à leur souverain légitime, pour les délivrer de la tyrannie qui les opprimait, ils invoquaient la protection de Sa Majesté britannique, lui prêtaient serment de fidélité, la suppliaient de leur conserver la colonie et de les traiter comme bons et fidèles sujets, jusqu'à la paix générale, époque à laquelle Sa Majesté britannique, le gouvernement français et les puissances alliées décideraient définitivement entre elles de la souveraineté de Saint-Domingue. Les autres articles donnaient aux colons des garanties pour leur personne, leurs propriétés et leur commerce. Les impôts devaient être les mêmes qu'avant 1789 et les lois françaises continuaient d'être appliquées, sans changement, jusqu'à la réunion d'une assemblée coloniale. L'esclavage était maintenu. L'importation des vivres des États-Unis, des grains et bois était permise dans une certaine mesure. Les hommes de couleur devaient jouir des droits accordés à ceux de leur classe, dans les colonies anglaises. La religion catholique était maintenue, *sans acceptation d'aucun culte évangélique.*

Ce traité fut ratifié par le *Conseil de sûreté des paroisses unies de la Grande-Anse*, et le 19 septembre, deux bâtiments anglais se présentaient devant Jérémie. Les troupes britanniques, composées de deux compagnies d'infanterie et de deux compagnies d'artillerie, débarquèrent sous le commandement du colonel Whitelocke;

elles furent reçues aux cris de : « *Vive le roi Georges ! Vivent les Anglais !* » Les colons se faisaient d'étranges illusions. Ils pensaient pouvoir passer, avec l'appui de l'Angleterre, tant bien que mal, la tourmente révolutionnaire et recouvrer leur indépendance le jour où la paix serait rétablie. Les Anglais ne restèrent pas à Jérémie ; ils crurent qu'ils pouvaient abandonner à elle-même cette ville dont la défense leur paraissait facile, et se portèrent ailleurs. Le 22 septembre, le commodore Ford mouillait en rade du môle Saint-Nicolas avec un vaisseau de cinquante canons.

Le môle Saint-Nicolas était en quelque sorte la citadelle de la colonie. Des travaux importants y avaient été exécutés, aussi l'appelait-on le *Gibraltar du Nouveau Monde*. Son armement se composait de deux cents bouches à feu, et sa garnison d'un bataillon irlandais et d'une garde nationale bien exercée. Rien n'était plus facile au môle Saint-Nicolas que de repousser une attaque, d'autant plus que les Anglais ne disposaient, comme troupes de débarquement, que d'une centaine de soldats. Mais le môle Saint-Nicolas était dans le même esprit que Jérémie. Au mois d'août, il avait repoussé à coups de canon une corvette envoyée par Sonthonax, pour y prendre des munitions. Le commissaire avait répondu à cette résistance, en *déclarant rebelles et ennemis de la République les citoyens de cette cité*. Cette déclaration équivalait à une condamnation à mort. Aussi, plus irrités que jamais, les habitants du môle Saint-Nicolas, blancs et mulâtres, ouvrirent les portes de leur ville aux Anglais et les reçurent en libérateurs. Le bataillon irlandais passa à leur service, à l'exception de trois officiers et de soixante-dix soldats, qui refusèrent de s'associer à cette trahison. Ils furent déportés sur le continent américain.

En apprenant l'occupation de Jérémie et du môle Saint-Nicolas par les Anglais, Sonthonax se rendit dans l'Ouest. Il put se convaincre par lui-même de l'exaspération de la population. Les défections devenaient de plus en plus nombreuses. Les hommes de couleur de l'Artibonite avaient formé une sorte de confédération, dont l'hostilité s'affirmait à chaque instant. Le maire de Saint-Marc, un mulâtre, nommé Savary, négociait publiquement avec les Anglais. Les paroisses des Verrettes, de la Petite-Rivière et des Gonaïves appelaient l'étranger. Sonthonax s'était rendu par mer à Port-au-Prince, à la fin d'octobre, avec quelques troupes. Il s'était arrêté, en route, à Port-de-Paix où commandait le général de Laveaux, qui remplissait par intérim les fonctions de gouverneur général. Les commissaires l'avaient chargé d'organiser des forces suffisantes pour reprendre le môle Saint-Nicolas.

Le général de Laveaux était impuissant ; ses troupes se composaient d'anciens esclaves, habitués au pillage et incapables de discipline. Les Espagnols, unis aux chefs nègres, faisaient des progrès continus. Le Gros-Morne, la Marmelade, Plaisance, l'Acul, le Limbé, Port-Margot, le Petit Saint-Louis, Terre-Neuve avaient arboré le drapeau blanc, et accueilli comme un libérateur Toussaint-Louverture, qui représentait alors l'Espagne. Au mois de décembre 1793, nous ne possédions plus que le Cap, Port-de-Paix, Fort-Dauphin et la Petite-Anse. Le reste de la province du Nord était au pouvoir de nos ennemis. Aussi il ne fallait pas songer à agir contre les Anglais ; tout ce que nous pouvions faire, c'était de rester sur la défensive et de nous maintenir à Port-de-Paix.

En arrivant à Port-au-Prince, Sonthonax avait pensé que sa présence ranimerait l'enthousiasme, et que les hommes de couleur se soulèveraient en masse à son appel. Grande était son erreur. Après la prise de Jérémie, le colonel Whitelocke avait lancé une proclamation aux *habitants* de Saint-Domingue, blancs et mulâtres ; il leur offrait la protection du roi de la Grande-Bretagne et leur promettait le maintien de leurs lois, de leurs propriétés et de l'esclavage. Ces propositions avaient reçu le meilleur accueil dans la plupart des paroisses de l'Ouest. Les paroisses de Saint-Marc, des Verrettes et de la Petite-Rivière qui, le 13 novembre 1793, avaient formé une coalition sous le nom de *résistance à l'oppression*, avaient reconnu la souveraineté de l'Angleterre, et reçu des détachements de l'armée britannique. A Saint-Marc, les blancs et les mulâtres s'étaient un instant divisés : les premiers préféraient les Anglais, les seconds les Espagnols. L'Angleterre avait fini par l'emporter. Léogane avait suivi le même exemple, et il avait suffi aux *habits rouges* de s'y présenter pour être reçus en libérateurs. Le 24 décembre, le major Brisbane prenait possession de l'Arcahaye avec une compagnie de matelots. Quelques jours auparavant, Toussaint-Louverture était entré aux Gonaïves, au nom de la cour de Madrid, et nous avions été obligés d'évacuer le Mirebalais, en présence d'un corps de troupes que le gouverneur de Santo Domingo y avait envoyé. La plus grande partie de la province de l'Ouest était perdue pour nous.

Sitôt que les défections eurent commencé à se produire, Sonthonax avait essayé de terroriser la population. C'est ainsi qu'il avait ordonné d'incendier les quartiers que l'on serait obligé d'abandonner. Cette mesure avait poussé l'exaspération à son comble; si bien que Polvérel écrivait à son collègue : « *La scélératesse des ennemis de la liberté ne légitime pas des représailles que vous qualifiez vous-même d'atrocités, lorsque la nécessité de la défense ne les rend pas indispensables. J'ai dit que je vous croyais sincère ; peut-être n'y aurait-il pas vingt personnes dans la colonie qui pensent comme moi. Les révoltés diront ce qu'ils disent déjà : Sonthonax ne respire que le feu : le feu le suit partout ; il a donné l'ordre de tout brûler en cas de retraite forcée..... De là à l'ordre d'incendier le Cap, il n'y a pas loin.* »

Sonthonax ne songeait qu'à irriter les colons. Sachant combien la population de Port-au-Prince lui était hostile, il voulut la terroriser par l'aspect journalier des supplices : une guillotine fut élevée sur la principale place de la ville. Mais cette innovation, empruntée à la métropole, rendit encore plus odieuse l'autorité du commissaire. Une seule exécution eut lieu, et la victime était un blanc. Loin d'approuver ce nouveau mode de gouvernement, alors en usage en France, les nègres indignés se soulevèrent et brisèrent l'affreuse machine, appelée à décimer la population. Sonthonax n'en continua pas moins à appliquer son système. Les blancs et les anciens libres étaient désarmés, et leurs armes passaient dans les mains des anciens esclaves. La plaine du Cul-de-Sac était ravagée par des bandes de noirs. Leur chef, Halaou, véritable sauvage de la côte de Guinée, en suivait les superstitions. Il portait constamment avec lui un coq blanc, et disait qu'il transmettait par cet intermédiaire les inspirations de Vaudoux. Sur l'invitation du commissaire, Halaou se rendit à Port-au-Prince, avec ses hordes, menaçant les habitants, et ne demandant qu'à égorger les blancs et les anciens libres. L'attitude de ces bandits était telle, que le mulâtre Montbrun avait rassemblé un bataillon composé d'hommes de couleur, et s'était préparé à repousser une attaque. Halaou avait été reçu solennellement et fêté comme un patriote éprouvé. Toutes ces provocations achevaient d'irriter les colons, et les poussaient à se jeter dans les bras de l'Angleterre.

Les Anglais ne demeuraient pas inactifs. Le 1er janvier 1794, le commodore Ford paraissait devant Port-au-Prince avec plusieurs navires de guerre et envoyait des parlementaires sommer la ville de se rendre. La vue des couleurs britanniques avait réveillé le sentiment national. Aussi, Sonthonax fut-il acclamé, quand il répondit aux officiers anglais qui lui ordonnaient de rendre la place avec les cinquante-deux bâtiments de commerce, qui se trouvaient alors dans le port, qu'il ne livrerait que des cendres. C'est en vain que, le lendemain, le commodore Ford fit menacer de bombarder et de brûler la ville. Ces menaces ne produisirent aucun effet. Aussi l'escadre ennemie s'éloigna. Malheureusement, elle ne devait pas tarder à revenir.

Avec le peu de forces dont nous disposions, notre situation devenait de plus en plus difficile. L'on résolut néanmoins de prendre l'offensive, pensant que l'on pourrait ainsi sauver Port-au-Prince ; il fut décidé que l'on essaierait de déloger les Anglais de Léogane. Le général Rigaud, chargé de l'expédition, ramassa tout ce qu'il put trouver de mulâtres et de nègres. Ces bandes indisciplinées et sans cohésion ne pouvaient tenir contre des troupes régulières. Aussi leur attaque fut-elle repoussée, et Rigaud obligé de battre en retraite et de se retirer sur les Cayes. Jusqu'alors le Sud était resté en grande partie en notre pouvoir. Les Anglais portèrent leurs efforts de ce côté, et le 2 février, ils réussissaient à s'emparer de Tiburon, malgré sa résistance. L'année 1794 s'annonçait, pour nous, sous de tristes auspices.

Les hommes de couleur avaient été sans cesse cajolés, et préférés aux blancs par les commissaires. Aussi, étaient-ils devenus les maîtres de la colonie. Mais si Sonthonax s'était servi des sang-mêlés pour consolider son autorité, il n'entendait pas subir leur domination. Aussi, l'on remarqua bientôt un changement complet dans ses rapports avec les mulâtres. Lui, naguère si prodigue de démonstrations à leur égard, se tenait avec eux sur une réserve excessive. Un officier blanc, le lieutenant-colonel Desfourneaux, avait toute sa confiance, pour le moment. L'on eût dit que Sonthonax était disposé à suivre une nouvelle politique.

Le commandant des troupes de l'Ouest était un mulâtre fort riche, nommé Montbrun, que Polvérel avait comblé de faveurs. Jaloux du crédit de Desfourneaux, Montbrun ne pouvait se faire à l'idée d'avoir un rival, ni admettre que sa caste perdît la prépondérance. La garnison de Port-au-Prince comprenait un bataillon du 48ᵉ de ligne, l'ancien régiment d'Artois. Pour combler les vides qui s'étaient faits dans ses rangs, un certain nombre de nègres, nouvellement affranchis, y avaient été incorporés. Montbrun pensa que du moment que les commissaires auraient à leur disposition une force tant soit peu sérieuse, son autorité ne tarderait pas à être atteinte. Pour la maintenir, il ne recula pas devant la guerre civile.

Nous nous rappelons que les commissaires avaient formé dans l'Ouest avec des mulâtres, des noirs libres et les premiers affranchis, une légion dite *légion de l'Égalité*. Cette troupe, dont presque tous les officiers étaient des sang-mêlés, était nécessairement dévouée à Montbrun, et ce dernier pouvait compter sur son concours, pour l'exécution de son projet. Le 48ᵉ régiment et la légion de l'Égalité logeaient à Port-au-Prince dans des casernes, séparées l'une de l'autre par une cour plantée d'arbres. Dans la nuit du 17 mars, Montbrun fit prendre secrètement les armes à la légion de l'Égalité et attaqua à l'improviste le 48ᵉ de ligne. Surpris par une vive fusillade, nos soldats parvinrent néanmoins à sortir de leur caserne et à gagner le fort Saint-Claire, en emmenant avec eux Sonthonax et Desfourneaux. Nous abandonnions la ville. Dès que cette nouvelle se fut répandue, les noirs des environs arrivèrent à Port-au-Prince, et cette malheureuse cité devint de nouveau le théâtre de toutes sortes d'excès. Les blancs étaient assaillis et massacrés dans les rues et leurs maisons mises au pillage. Montbrun, qui était le chef reconnu du mouvement, ne fit rien pour arrêter le désordre ; bien au contraire, il l'encourageait. Il écrivit même à Sonthonax qu'il ne répondait pas de la vie d'un seul blanc, si l'on n'embarquait pas à l'instant le 48e de ligne, ainsi qu'un certain nombre de personnes qu'il lui désignait. Pour éviter une nouvelle effusion de sang, Sonthonax dut souscrire à cet ultimatum.

Le gouvernement colonial eut enfin conscience de sa faiblesse. Il fit dire aux blancs qu'il ne pouvait plus les protéger, et donna des passeports à tous ceux qui lui en demandaient, pour se rendre à Léogane. Les malheureux, qui se réfugièrent dans cette ville, furent en butte aux outrages des habitants et des Anglais. La conduite de ces derniers fut infâme. Ils forcèrent les colons, que la terreur avait chassés de Port-au-Prince, à s'enrôler sous leurs drapeaux, et ceux qui refusèrent, furent envoyés sur les pontons de la Jamaïque. Polvérel avait quitté les Cayes, et était venu rejoindre Sonthonax à Port-au-Prince. C'est en vain que les commissaires essayaient de mettre un terme au désordre. Les mulâtres étaient maîtres de la ville, et rien ne pouvait calmer leur fureur, si bien que Sonthonax était réduit à dire dans une lettre confidentielle adressée à la Convention Nationale : « *Le prestige du charlatanisme ne dure pas longtemps, et la résistance, sans la force réelle, a un terme.* » Son impuissance devenait chaque jour plus grande. Rigaud qui, sur son conseil, avait essayé de reprendre Tiburon, avait été repoussé avec une perte de 200 hommes. Les progrès de nos ennemis étaient de plus en plus menaçants. La perte de Port-au-Prince était prochaine.

Dans le courant de février 1794, les Anglais avaient

paru de nouveau devant Port-au-Prince ; ils y revinrent le 30 mai. Leur escadre, composée de quatre vaisseaux de ligne, de six frégates, de douze transports et de plu- goëlettes, vint mouiller dans la rade de la ville. Elle portait 1,500 hommes de troupes européennes. En même temps une colonne d'un millier d'hommes sortait de Léogane, sous les ordres du baron de Montalembert, et s'avançait du côté sud-ouest de Port-au-Prince, tandis qu'une autre colonne de 1,200 combattants, commandée par le colon de Jumécourt et le mulâtre Lapointe, partait de l'Arcahaye, et débouchait par la plaine du Cul-de-Sac. Ces colonnes étaient formées de planteurs, de petits blancs, de gens de couleur, de sol- dats du régiment irlandais et des hussards d'Hompesch et de Rohan, qui avaient émigré. Notre infériorité numé- rique était trop grande pour pouvoir résister ; nous n'avions que 1,100 hommes à opposer à nos ennemis.

Le 31 mai, la ville était sommée de se rendre, et le bombardement commençait le lendemain. Toute la dé- fense de Port-au-Prince reposait sur le port du Fossé où il y avait quelques ouvrages, et le fort de Bizoton. Les Anglais débarquèrent au port du Fossé, pendant qu'une partie de l'escadre s'embossait devant Bizoton et le canonnait, afin de favoriser l'attaque par terre. Une pluie torrentielle fit cesser le feu qui durait depuis quatre heures. Il reprit à la nuit, et grâce à l'obscurité, les Anglais parvinrent à surprendre le fort, dont l'une des portes leur fut ouverte par trahison. La lutte con- tinua encore quelque temps ; mais le désordre finit par se mettre dans la garnison qui se replia sur Port-au-

Prince. Il ne fallait pas songer à prolonger la résistance. Aussi, les commissaires permirent tacitement la capitulation de la place, et se retirèrent à Jacmel, auprès du général Rigaud, accompagnés par Beauvais et une escorte de mulâtres et de nègres. Quelques jours après leur arrivée à Jacmel, le capitaine Chambon, commandant *l'Espérance*, y entrait, chargé d'exécuter le décret d'accusation rendu contre eux par la Convention Nationale. Sonthonax et Polvérel se constituèrent prisonniers, sans opposer de résistance, et s'embarquèrent pour la France. Le 4 juin 1794, Port-au-Prince s'était rendu, et une capitulation avait été signée. A onze heures du matin, les troupes de l'Angleterre entraient dans la ville et en prenaient possession au nom du roi Georges III.

La colonie de Saint-Domingue était à peu près perdue pour la France, et notre drapeau ne flottait plus que dans une partie du Sud et quelques villes du Nord. Partout, les Anglais et les Espagnols s'étaient présentés comme protecteurs des habitants, et à les entendre dire, ils voulaient simplement arracher l'île aux horreurs de la guerre civile, et y maintenir la tranquillité, jusqu'au rétablissement de la paix. Leur désintéressement ne pouvait cependant faire illusion. Leur intention était de garder Saint-Domingue, et de nous enlever le joyau de notre empire colonial. Leur conduite était analogue à celle de l'Autriche qui, sous le prétexte de délivrer Louis XVI, envoyait une armée en France dans le but de s'emparer de l'Alsace et de la Lorraine. La possession de Saint-Domingue était trop tentante pour des puissances maritimes, aussi un traité avait-il été conclu entre l'Angleterre et l'Espagne. Le partage de notre colonie y était réglé. Le Nord était à l'Espagne, l'Ouest et le Sud à l'Angleterre. La *perle des Antilles* cessait d'être une terre française.

CHAPITRE V

Rigaud et Toussaint-Louverture. — La lutte contre l'étranger. — La paix avec l'Espagne. — Évacuation de la colonie par les Anglais. — Le général Hédouville.

Le départ des commissaires mettait fin à une dictature à la fois néfaste et odieuse. Notre situation à Saint-Domingue était des plus critiques. Dans le Nord, les Espagnols étaient maîtres de la plus grande partie de la province. Ils occupaient le Borgne, Port-Margot, Ouanaminthe, Vallière, la Petite-Rivière, le Mirebalais, et au commencement de 1794, les mulâtres leur avaient livré Fort-Dauphin. De nombreux nègres s'étaient établis aux Gonaïves et à la Marmelade, et de là, ils rayonnaient dans les quartiers voisins de l'Artibonite. Dans le Nord, nous ne possédions plus que le Cap, Port-de-Paix et quelques points sans importance. Dans l'Ouest, Port-au-Prince, Saint-Marc, les Verrettes, l'Arcahaye, la Croix-des-Bouquets, le môle Saint-Nicolas étaient aux Anglais, et les noirs de la plaine du Cul-de-Sac reconnaissaient leur autorité. Dans le Sud, la Grande-Anse et Tiburon étaient en leur pouvoir. La supériorité de nos ennemis était incontestable.

Nous n'avions aucune force sérieuse à leur opposer. Le général de Laveaux avait confié la défense du Cap à un homme de couleur, le commandant Villate, et s'était retiré à Port-de-Paix. Cette place, située à peu de distance de la Tortue, avait l'avantage d'être défendue par des fortifications assez importantes. De Laveaux s'y était enfermé avec les débris des bataillons européens, en attendant des jours meilleurs. Ses troupes étaient dans le dénuement le plus complet. Au mois de mai 1794, il écrivait que la ration de pain était réduite à six onces, que les vêtements, le linge, le savon, le tabac manquaient, et que la plupart des soldats venaient à la garde, les pieds nus, *comme des Africains!* Dans l'Ouest, le nègre Dieudonné, que Sonthonax avait, en partant, nommé commissaire civil, afin de créer un pouvoir rival de celui du gouverneur général, guerroyait pour son compte avec ses lieutenants Pompée et Laplume. Dans le Sud, le général Rigaud déployait la plus grande activité, pour s'opposer aux progrès de l'ennemi.

En quittant la colonie, Polvérel avait remis le commandement du Sud au mulâtre Rigaud. Il avait reconnu un fait accompli. Considéré dans le Sud, par tous les hommes de couleur et nombre de noirs, comme leur chef, Rigaud était obéi dans toute la province, sauf les quartiers de la Grande-Anse et de Tiburon. Son autorité s'étendait même, dans la province de l'Ouest, jusqu'au

Grand-Goave. Peu disposé à tolérer des rivaux, il avait fait embarquer pour la France, Montbrun, que Sonthonax avait chargé de ramener à Jacmel les débris de la garnison de Port-au-Prince, et établi son quartier général aux Cayes. Rigaud défendait contre les Anglais son territoire avec autant d'énergie que d'intelligence. N'ayant à sa disposition aucune troupe régulière, il évitait de livrer des batailles rangées, et soutenait la guerre de partisans. Ses efforts étaient couronnés de succès. Il avait attaqué Tiburon à différentes reprises, et au moment où Port-au-Prince succombait, il se rendait maître de Léogane. Les habitants de cette ville, qui avaient appelé l'étranger furent, quelle que fût leur couleur, durement traités, et un certain nombre d'entre eux fusillés. Les Anglais étaient loin de s'attendre à trouver un adversaire aussi tenace. Aussi, leurs progrès s'étaient-ils arrêtés dans le Sud.

Si dans cette province, nos affaires n'étaient pas en trop mauvais état, elles étaient, au contraire, désespérées dans le Nord. De Laveaux en était réduit à se tenir sur la défensive à Port-de-Paix et, au Cap, le mulâtre Villate avait cessé de reconnaître son autorité. Les Espagnols regardaient déjà le Nord comme une dépendance de Santo-Domingo; aussi ils avaient invité à y revenir les colons, qui s'en étaient éloignés. Séduits par leurs promesses, huit cents habitants de Fort-Dauphin quittèrent la terre hospitalière des États-Unis, où ils s'étaient réfugiés, et revinrent dans leurs foyers. A peine étaient-ils de retour que Jean-François et ses nègres parurent et entrèrent dans la ville. La garnison espagnole prit les armes, et se joignit à eux. Sitôt un coup de sifflet qui était le signal, le massacre commença. Les Français, surpris isolément dans leurs maisons, furent égorgés, pour la plupart, sans pouvoir se défendre. Quatorze personnes qui se cachèrent parmi les cadavres, échappèrent seules à la mort. L'on évalue à près de neuf cents le nombre de nos compatriotes, qui périrent dans ce guet-apens.

Au milieu des troubles dont la colonie était le théâtre, le quartier du Borgne, dans le Nord, jouissait d'une assez grande tranquillité. Les propriétaires de toutes couleurs, rapprochés les uns des autres par un intérêt commun, vivaient en bon accord, et les esclaves ne s'étaient pas soulevés. L'occupation du Borgne par les Espagnols amena un désastre qui coïncida avec les événements de Fort-Dauphin. A un moment donné, les nègres, obéissant à un mot d'ordre, s'insurgèrent. Les habitations furent incendiées, et la plupart des planteurs massacrés, d'autant plus facilement, qu'ils s'abandonnaient à la sécurité la plus complète. En quelques jours, ce canton fut complètement ravagé. La garnison espagnole, conformément à des instructions secrètes, ne bougea pas. Tous ces assassinats avaient été autorisés, encouragés par la cour de Madrid.

Moins favorisés que les Espagnols, les Anglais commençaient à voir que la partie de Saint-Domingue qui leur était échue, lors du partage de notre colonie, n'était pas d'une conquête aussi facile que, tout d'abord, ils l'avaient pensé. Les nègres leur étaient hostiles, d'autant plus qu'ils maintenaient l'esclavage, et que nombre d'esclaves avaient été reconduits par eux sur les plantations. Le décret rendu par la Convention, le

16 pluviôse an II (4 février 1794) qui proclamait la liberté de tous les esclaves, était parvenu à Saint-Domingue ; il avait rendu sympathique le nom de la France. Aussi, loin de trouver un appui chez les noirs, les Anglais étaient obligés de repousser leurs attaques, et dans ce but, ils avaient établi de nombreux postes, du côté des mornes. Exténuées par la fatigue, les troupes britanniques résistaient difficilement au climat, et s'affaiblissaient tous les jours. Dans l'espace de deux mois, quarante officiers et plus de six cents soldats avaient succombé ; l'hôpital de Port-au-Prince était encombré de malades.

La possession de Saint-Domingue importait trop aux Anglais, pour qu'ils y renonçassent en présence de quelques obstacles. Ils pensèrent pouvoir vaincre par la corruption les résistances qu'ils rencontraient, et eurent recours à des procédés indignes d'un peuple civilisé. Le cabinet de Saint-James fit offrir à différentes reprises cinquante mille écus au général de Laveaux, et essaya d'acheter Rigaud, en lui promettant trois millions de livres. De Laveaux repoussa avec indignation ces propositions ; Rigaud se montra également incorruptible, et en réponse aux invites à la trahison, il se portait au secours de Jacmel et essayait, mais sans succès, de s'emparer des abords de Port-au-Prince. Cet échec, loin de le décourager, ne fit que l'irriter, et il résolut de reprendre Tiburon. Il réunit à cet effet trois mille hommes, un brick et quatre goélettes. Dans le courant de décembre 1794, Tiburon était obligé de capituler, après avoir résisté quatre jours. Sa garnison, forte de cinq cents combattants, la plupart des colons, avait perdu les deux tiers de son effectif. Malgré cet avantage, notre situation, à Saint-Domingue, devenait néanmoins de plus en plus précaire. Il nous était impossible de soutenir la lutte contre l'Angleterre et l'Espagne réunies. Nos ennemis étaient maîtres de la mer, et nos communications fort difficiles. Nous ne recevions aucun secours de la métropole. La perte de la colonie était prochaine, quand un homme parut et vint changer la face des choses. Cet homme, c'était Toussaint-Louverture.

François-Dominique Toussaint naquit [1] d'un esclave africain aux environs du Cap, sur l'habitation Bréda, dont le propriétaire était le comte de Noé, le grand-père de Cham, le spirituel caricaturiste. Dans sa jeunesse, Toussaint avait été employé aux écuries de la plantation; dans la suite, le gérant Bajon Libertat, ayant remarqué son intelligence, l'attacha à son service, et en fit son cocher. C'était, pour lui, une sorte de distinction; il en profita pour apprendre à lire et à écrire. Son instituteur fut son parrain, un nègre libre. Le premier livre qu'il lut fut l'*Histoire philosophique des deux Indes*, de l'abbé Raynal, et il en garda une profonde impression. Raynal annonçait la venue d'un noir, d'un Spartacus dont la destinée serait de venger les outrages faits à sa race. Cette sorte de prédiction frappa son imagination naïve; il vécut de longues années, attendant un messie nègre. Peut-être se berçait-il déjà de l'espoir que ce rôle lui serait assigné dans la suite.

[1] On ne sait au juste la date de la naissance de Toussaint-Louverture. La plus généralement adoptée est celle du 20 mai 1743.

Au mois d'août 1791, les esclaves se soulevaient; Jean-François et Biassou formèrent leurs bandes. Toussaint attendit novembre pour s'enrôler dans celles de ce dernier. Son instruction supérieure à celle de la plupart de ses compagnons, les quelques connaissances qu'il avait des *simples* le signalèrent, et Biassou lui conférait le titre pompeux et bizarre de *médecin des armées du roi de France*. Quand son chef passa avec Jean-François au service de l'Espagne, Toussaint les suivit et se mit en rapport avec les officiers européens, Espagnols ou Français émigrés, s'appliquant à apprendre d'eux ce qu'ils pouvaient lui enseigner des choses de la guerre. Il eut bientôt sous ses ordres des compagnies assez régulières; ce qui lui valut le titre de colonel dans l'armée espagnole. Beaucoup de noirs se plaçaient d'eux-mêmes sous son commandement, et Toussaint était à la tête d'une petite armée de quatre à cinq mille hommes. Les paroisses de la Marmelade, de Plaisance, du Gros-Morne, de Dondon, de l'Acul et de Limbé reconnaissaient son autorité. Au commencement de 1794, il jouait déjà un rôle important, égal à celui de Biassou.

Jean-François semblait vouloir établir son omnipotence sur tous les insurgés. Pierrot et Biassou venaient de mourir; Candi et d'autres chefs, célèbres par leurs cruautés, avaient été envoyés par les Espagnols aux mines du Mexique. Jean-François était parvenu à la suprématie, et la cour de Madrid, en lui accordant les titres de *général* et de *grand d'Espagne*, l'avait reconnu comme principal chef. Toussaint se voyait, avec peine, condamné à un rôle subalterne. Désireux de satisfaire son ambition, il résolut de quitter les Espagnols et de se mettre au service de la France, pensant qu'avec les Français il lui serait plus facile de fonder sa puissance. Des négociations secrètes furent entamées par l'intermédiaire de l'abbé de La Haye entre le général de Laveaux et Toussaint. Ce dernier offrait de livrer les postes et les troupes qu'il commandait, si on voulait lui reconnaître la qualité de colonel. De Laveaux, qui se trouvait aux abois, était prêt à tout accorder. Il lui fit dire que la République le compterait avec plaisir au nombre de ses enfants, et qu'elle le reconnaîtrait comme général de brigade. C'en était assez pour triompher de ses hésitations. L'on a prétendu, mais bien à tort, que Toussaint s'était décidé à se rallier à la France, à la nouvelle du décret du 4 février 1794. En cette circonstance, comme toujours, il fut uniquement guidé par son ambition personnelle.[1]

Dès que Toussaint fut déterminé à embrasser la cause de la France, il attendit le moment favorable et dissimula pendant quelque temps. Ses dehors religieux avaient tellement séduit les Espagnols, que le marquis

---

[1] L'origine du nom de Louverture ajouté à celui de Toussaint a donné lieu à de nombreuses discussions. D'après une note qui se trouve aux Archives nationales, Toussaint aurait pris le nom de son maître appelé Louverture, comme le faisaient souvent les esclaves. Cette explication est erronée. Il en est de même de celle qui attribue l'origine du mot Louverture à une exclamation du général de Laveaux, qui en apprenant les prouesses de Toussaint, alors au service de l'Espagne, se serait écrié : « *Cet homme fait donc ouverture.* » Toussaint se serait emparé de ce mot par bravade. Nous inclinerions à croire que cette appellation serait un sobriquet que lui auraient donné ses compagnons de servitude, alors qu'il était esclave. Il signait déjà de ses deux noms au mois d'août 1793.

Hermona, sous les ordres duquel il servait, disait, en parlant de lui, que « *Dieu, dans ce monde, ne pouvait visiter une âme plus pure.* » Son admiration fit bientôt place à un autre sentiment. Le 25 juin, après avoir entendu la messe avec un profond recueillement, Toussaint partait de la Marmelade et se rendait rejoindre le général de Laveaux, à la tête d'une bande assez nombreuse de nègres, en faisant main basse sur tous les Espagnols qu'il rencontrait. Sa petite armée, qui comptait près de quatre mille hommes, n'était pas à dédaigner. Sa défection entraîna immédiatement, dans le Nord, la reddition de la Marmelade, de Plaisance, du Gros-Morne, du Dondon, de l'Acul, du Limbé, et quelques jours après, dans l'Ouest, le drapeau tricolore était arboré aux Gonaïves. Nous reprîmes alors l'offensive. De Laveaux enlevait le Borgne aux Espagnols, Villate sortait du Cap et occupait Port-Margot. De son côté, Toussaint infligeait, au Dondon, une défaite complète aux bandes de Jean-François, chassait les Espagnols de Saint-Raphaël et de Saint-Michel, nettoyait la vallée de l'Artibonite et entrait dans le bourg de la Petite-Rivière que lui livraient les hommes de couleur. La cour de Madrid pouvait, dès à présent, renoncer à la province du Nord, qui lui avait été assignée dans le partage de notre colonie.

Dans l'Ouest, les Anglais, loin de faire des progrès, se tenaient sur la défensive. Le général Whyte était retourné malade en Europe, et son successeur, le général Horneck se voyait réduit à l'impuissance. Les quelques centaines de soldats qu'il avait reçus de la Jamaïque et de la Barbade étaient insuffisants pour combler les vides faits par les maladies dans les rangs de son armée. Les esclaves qu'on y avait incorporés ne rendaient aucun service. Une expédition dans la plaine de l'Artibonite n'avait servi qu'à mettre en déroute des bandes de nègres, sans arrêter leurs déprédations. C'est à ce moment, que conformément aux ordres de Laveaux, Toussaint résolut de s'emparer de Saint-Marc. Après avoir harcelé des détachements ennemis, il rencontrait aux Verrettes, le major Brisbane, qui disposait de forces assez imposantes. Le combat fut sanglant; l'on se battit à l'arme blanche. Au bout de quatre heures, le bourg était emporté de vive force et les Anglais obligés de fuir. Après ce succès, Toussaint se flattait d'enlever Saint-Marc; il pénétra un instant dans cette ville, mais fut contraint de battre en retraite. Les résultats de cette campagne étaient néanmoins sérieux ; les bords de l'Artibonite et le quartier de la Grande-Rivière restaient entre nos mains. En somme, à la fin de 1794, nos affaires s'étaient considérablement améliorées.

Au mois de janvier 1795, Toussaint entreprit de chasser définitivement de la province du Nord, Jean-François et ses bandes. Il parvint à les refouler un instant à la frontière espagnole; mais il fut bientôt obligé de reculer. Il se porta alors dans l'Ouest, sachant que dans les villes de cette province, les hommes de couleur étaient prêts à abandonner la cause de l'Angleterre. Ceux de Saint-Marc s'étaient même soulevés, et avaient profité du moment où la garnison anglaise était réduite à quarante soldats, pour la massacrer. Ce mouvement avait été réprimé, et il en était résulté de sévères représailles ; cinquante mulâtres avaient été fusillés. Ces exécutions avaient provoqué un mécontentement général, et une expédition de notre part était assurée de trouver des partisans. De leur côté, les Anglais semblaient disposés à faire de nouveaux efforts. Dans les premiers jours de février, le major Brisbane sortait de Saint-Marc, repoussait les bandes de Toussaint et leur enlevait les Verrettes. Le mois suivant, Rigaud était obligé de lever le siège de Port-au-Prince qu'il bloquait depuis cinq semaines, et de se retirer dans le Sud. Le général Forbes, arrivé depuis peu, mettait le Mirebalais et Banica en état de défense, et maintenait ses communications avec la partie espagnole d'où il tirait des bestiaux et ses autres provisions.

Toussaint attribua son insuccès à la jalousie des mulâtres, et surtout au défaut d'organisation de son armée. Ses troupes formaient des bataillons et des compagnies sans cohésion. Selon lui, la création de régiments coloniaux s'imposait comme une nécessité, d'autant plus qu'elle ne constituait pas une innovation. Trois régiments coloniaux existaient déjà et étaient sous les ordres de Villate qui commandait le Cap. Telles furent les raisons que fit valoir Toussaint, et de Laveaux se laissa facilement convaincre. Quatre nouveaux régiments furent créés, et le commandement en fut donné à Toussaint qui les recruta parmi ses bandes et eut soin de choisir, pour officiers, ses partisans les plus dévoués. Des soldats de la ligne leur donnèrent l'instruction militaire, et bientôt Toussaint fut à la tête d'une petite armée disciplinée à l'européenne. A partir de ce moment, le gouverneur général avait, à côté de lui, un pouvoir rival du sien.

Désireux de se rendre l'homme nécessaire, Toussaint s'en alla chasser les Espagnols, et les poursuivit jusqu'à Las Caobas. Quoique sa victoire facile ne lui eût coûté que six hommes, il semblait dans ses lettres à de Laveaux, avoir accompli de véritables prouesses ; il lui parlait de ses lieutenants Dessalines, Christophe et Clairveaux, de ses projets, et lui dictait un véritable programme politique et militaire. En même temps, il affectait un dévouement sans bornes à la cause républicaine. Lui, naguère, qui prononçait avec respect le nom de roi, et portait la cocarde blanche, n'avait plus que du mépris pour les « *vils royalistes* » et avait donné à l'un de ses bataillons le nom de *légion des sans-culottes*. De Laveaux se laissa tromper par cette comédie, et s'effaça de plus en plus. Sur ces entrefaites, la paix fut signée entre la France et l'Espagne. Par le traité de Bâle conclu au mois de juillet 1795, la cour de Madrid nous cédait la partie espagnole de Saint-Domingue. Ce traité avait pour nous des avantages inappréciables ; l'île tout entière nous appartenait. Il favorisait les vues de Toussaint. Jean-François s'embarqua pour l'Europe avec ses principaux lieutenants, et s'en alla jouir, en Espagne, des faveurs dont le roi Charles IV l'avait comblé ; il avait été nommé capitaine-général. Débarrassé de son ancien chef, qui, à un moment donné, pouvait devenir un rival dangereux, Toussaint allait désormais être à même de fonder sa puissance.

Nous n'avions plus qu'un ennemi à combattre, l'Angleterre, qui ne paraissait pas décidée à renoncer à Saint-Domingue. A la fin de 1795, le général Howe était venu d'Irlande avec sept mille hommes, et avait établi ses cantonnements au môle Saint-Nicolas. Après avoir donné quelques semaines de repos à ses soldats, fatigués par une navigation de six mois, il se décida d'agir, et résolut de s'emparer de Léogane que les mulâtres avaient fortifié avec soin. Le 22 décembre 1795, le major Bowyer débarquait aux environs de cette ville avec trois mille cinq cents hommes, et investissait la place, sous la protection de quatre vaisseaux, six frégates et plusieurs bâtiments armés. L'escadre ouvrit le feu, et fit pleuvoir sur Léogane une grêle de boulets. Les défenseurs de la ville lui ripostèrent si vigoureusement, qu'elle fut obligée de gagner le large. En même temps, les troupes de débarquement battaient en retraite, après plusieurs attaques infructueuses. C'était une expédition manquée. Peu de temps après, les Anglais évacuaient Bombardopolis. Ils avaient beau mettre en déroute, aux Irois, les bandes de Rigaud, la guerre devenait pour eux de plus en plus meurtrière, sans donner de résultats. Les noirs venaient rôder jusque dans les environs de Port-au-Prince, et souvent engageaient des escarmouches avec la garnison.

Toussaint avait établi son quartier général aux Gonaïves, et y avait fait élever des fortifications. Il s'imposait de plus en plus, et toute la province du Nord, à part le Cap, Port-de-Paix et Fort-Dauphin, lui obéissait. Une grande partie de l'Ouest n'avait pas encore accepté son autorité. La plupart des bandes reconnaissaient pour chefs, les nègres Dieudonné, Pompée et Laplume. Le premier avait fini par imposer sa suprématie aux deux autres, et tenait la campagne pour son propre compte. Cette indépendance inquiétait à la fois Toussaint et Rigaud, et pour perdre Dieudonné, ils répandirent le bruit qu'il s'était vendu aux Anglais. Toussaint voulait se débarrasser de Dieudonné ; mais avec sa duplicité habituelle, il eut l'habileté de faire en sorte que Rigaud se chargeât de cette besogne. Laplume se laissa séduire par des promesses, et s'empara de Dieudonné et de Pompée, au mois de février 1795 ; il les livra à Rigaud, qui les fit périr dans d'horribles supplices. Toussaint ne put contenir sa joie, en apprenant la mort d'un rival, et dans une lettre adressée à de Laveaux, il lui recommandait le *brave* Laplume. Ce dernier reçut le prix de sa trahison ; il fut nommé colonel et s'en alla, avec les trois mille hommes qu'il commandait, se mettre à la disposition de Toussaint. Rigaud comprit, mais trop tard, qu'il avait travaillé à consolider la fortune de son futur adversaire.

La puissance de Toussaint avait suscité des jalousies et des haines, principalement chez les hommes de couleur. L'antagonisme, qui avait toujours existé entre les deux races, se réveillait plus violent que jamais. Toussaint ne cachait pas son adversion pour les sang-mêlés, et il l'avait montrée en mainte circonstance. Le mulâtre Villate lui portait surtout ombrage, et pour cause. Nous nous rappelons que dans le courant de 1794, de Laveaux s'était retiré à Port-de-Paix, en laissant le commandement du Cap à Villate. Ce dernier s'était habitué à l'indépendance. Les hommes de couleur de la province le considéraient comme leur chef. Beaucoup d'entre eux étaient venus se fixer au Cap, et comme après l'incendie de la ville, nombre de maisons étaient restées inoccupées, leurs propriétaires ayant émigré, ils s'y étaient installés. Villatte n'y avait mis aucun obstacle, bien au contraire. En tout ce qui concernait son administration, il agissait à sa guise, sans jamais en référer au général de Laveaux. L'élévation de Toussaint, la faveur dont il jouissait près du gouverneur général, l'irritaient profondément. De son côté, Toussaint voyait avec envie la seconde ville de la colonie, au pouvoir d'un ancien libre, d'un homme de couleur, d'un *nègre blanc*. Entre le mulâtre fier de son ancienne situation sociale et le noir sorti de la servitude, la lutte se produisit d'elle-même. Une collision était inévitable, il fallait s'y attendre.

Au mois d'octobre 1795, le général de Laveaux résolut de revenir au Cap et d'y transférer le siège de son gouvernement, pensant avec raison, qu'il serait plus à même de veiller aux affaires de la colonie. Villate n'apprit pas sans déplaisir l'arrivée du gouverneur général ; il se voyait obligé de reconnaître une autorité supérieure à la sienne, dans une ville où, tout récemment, il régnait en maître absolu. La perspective d'une lutte ne l'effrayait pas ; il la considérait comme fatale et il s'y préparait. Aussi, en entrant au Cap, de Laveaux dut, en présence de l'hostilité de la population de couleur, ne pas se faire illusion sur ses sentiments. Du reste, il semblait vouloir la provoquer par ses actes ; c'est ainsi qu'il avait fait mettre en liberté un certain nombre de nègres, qui étaient détenus dans les prisons de la ville. De son côté, Villate tendait de plus en plus à l'indépendance. Au mois de janvier 1796, il avait occupé Fort-Dauphin, et détruit une bande qui tenait la campagne, sous les ordres d'un lieutenant de Jean-François, nommé Titus. Quoique dans ces circonstances, il eût exécuté les ordres du gouverneur général, il affectait néanmoins de n'avoir aucun rapport avec lui Les mulâtres avaient une attitude analogue à celle de leur chef. Ils ne cessaient de proférer des menaces à l'égard de Laveaux, et des rixes avaient lieu à chaque instant entre eux et les partisans du gouverneur.

De sa résidence des Gonaïves, Toussaint se tenait au courant de ce qui se passait, d'autant plus qu'il commençait à être inquiet. Depuis quelque temps, Villate cherchait à corrompre ses soldats et à les rallier à sa cause. Dans une lettre écrite dans le courant de janvier 1796, Toussaint se plaignait vivement, et disait que des agents de Villate parcouraient le territoire, où il exerçait son commandement, débauchaient ses troupes et que les désertions devenaient de plus en plus fréquentes. Il était certain que Villate, déjà maître du Cap, le serait bientôt de toute la province, si les régiments coloniaux acceptaient son autorité. C'est ce que Toussaint ne voulait à aucun prix. Aussi, dans le but d'abattre son rival, il affecta un dévouement sans bornes à la France, et écrivait à de Laveaux *qu'il était indigné de l'abominable conduite des citoyens du Cap à son égard, et que pour les faire rentrer dans le devoir, il perdrait mille vies pour une.* En même temps, il lançait une proclamation aux habitants du Cap, les appelait *frères et amis*, et leur parlait *de la douleur qu'il éprouvait en apprenant leur conduite blâmable vis-à-vis du gouverneur, leurs procédés envers la France, la mère-patrie*, et les engageait *à se défier des méchants et des Anglais et à se chérir mutuellement*. Ce langage hypocrite n'aurait dû tromper personne.

Villate pensait qu'en frappant un grand coup, il abattrait l'autorité de Toussaint et dominerait la situation. Aussi, était-il prêt à saisir le moindre prétexte pour commencer la lutte ; il en eut bientôt l'occasion. L'ordonnateur Perroud avait fait faire, avec l'autorisation de Laveaux, un relevé des maisons des émigrés, et obligé leurs détenteurs à en payer le loyer. En quelques semaines, cent quatre-vingt-dix-huit maisons avaient été affermées. Dépossédés de ce qui ne leur appartenait pas, les détenteurs se plaignaient de la *tyrannie et des vexations du gouverneur*. Le mécontentement était général ; Villate en profita pour organiser un mouvement populaire contre le gouverneur.

Le 20 mars 1796, jour fixé par les conjurés, à dix heures du matin, une centaine d'hommes de couleur envahissaient l'hôtel du général de Laveaux, l'arrêtaient ainsi que son aide de camp, et les conduisaient en prison, en les maltraitant. L'ordonnateur Perroud avait le même sort. La municipalité du Cap se réunissait, destituait de Laveaux et nommait Villate gouverneur de la colonie. Tout marchait à souhait pour les mulâtres, quand un colonel nègre, Pierre Michel, qui tenait garnison au Haut-du-Cap, se déclara pour de Laveaux, et se mit en mesure de le soutenir. Un autre colonel nègre, Léveillé, s'était emparé de l'arsenal, et s'apprêtait à mitrailler la ville. Le coup était manqué. La municipalité ordonna la mise en liberté de Laveaux, quarante-huit heures après son arrestation. Quant à Villate, il se cacha pour éviter d'être pris par ses ennemis, et se réfugia à bord de la frégate *la Méduse*, en partance pour la France. Telle fut l'affaire du 20 mars, connue sous le nom *d'attentat du 30 ventôse*, et qui en somme ne fut qu'une échauffourée.

A la nouvelle des troubles du Cap, Toussaint avait quitté les Gonaïves avec plusieurs bataillons et ses lieutenants Dessalines et Belair ; quelques jours après, il entrait dans la ville, qu'il qualifiait de *cité rebelle*, entouré de ses gardes à cheval. De Laveaux, qui était venu le rejoindre en route, était à côté de lui, comme son protégé ; ce malheureux avait perdu tout sentiment de dignité. A peine avait-il été délivré par le colonel nègre Léveillé, qu'il rendait visite à la municipalité de la ville, et proclamait en sa présence *l'oubli des injures qu'il avait reçues*. En même temps, il écrivait à Toussaint pour lui demander sa protection : « *Il faut, mon ami*, lui disait-il, *que tu m'envoies des forces pour réduire les rebelles.* » En rentrant au Cap, il avait failli être assassiné. Le bruit courait qu'il voulait rétablir l'esclavage et que deux bateaux chargés de chaînes, à l'usage des noirs, étaient dans le port. Des cris de mort retentissaient sur son passage, et sans l'intervention de Toussaint, une émeute aurait eu lieu. Le gouverneur général n'était plus qu'un instrument docile aux mains de Toussaint.

De Laveaux semblait avoir pris son parti du rôle effacé qu'il jouait. Le 1er avril 1796, il proclama sur la place principale du Cap, en présence de l'armée et de la population, Toussaint, le *sauveur des autorités constituées, un Spartacus noir, le nègre prédit par Raynal pour venger les injures faites à sa race*. Il associa Toussaint au gouvernement de la colonie, et déclara que désormais il ne ferait rien que de concert avec lui. Ravi de sa nouvelle élévation, Toussaint s'écria : « *Après Dieu, c'est Laveaux!* » Dix mille noirs, qu'il avait amenés avec lui, poussèrent des cris enthousiastes en l'honneur de leur chef. La déclaration du général de Laveaux donnait le coup de grâce à l'autorité de la métropole. Il était loin d'*avoir mérité de la patrie*, comme l'avait décidé la Convention, et si son incapacité n'avait pas été aussi grande, on aurait pu l'accuser de trahison. Une fois associé au gouvernement de Saint-Domingue, en qualité de lieutenant, Toussaint s'occupa activement de consolider sa puissance. Il donna une organisation définitive à son armée, forma trois nouveaux régiments d'infanterie et deux de cavalerie, et attacha à son service spécial une garde de quatre-vingt-dix cavaliers, qui portaient sur leurs casques une plaque d'argent où était gravée cette devise : « *Qui pourra en venir à bout.* » De Laveaux approuvait tous les actes de son lieutenant, et pour tous les habitants de la colonie, quelle que fût leur couleur, son autorité était devenue un objet de dérision.

En France, on songeait peu aux affaires de Saint-Domingue, et du reste, pendant quelque temps, les rapports entre la métropole et la colonie avaient à peu près cessé d'exister. Depuis l'apparition de la corvette *l'Espérance*, qui, en juin 1794, était venue apporter à Jacmel le rappel des commissaires, il avait fallu attendre le mois de février 1795 pour voir un bâtiment de guerre français. Sitôt leur arrivée en France, Sonthonax et Polvérel furent mis en jugement, le 21 février 1795, et au nombre de leurs accusateurs figurait Larchevesque-Thibaud. Le procès dura longtemps et, pendant son instruction, Polvérel mourut. Le 25 octobre 1795, sur la proposition de Garran, président de la commission des colonies, la Convention rendait un décret en vertu duquel Sonthonax était acquitté. La culpabilité de l'ancien proconsul était pourtant manifeste ; le principal auteur de la ruine de notre colonie était déclaré innocent ! Néanmoins, la Convention avait été obligée de reconnaître que les commissaires avaient commis beaucoup de fautes, et que souvent de deux maux, ils avaient été obligés de choisir le moindre. Ces considérants nous donnent une juste idée de l'impartialité des juges de Sonthonax.

Ce procès eut pour résultat de porter l'attention sur Saint-Domingue. Le 4 août 1795, dans un rapport présenté à la Convention, Boissy-d'Anglas se prononçait contre l'autonomie des colonies, et proposait de les considérer comme une partie intégrante du territoire français ; elles devaient former des départements et être représentées par des députés aux assemblées législatives de la métropole. Dans son projet, Saint-Domingue était divisé en deux départements, le Nord et le Sud. Cette division ne prévalut pas, à raison de la cession faite par l'Espagne de la partie orientale de l'île ; mais la Convention adopta en principe les idées de Boissy-d'Anglas, et déclara les colonies portion intégrante du territoire français.

Conformément au décret rendu par la Convention, le Directoire nomma une nouvelle commission civile pour se rendre à Saint-Domingue. Cette commission comprenait cinq membres : Sonthonax, Giraud, Leblanc, Roume et Raymond ; ce dernier était un homme de couleur. Roume devait se rendre à Santo-Domingo, pour y représenter la France jusqu'au moment où nous prendrions possession de la partie espagnole. Les commissaires débarquèrent au Cap le 11 mai 1796 ; leur titre officiel était celui de *commissaires délégués aux Iles sous le Vent*. L'escadre, qui les amenait, comprenait deux vaisseaux, deux frégates, plusieurs transports et portait trois mille hommes avec plusieurs généraux, parmi lesquels se trouvaient Rochambeau et Desfourneaux.

Les commissaires furent reçus avec solennité, en leur qualité de représentants de la métropole. Les tristes souvenirs que Sonthonax avait laissés au Cap étaient loin d'être effacés, et son attitude ne faisait pas supposer qu'il avait modifié ses dispositions. A peine était-il arrivé, qu'il ordonnait à Villate de venir devant la commission rendre compte de sa conduite. Villate obéit, et à son entrée dans la ville une multitude se pressait sur son passage aux cris de : « *Vive la République ! vive Villate, le sauveur du Cap!* » Cette ovation exaspéra de Laveaux, qui rassembla un escadron de cavalerie, et s'en vint charger avec furie la foule, principalement composée de femmes ; quarante-cinq d'entre elles furent blessées plus ou moins grièvement. Après cette action, dont il se vanta comme d'une prouesse, de Laveaux écrivit qu'il avait été *obligé de dissiper un attroupement qui allait devenir criminel !* Villate essaya, mais en vain, de disculper ses actes ; il fut embarqué pour la France, conduit à Rochefort, et, après avoir subi un emprisonnement assez long, il comparaissait devant un conseil de guerre; il fut acquitté.

Le Directoire avait pensé que ses commissaires domineraient Toussaint, et, dans ce but, il avait voulu flatter la vanité du vieux noir : un arrêté du 17 août 1796, signé de Larevellière-Lépeaux, lui avait reconnu le titre de général de division. On lui avait remis un sabre et des pistolets d'honneur, et, de plus, il avait été décidé que ses enfants seraient envoyés en France pour y être élevés aux frais de la République. Ces marques de faveur eurent pour effet d'accroître près des noirs le prestige de Toussaint, et de nous aliéner les mulâtres.

Dans le sud, Rigaud ne pouvait contenir sa colère, en pensant qu'il serait obligé d'obéir à un ancien esclave. Il est bien évident que si les directeurs avaient eu quelque idée politique, ils n'auraient pas donné la supériorité au chef de la race noire : c'était une lourde faute dont les conséquences devaient être pour nous des plus funestes.

De retour à Saint-Domingue, Sonthonax voulait y établir de nouveau sa prépondérance. Ses collègues ne pouvaient pas lui porter ombrage : Roume était à Santo-Domingo; Giraud, complètement étranger aux affaires coloniales, donna sa démission; Leblanc, chargé d'une mission aux États-Unis, était mort en revenant en Europe; il 'avait été empoisonné, et tous les soupçons se portèrent sur Sonthonax. Quand au mulâtre Raymond, son caractère était d'un maniement facile et l'ancien proconsul n'avait pas d'opposition à redouter de sa part. Restait Toussaint : tout d'abord l'union la plus intime sembla régner entre eux deux. Toussaint affectait pour le moment d'être fort dévoué à Sonthonax, et obtenait de lui vingt mille fusils, qu'il faisait distribuer à ses nègres. Il eut bientôt sous ses ordres neuf demi-brigades. Sonthonax, qui se rappelait que dans sa lutte contre les blancs, il avait été soutenu par les noirs, espérait qu'il en serait encore de même. Là, il se trompait ; son alliance avec Toussaint ne pouvait être que passagère.

La constitution de l'an III donnait, d'après le tableau annexé à la loi du 23 septembre 1795, sept députés à la colonie de Saint-Domingue. Les élections eurent lieu en septembre 1796 : de Laveaux et Brothier furent nommés au Conseil des Anciens ; Thomacy, Sonthonax, Périniaud, Boisrond et Mentor à celui des Cinq-Cents. Aucun blanc de la colonie n'avait été élu. De Laveaux, Brothier, Sonthonax et Périniaud étaient Européens ; Boisrond un mulâtre ; Thomacy et Mentor des nègres ; le second était originaire de la Martinique. Les élections eurent lieu pour la forme. Toussaint fit de la candidature officielle avec une impudence sans pareille. Les assemblées primaires étaient terrorisées. Dans l'une d'elles, au Cap, le général nègre Michel menaçait d'incendier la ville, si on ne nommait pas de Laveaux et Sonthonax ; dans une autre, un officier de l'armée de Toussaint déclarait qu'il sabrerait tous ceux qui ne voteraient pas comme il le leur ordonnerait. Ces procédés donnèrent aux députés élus l'unanimité des suffrages exprimés. Toussaint était au comble de ses vœux : il allait être débarrassé des deux hommes qui lui portaient ombrage, quoique cependant l'un d'eux, de

Laveaux, eût grandement contribué à faire sa fortune.

Depuis près de deux ans, le Sud vivait dans une indépendance à peu près complète. Rigaud y était le maître absolu, et de nombreux mulâtres, effrayés de voir les noirs prépondérants dans le Nord et dans l'Ouest, étaient venus avec empressement se grouper sous ses ordres. Son administration était toute militaire : les commandants de place exerçaient les fonctions municipales ; les commandants d'arrondissement celles de juges de paix et les inspecteurs de culture étaient des officiers. Rigaud avait une armée de huit mille hommes ; tous ses officiers supérieurs étaient des mulâtres. Les nègres ne pouvaient pas dépasser le grade de capitaine ; toutes les fonctions publiques étaient le monopole des sang-mêlés. Les blancs ne jouissaient d'aucun droit politique. Sous prétexte de supprimer le vagabondage, les noirs avaient été attachés aux habitations, et soumis à une sorte de servitude qui, par certains côtés, rappelait l'ancien esclavage ; un régime de fer pesait sur le Sud, et il faut reconnaître qu'au point de vue économique, ses résultats étaient sérieux. La culture avait repris, et était presque aussi florissante que par le passé. La province se suffisait à elle-même, et n'avait pas besoin de recourir au crédit que la France avait accordé à la colonie sur la dette des États-Unis. Elle offrait le spectacle unique, dans le monde, d'un état mulâtre hostile à la fois aux blancs et aux noirs.

En qualité de représentants de la métropole, les commissaires ne pouvaient laisser se former un état indépendant dans l'île ; en conséquence, leur présence dans le Sud était indispensable. Sonthonax déclina cette mission et en chargea trois délégués, qui devaient agir au nom des commissaires civils. Ces trois délégués étaient Leborgne, Rey et le général Kerverseau. Leborgne, Jacobin forcené, se vantait d'être le *Marat des Antilles* ; en 1794, il avait été accusé d'avoir volé des diamants à l'île Sainte-Lucie. Rey n'avait d'autre qualité que de s'être constamment posé comme l'ennemi des mulâtres. Kerverseau, malgré son honnêteté, ne pouvait avoir aucune influence, par suite de l'irrésolution de son caractère. On avait en outre adjoint à la délégation, le commandant Pretty, partisan dévoué de Sonthonax ; un Allemand, Idlinger, qui jadis avait fui de Bordeaux, après une banqueroute frauduleuse, et le général Desfourneaux. Ce dernier ne jouissait d'aucune considération ; sa violence et sa grossièreté l'avaient signalé à l'attention publique, et, pour montrer qu'il n'était pas partisan des sang-mêlés, il avait pris comme aide de camp, un nègre nommé Édouard, précédemment au service de Philippe-Égalité. Composée comme elle l'était, sur les conseils de Sonthonax, la délégation ne pouvait que mettre le trouble dans la province du Sud, et amener un conflit. L'on eût dit que ses membres avaient été choisis de manière à obtenir ce résultat. Conformément à leurs instructions, ils devaient établir l'égalité entre tous les citoyens, quelle que fût leur couleur, et rechercher si l'attentat du 30 ventôse n'avait pas eu des ramifications dans le Sud. Ils étaient investis du droit de décerner des mandats d'arrêt contre les *conspirateurs* et la durée de leurs pouvoirs était limitée à trois mois. Leur mission, en réalité, n'avait pas d'autre but que de mettre fin à la dictature de Rigaud.

Le 23 juin 1796, les délégués arrivèrent aux Cayes. C'est dans cette ville que résidait Rigaud, qui gouvernait son territoire à la façon d'un monarque absolu. Aussi vit-il immédiatement dans les délégués, des ennemis venus pour abattre sa puissance, et leurs rapports réciproques furent naturellement empreints d'une grande défiance. Les délégués se mirent à l'œuvre sans tarder. Ils établirent des administrations municipales et des justices de paix, donnèrent aux blancs des fonctions publiques, les firent entrer dans la garde nationale et permirent aux noirs de quitter les plantations. Un arrêté défendit à tout propriétaire, d'enfermer dans des cachots les travailleurs qu'il employait. Les prisons qui contenaient neuf cents détenus, dont deux seulement étaient mulâtres, furent ouvertes et la plupart des prisonniers rendus à la liberté. Les délégués pensaient ainsi arriver à miner l'autorité de Rigaud. Le chef du Sud ne se faisait aucune illusion sur leurs intentions. Il écrivait au commissaire Raymond que les délégués encourageaient les cultivateurs à la paresse et, en même temps, il leur reprochait de favoriser les contre-révolutionnaires.

Par leur conduite, les délégués étaient loin d'inspirer la confiance. Ils pillaient les caisses publiques et s'entouraient de prostituées et de gens sans aveu. Leur luxe était insolent, et pendant leur séjour, qui ne dura guère plus de deux mois, leurs dépenses personnelles s'élevèrent à 300,000 livres ! La maison du général Desfourneaux était devenue un tripot et un rendez-vous de filles publiques. Il fallait néanmoins se résigner à faire quelque chose. Une expédition contre les Anglais fut décidée. Desfourneaux résolut d'aller avec dix-huit cents hommes les chasser des montagnes situées entre les Cayes et Jérémie, pendant que Rigaud leur enlèverait la position des Irois, aux environs de Tiburon. Les délégués pensaient qu'une fois victorieux, la province du Sud accepterait leur autorité. Malheureusement pour eux, l'expédition échoua. Desfourneaux fut obligé de battre en retraite, et Rigaud dut renoncer à enlever les Irois. Cet échec ne découragea pas les délégués, qui décidèrent une nouvelle attaque contre les Anglais ; mais avant d'entrer en campagne, ils firent arrêter plusieurs mulâtres et ordonnèrent la démolition du fort de l'Ile, qui constituait la principale défense des Cayes. A cette nouvelle, la population de cette ville se souleva, s'empara de la forteresse aux cris de : « *Aux armes ! la liberté est en danger !* » et tira le canon pour appeler à son secours les noirs de la plaine. Les délégués se virent bientôt cernés dans leur maison. Les troubles avaient commencé le 27 août ; le 31, la révolte devenait une révolution.

A la nouvelle des événements, Rigaud était arrivé aux Cayes avec sept à huit cents hommes. Il ne fit rien pour arrêter le désordre et prétexta sa maladie. Laissés libres par leurs chefs, les mulâtres se portèrent à toutes sortes d'excès. Dans la plaine, une véritable chasse aux blancs fut organisée, et l'on estima à près de trois cents le nombre des personnes qui furent égorgées, comme étant de la *faction française*, et parmi elles, se trouvaient plusieurs nègres. Dans leur effroi, les délégués conjurèrent Rigaud de rétablir l'ordre. Rigaud se décida à agir. Le 1er septembre, il lançait une proclamation et le calme se rétablissait comme par enchantement. Les délégués, devenus ses prisonniers, le laissaient détruire tout ce qu'ils avaient fait, et remettre les mulâtres en possession de leurs privilèges. Dans les premiers jours d'octobre, ils obtenaient de lui la permission de s'embarquer pour Santo-Domingo, où nombre de blancs du Sud s'étaient réfugiés. De là, ils se rendirent au Cap, laissant le gouvernement de Rigaud plus solide que jamais.

Dans le Nord, la situation, quoique plus calme en apparence, inspirait néanmoins les inquiétudes les plus sérieuses. Au mois d'octobre 1796, les députés élus partaient pour la France, sauf Sonthonax qui restait dans la colonie, avec l'espoir d'y retrouver son ancienne puissance. Tel n'était pas l'avis de Toussaint. Heureux d'être débarrassé de Laveaux, il affectait pour lui une profonde amitié et l'appelait, dans ses lettres, *son père, son meilleur ami*. De Laveaux était assez naïf pour être dupe de ces démonstrations. Quant à Sonthonax, sa présence était gênante ; aussi Toussaint ne cessait d'écrire en France qu'il était urgent qu'il se rendît à Paris, pour y remplir son mandat de député. Cette insistance avait détrompé Sonthonax, et entre lui et son ancien allié il y avait eu scission.

Néanmoins, Sonthonax espérait encore jouer Toussaint. Il lui avait fait entendre qu'il lui ferait donner le commandement des troupes. Parmi les généraux qui avaient accompagné les commissaires, se trouvait Rochambeau que l'on tenait à l'écart. Effrayé de voir, dans un avenir rapproché, Toussaint à la tête de l'armée, ce militaire n'avait pas caché son mécontentement. Sonthonax le fit arrêter au mois de juillet 1796 et, quelque temps après, il ordonnait sa déportation en France. En mai 1797, il agissait de même à l'égard du général Desfourneaux, dont le principal crime était de déplaire à Toussaint. C'est ainsi que Sonthonax achevait de désorganiser l'armée et de livrer la colonie à l'anarchie.

Pendant que ces événements s'accomplissaient, Toussaint consolidait son pouvoir. De son quartier général des Gonaïves il commandait en maître, et quand il écrivait au gouverneur général ou aux commissaires, c'était pour leur demander de le seconder dans ses projets. Au point de vue des opérations militaires, l'année 1796 avait été insignifiante. Les Anglais occupaient Port-au-Prince, Jérémie, Saint-Marc et le môle Saint-Nicolas : après avoir repris le Mirebalais, ils étaient restés sur la défensive. C'est tout au plus, si leurs détachements avaient, de temps à autre, quelques escarmouches avec des postes isolés. Pour se donner de l'importance, Toussaint parlait sans cesse de délivrer la colonie des Anglais. En juin 1796, il s'était adressé au gouverneur pour lui demander des armes, des munitions ; il lui annonçait avec emphase qu'il préparait une expédition contre le Mirebalais. A l'entendre dire, ses troupes étaient exténuées et décimées par les combats qu'elles ne cessaient de livrer. Des bataillons entiers auraient été réduits à quelques hommes. Ces gasconnades auraient dû ouvrir les yeux à de Laveaux. Toussaint en obtenait au contraire tout ce qu'il voulait. Quand il eut réuni ses bandes, il entra en campagne et, au mois d'avril 1797, il se dirigeait vers le Mirebalais.

Les Anglais abandonnèrent le Mirebalais, sans essayer de le défendre, ainsi que les rives de l'Artibonite, pour se concentrer dans la plaine du Cul-de-Sac. Toussaint fit faire une battue dans les montagnes des Grands-Bois, sachant bien qu'il n'y trouverait aucun ennemi. En même temps, conformément à ses ordres, le général Laplume simulait dans l'Ouest une attaque sur la colline de la Rivière-Froide, et se bornait à brûler une quantité effroyable de poudre. La campagne était terminée. Toussaint se vantait de ses victoires avec une outrecuidance sans pareille. Dans une lettre adressée à de Laveaux, il racontait ses prouesses et ses batailles, et annonçait que, prochainement, la colonie serait *purgée des hordes tyranniques des Anglais qui infectaient encore son territoire.* « Alors, » disait-il, « *la France et Saint-Domingue ne formeraient plus qu'une seule famille.* » Il ajoutait qu'on pouvait compter sur lui et que tous les noirs étaient de *bons républicains.*

Les commissaires se flattaient encore de gagner Toussaint et, dans ce but, ils lui conférèrent le titre de général en chef de l'armée de Saint-Domingue. C'était reconnaître le fait accompli et, à cette occasion, une fête solennelle eut lieu au Cap le 1ᵉʳ mai 1797. Toussaint fut investi du commandement des troupes en présence de la population. Il prononça un discours où il parlait *du feu sacré de la liberté, des ennemis de la colonie, des droits de l'homme,* et sitôt la cérémonie terminée, il quittait la ville sans prendre congé de Sonthonax, afin de bien montrer dans quelle estime il avait le représentant de la France. A partir de ce moment, l'autorité de la métropole avait cessé d'exister.

Jusqu'alors les Anglais étaient restés sur la défensive. Au mois de mai 1797, le général Simcoë, qui était venu prendre le commandement de Port-au-Prince, voulut sortir de l'inaction. Il nettoya la plaine du Cul-de-Sac des bandes de nègres qui la ravageaient, infligea une défaite dans le Sud à Rigaud et mit en fuite Toussaint, qui s'était montré dans les environs de Saint-Marc. Malgré ces avantages, nos ennemis ne faisaient aucun progrès ; de plus, les maladies les décimaient et leurs rangs s'éclaircissaient. Toussaint qui savait que, pour le moment, les Anglais n'étaient pas à craindre et que le climat était pour lui un puissant allié, résolut de les laisser tranquilles. Il pensa qu'il était temps de mettre à exécution le projet qu'il caressait depuis plusieurs mois : l'expulsion de Sonthonax, en le forçant de partir pour la France.

Sonthonax ne pouvait résister à Toussaint. Après s'être aliéné Rigaud et les hommes de couleur, il avait mécontenté le général Laplume, qui commandait dans l'Ouest, et au Cap, il venait d'ordonner l'arrestation du général Michel. La plupart de ses partisans l'avaient abandonné. Toussaint comprit que c'était le moment d'agir. Depuis quelque temps, il ne cessait d'engager Sonthonax à partir pour la France, et son insistance devenait de plus en plus pressante. Un jour, il vint au Cap, se présenta à l'hôtel du commissaire avec un nombreux état-major et le somma de partir. Pour le décider, il se rendit à la Petite-Anse, y fit tirer le canon d'alarme, réunit plusieurs milliers de nègres et menaça de mettre, avec ses hordes, la ville à feu et à sang. Toussaint avait enfin jeté le masque. Sonthonax n'avait plus qu'à obéir : c'est ce qu'il fit et, le 25 août 1797, il s'embarquait pour la France avec sa famille et plusieurs officiers, qui ne voulaient pas rester à Saint-Domingue. Le départ forcé de Sonthonax constituait un acte de rébellion. Aussi, Toussaint crut-il devoir adresser au Directoire un rapport où il racontait les événements à sa manière. En même temps, il écrivait à Roume, le commissaire de Santo-Domingo, une lettre où il accusait Sonthonax d'avoir voulu l'indépendance de la colonie, et l'appelait *fourbe, perfide, scélérat.* De retour à Paris, Sonthonax alla siéger aux Cinq-Cents, et le 4 février 1798, il prononçait un discours où il essayait de se disculper. Lui, naguère, qui avait poussé au massacre des blancs, se posait en défenseur des colons ! La conduite de ce misérable a quelque chose de répugnant.

Le gouvernement français sembla enfin apporter une attention sérieuse aux affaires de Saint-Domingue. Le 8 novembre 1797, sur le rapport présenté par d'Eschassériaux, le Corps législatif avait voté une loi divisant l'île en cinq départements : le Nord, l'Ouest, le Sud, Samana et l'Engaño. Malheureusement, le législateur n'avait aucune connaissance des lieux. Plusieurs cantons de l'ancienne partie espagnole avaient été réunis aux départements du Nord et de l'Ouest, et celui du Sud s'étendait jusqu'à une lieue de

Port-au-Prince [1]. Toussaint était devenu suspect, malgré ses protestations d'amitié, et l'on commençait à s'inquiéter de sa puissance. Aussi, le Directoire confia au général Hédouville la mission de se rendre dans la colonie, pour y surveiller le chef nègre, et en même temps pour y relever l'autorité de la métropole. En janvier 1798, Hédouville s'embarquait pour les Antilles, et, le 21 avril, il arrivait à Santo-Domingo où il avait une entrevue avec le commissaire Roume. De là il se rendait au Cap où il était le 8 mai. Il fut témoin du départ du commissaire Raymond.

Le général Hédouville était avantageusement connu en France pour sa modération et la conduite qu'il avait tenue pendant la Révolution. Sa valeur était réelle; mais son caractère irrésolu le rendait impropre au rôle qu'il avait à remplir. Sa mission, du reste, était des plus difficiles et le Directoire l'avait encore compliquée en lui donnant des instructions parfois contradictoires. Hédouville devait tâcher de rétablir l'autorité de la métropole dans la colonie et, de plus, *observer* et *contenir* l'ambition de Toussaint. En même temps, il avait reçu l'ordre d'arrêter Rigaud, et de le déporter en France. C'était une lourde faute. Deux chefs dominaient à Saint-Domingue. Toussaint, alors le plus puissant, était l'ennemi qu'il fallait chasser à tout prix. Il eût été au contraire politique de se rapprocher de Rigaud, de l'encourager dans sa résistance à Toussaint et de les

---

[1] Cette même année, l'Église constitutionnelle, qui avait tenu un concile à Paris, créait cinq évêchés dans la colonie : à Santo-Domingo, à Port-au-Prince, au Cap, aux Cayes et à Samana. Le premier siège était métropolitain.

opposer l'un à l'autre. C'est ce qu'aurait compris tout gouvernement, ayant quelque sagacité. Malheureusement le Directoire ignorait complètement les affaires de Saint-Domingue, et Hédouville y était tout aussi étranger.

Dans les derniers jours de mai 1798, Toussaint se rendit au Cap. Son entrevue avec Hédouville eut toutes les apparences de la franchise. Mais le vieux nègre, toujours aussi dissimulé que par le passé, refusa d'exécuter les ordres du Directoire et d'arrêter Rigaud, en alléguant les services qu'il avait rendus contre l'Angleterre. Le véritable motif était qu'il avait encore besoin de lui. Il connaissait Rigaud, son côté faible, et craignait qu'en le perdant, les mulâtres trouvassent un autre chef, plus capable de lui résister. « *J'ai besoin de M. Rigaud* », disait-il à ses officiers. « *Il est violent ; il me convient pour faire la guerre, et cette guerre m'est nécessaire. M. Rigaud ne sait faire que des insurrections ; moi, je sais mettre le peuple en mouvement, et je ne gémis pas comme lui de sa fureur.* » Ce langage machiavélique en dit plus que toutes les raisons que nous pourrions donner pour prouver la fourberie de Toussaint.

Sur l'invitation du général Hédouville, Rigaud s'était rendu au Cap, et il s'y rencontra avec Toussaint. Il avait été profondément irrité de la nomination de son rival au grade de général de division. Son adversion pour Toussaint grandissait de jour en jour, et il était tout disposé à soutenir le représentant du gouvernement français. Hédouville le reçut avec plaisir, et bientôt l'accord entre eux fut complet à la grande colère de Toussaint, qui redoutait avant tout l'alliance des blancs et des mulâtres. Un diplomate, tant soit peu habile, aurait su tirer parti de la situation, se serait appuyé sur les hommes de couleur, et avec leur concours aurait rétabli l'autorité de la France. Malheureusement, Hédouville était incapable de prendre une résolution. Il laissa partir Rigaud fort content de sa réception, mais sans s'être concerté avec lui. Toussaint restait tout-puissant.

A Saint-Domingue, les Anglais étaient toujours sur la défensive. Les premiers mois de 1798 s'étaient passés en escarmouches sans importance, que Toussaint appelait pompeusement des batailles rangées. Laplume se montrait fréquemment avec ses bandes, dans les environs de Port-au-Prince et ravageait la plaine du Cul-de-Sac. Dessalines et Christophe avaient voulu enlever l'Arcahaye ; mais la petite garnison de cette bourgade les avait mis en déroute. C'était une guerre sans résultats, et le général Whyte, qui voyait pour ainsi dire fondre ses régiments sous l'influence du climat, ne cessait d'écrire à Londres qu'il était inutile de continuer une campagne aussi meurtrière que dispendieuse. Au mois d'avril 1798, le général Maitland arrivait à Port-au-Prince, avec de nouvelles instructions du cabinet de Saint-James. Ce militaire ne tarda pas à se convaincre que la conquête de Saint-Domingue était impossible pour le moment, et que la poursuite de cette entreprise constituait une véritable folie. Pour lui, le meilleur parti à prendre, c'était de se retirer et de traiter avec les nègres.

Maitland pensait pouvoir séduire Toussaint, en lui faisant entendre que le gouvernement britannique songeait à lui reconnaître la souveraineté de Saint-Domingue. Ces propositions tendaient à le faire déclarer roi d'Haïti, s'il consentait à signer un traité de commerce, donnant à la Grande-Bretagne le droit d'exporter les produits de l'île, et d'y importer ses produits manufacturés, à l'exclusion des puissances continentales. En échange de ce monopole, l'Angleterre mettait, à la disposition du nouveau monarque, une escadre pour le protéger contre ses ennemis du dehors. Toussaint ne pouvait qu'être flatté de ces démarches, mais il ne voulait pas plus de la souveraineté de l'Angleterre que de celle de la France. Néanmoins, comme il craignait une expédition française, il sut, sans repousser les propositions des Anglais, les éluder habilement. Son amour-propre était satisfait, et il ne dissimulait pas son contentement, en répétant sans cesse que jamais la République ne lui avait rendu autant d'honneurs que le roi d'Angleterre. Le général Maitland, qui ne désespérait pas de lui faire accepter ses offres, continuait de négocier avec lui. Il signait un traité, en vertu duquel il s'engageait à évacuer dans les premiers jours de mai 1798, Port-au-Prince, Saint-Marc et l'Arcahaye, moyennant une rançon considérable, et qu'on lui laissât enlever son artillerie et ses munitions. Tels furent pour l'Angleterre les résultats d'une expédition, qui lui avait coûté près de vingt mille hommes et plusieurs centaines de millions.

A ce moment, le général Hédouville arrivait au Cap. Sans perdre un instant, Toussaint envoyait Dessalines prendre possession de Saint-Marc, et donnait à Christophe le commandement de Port-au-Prince. Le 16 mai

1798, il entrait dans cette dernière ville ; il lui fut fait une brillante réception. Le clergé le reçut avec la croix et le dais, comme on en usait avec les anciens gouverneurs. Les femmes blanches et leurs filles parées de leurs plus beaux atours, les unes en voitures, les autres à cheval, jetaient des couronnes et des fleurs sur son passage. Un *Te Deum* fut chanté à l'église paroissiale. Après la cérémonie, Toussaint monta en chaire, et débita un sermon, où il disait *qu'il pardonnait à tous ceux qui avaient pris le parti de l'Angleterre, parce que l'oraison dominicale recommandait l'oubli des injures, et que Notre-Seigneur Jésus-Christ avait pardonné à ses ennemis.* La comédie était complète.

Les Anglais occupaient toujours à Saint-Domingue le môle Saint-Nicolas, Jérémie et quelques autres points. Ils pensèrent un instant à s'emparer du Sud et essayèrent de nouveau, mais en vain, d'acheter Rigaud. En voyant que ses efforts étaient inutiles, Maitland se ravisa et déclara que pour évacuer le môle Saint-Nicolas et Jérémie, il attendait de nouvelles instructions de son gouvernement. Le général Hédouville entra en négociations avec lui, et les 16 et 18 mai, deux conventions étaient conclues, la première relative à Jérémie, la seconde au môle Saint-Nicolas. Ces deux places devaient nous être remises, au plus tard, le 1er octobre 1798. Pour ce qui concernait le môle Saint-Nicolas, les Anglais s'engageaient à remettre les choses, telles qu'elles étaient au moment où ils avaient pris possession de la ville. Aucun émigré ne pouvait y rester, ainsi que dans les quartiers dont nous rentrions en possession. Une proclamation du général Hédouville fut, à cette occasion, affichée au môle Saint-Nicolas, avec le consentement du général Maitland.

A peine Toussaint fut-il instruit des négociations et de leurs résultats qu'il se plaignit dans les termes les plus vifs. Il prétendait que lui seul, en sa qualité de commandant en chef de l'armée, avait le droit de traiter avec l'ennemi. Hédouville apprit bientôt que sur les conseils de Toussaint, le général Maitland ne voulait plus tenir le traité signé pour l'évacuation du môle Saint-Nicolas, et qu'il avait fait déchirer sa proclamation. Par suite de la déloyauté du général anglais, il eut le déboire de se voir préférer Toussaint, et d'être obligé d'adhérer à des clauses, qui modifiaient l'évacuation du môle Saint-Nicolas primitivement arrêtées par lui.

Fier de son succès, Toussaint ne garda plus de ménagements. Il se rendit au môle Saint-Nicolas, le 31 août, et les Anglais le reçurent comme s'il avait été un souverain. A son arrivée, les troupes étaient sous les armes, sur la place principale. L'on avait dressé une tente magnifique où le général Maitland lui donna un repas somptueux, à la suite duquel il lui offrit, au nom du roi d'Angleterre, l'argenterie qui avait orné la table, deux couleuvrines en bronze et le mobilier de l'hôtel du gouverneur. Une revue de la garnison fut passée. C'était à qui se presserait sur le passage du chef nègre, et les Anglais affectaient pour lui le plus profond respect. Tous ces hommages entraînaient les masses vers Toussaint ; son autorité s'affirmait plus que jamais, et son prestige ne cessait de grandir. Il était devenu le véritable souverain de Saint-Domingue.

Le général Hédouville se trouvait dans une situation des plus pénibles. N'ayant amené avec lui qu'un corps de troupes peu considérable, il ne pouvait exercer qu'une action morale. Plusieurs officiers de son état-major, pleins de légèreté, se vantaient bien de mettre les chefs nègres à la raison, et ne demandaient que quelques cavaliers pour aller arrêter dans son camp le *magot coiffé de linge,* faisant ainsi allusion à Toussaint, qui portait toujours un madras autour de la tête. Ces propos ridicules dénotaient une ignorance profonde chez ceux qui les tenaient. L'on avait bien songé un instant à décider Toussaint à s'embarquer pour la France ; mais le rusé noir n'avait pas donné dans le piège. Au chef de division Fabre, qui lui disait combien il serait flatté d'avoir à son bord un général comme lui, et de le conduire au milieu des Français, il avait répondu : « *Votre bâtiment n'est pas assez grand pour un homme comme moi.* » A un officier qui lui conseillait d'aller en France, finir ses jours dans le repos, il s'était contenté de dire en montrant un petit arbuste : « *C'est bien mon projet : je l'exécuterai quand ça pourra faire un vaisseau pour me porter.* »

Toussaint gagnait tous les jours dans l'opinion publique ; nombre de blancs se ralliaient à lui, et le considéraient comme leur libérateur. Le crédit du général Hédouville disparaissait de plus en plus, et l'on en eut bientôt la preuve. Hédouville avait proclamé la liberté des nègres ; mais il avait décrété que ceux qui étaient adonnés à la culture, resteraient sur leur plantation et y continueraient leurs travaux dont le produit serait partagé entre eux, les anciens propriétaires et la République. Les blancs, qui avaient été au service de l'Angleterre, étaient bannis et leurs biens confisqués, ainsi que ceux des émigrés de la colonie. Toussaint décida qu'il n'y avait pas d'émigrés parmi les habitants de Saint-Domingue ; il proclama une amnistie générale et invita ceux des colons, qui s'étaient réfugiés aux États-Unis, à revenir dans l'île. Les nègres devaient continuer pendant cinq ans leurs travaux chez leurs anciens maîtres, à condition de jouir du quart des produits bruts. Pour mettre à exécution ce dernier arrêté, des détachements de troupes furent chargés de battre la campagne et de ramener les cultivateurs sur les habitations. Les ordres de Toussaint ne rencontraient pas d'opposition.

C'est en vain que le général Hédouville se plaignait. Toussaint répondait à ses griefs par des proclamations pleines d'onction religieuse ; il ordonnait à ses lieutenants de faire dire à leurs soldats la prière, matin et soir, et sur sa recommandation, un *Te Deum* était de temps en temps chanté au chef-lieu de l'arrondissement, avec accompagnement d'une salve d'artillerie. En même temps, des agents de Toussaint parcouraient le pays, et répandaient partout le bruit que le général Hédouville voulait rétablir l'esclavage. L'agitation fut bientôt extrême, et une collision était imminente.

Le 5ᵉ régiment colonial exclusivement composé de nègres, tenait garnison à Fort-Dauphin. Le commandant de cette place qui avait des détachements du 84ᵉ et du 100ᵉ de ligne et de plus la garde nationale de la ville, crut devoir désarmer ce régiment, dont l'insubordination devenait de plus en plus grande. Il y eut résistance, et un combat s'engagea entre les blancs et les noirs. Le

5ᵉ régiment sortit de Fort-Dauphin, se répandit dans la plaine, et bientôt l'insurrection se propagea dans tout le quartier qui fut mis à feu et à sang, et ensuite, dans la province, comme une traînée de poudre. Les Français n'étaient plus en sûreté, et c'est ainsi que deux aides de camp du général Hédouville, qui revenaient du Sud, furent assassinés dans la Ravine-Sèche. Cette nouvelle se répandit immédiatement, et ne fit qu'augmenter l'inquiétude. Toussaint, qui avait été mandé au Cap par Hédouville, avait changé d'avis en route et était revenu sur ses pas. Il était le véritable instigateur de l'insurrection, et son neveu Moyses en avait pris le commandement. Les rassemblements étaient de plus en plus nombreux, et des bandes de nègres venaient bourdonner autour du Cap. Tout annonçait un nouveau désastre.

Le général Hédouville n'avait pas assez de troupes pour résister à la masse d'ennemis qui cernait la ville. L'on se mit néanmoins en mesure de repousser une attaque. Tout à coup, Toussaint paraît au milieu des nègres ; il donne le signal, et pousse leurs bandes sauvages sur le Cap. Il arriva la nuit au fort Bélair, et fit immédiatement tirer le canon d'alarme. Quand on apprit au Cap que Toussaint était à la tête de l'insurrection, la panique fût générale et l'on renonça à se défendre. Du reste, Toussaint ne donna pas un instant de répit. Maître du Haut-du-Cap, il somma Hédouville de s'embarquer pour la France, menaçant en cas de refus de tout massacrer et de tout détruire. Il dira néanmoins dans le rapport qu'il adressera au Directoire, *qu'il fit tous ses efforts pour contenir un peuple immense que le désir de la vengeance avait armé, qu'il n'avait pas eu d'autre but que de sauver de l'abîme la ville du Cap, et qu'il avait été effrayé du sort qui se préparait pour elle.*

Afin de ne pas attirer de nouveaux désastres sur une ville déjà si éprouvée, Hédouville se décida à évacuer le Cap; il s'embarqua le 23 octobre 1798. Il emmenait avec lui tous les bâtiments qui étaient en rade et les débris des troupes françaises, réduites à quelques centaines d'hommes. Il fut suivi par la plupart des fonctionnaires européens et environ 1,800 personnes, appartenant presque toutes à la population blanche. Quelques mulâtres et nègres quittèrent aussi la colonie, et parmi ces derniers, se trouvait le général Leveillé. Toussaint ne nous inquiéta pas au moment du départ; il était arrivé à son but, chasser les Français de Saint-Domingue. La sortie du Cap était loin d'être facile. Les Anglais étaient maîtres de la mer, et dans les conditions d'infériorité où nous nous trouvions, il fallait à tout prix éviter un combat. La flotte resta bloquée durant quelques jours; enfin, dans la nuit du 27 octobre 1798, elle mettait à la voile, parvenait à échapper à l'ennemi, et arrivait en France, après une navigation assez pénible. Notre colonie de Saint-Domingue, *la fille aînée de notre commerce et de notre industrie,* comme on l'appelait dans le langage emphatique de l'époque, avait cessé de nous appartenir et était devenue le domaine de Toussaint-Louverture.

CHAPITRE VI

La lutte entre les hommes de couleur et les noirs. — La guerre du Sud. — Prise de possession par Toussaint-Louverture de la partie espagnole de Saint-Domingue.

L'escadre française n'avait pas encore levé l'ancre, que Toussaint entrait au Cap, avec un régiment colonial et un nombreux état-major. Il se rendit à la municipalité, pour l'inviter à prendre différentes mesures, et fit ensuite chanter un *Te Deum*. Toute la population de la ville y assista pour remercier Dieu *d'avoir préservé la colonie des malheurs dont l'agent du Directoire allait l'accabler par ses fautes !* Toussaint était regardé comme l'instrument de la Providence.

Toussaint joua une nouvelle comédie. Afin de faire accepter plus facilement son omnipotence, il affecta d'être dégoûté des affaires publiques, et désireux de vivre dans le repos. Cette tactique lui réussit à merveille. Sitôt qu'il parla de sa retraite, on le supplia de rester à son poste. De tout côté, lui arrivaient des adresses. Les propriétaires pensaient que lui seul pouvait conjurer l'anarchie, et les nègres le regardaient comme leur sauveur. Toussaint s'empressa de revenir sur sa résolution apparente, et continua d'être le souverain maître de Saint-Domingue.

Avant de s'embarquer, Hédouville avait, en date du 12 octobre 1798, lancé une proclamation où il dénonçait la conduite de Toussaint-Louverture aux fonctionnaires et aux habitants de la colonie. Il leur faisait connaître ses projets de se rendre indépendant, et ses négociations avec l'Angleterre [1]. Hédouville avait en même temps prévenu le général Rigaud ; il le dégageait de toute obéissance envers Toussaint, et l'invitait à prendre le commandement du département du Sud. En agissant ainsi le représentant de la métropole faisait son devoir, et nous nous étonnons que M. Schœlcher l'accuse *d'avoir brisé les lois de la discipline*.

La France était encore représentée à Saint-Domingue par un agent, Roume, qui résidait alors dans la partie espagnole. En vertu de ses instructions, Roume était appelé à remplacer Hédouville, en cas de mort, dans la partie française. Toussaint, qui avait encore besoin d'user de quelques ménagements apparents envers la métropole, lui avait envoyé un message à Santo-Domingo, sitôt l'embarquement de Hédouville ; il l'instruisait de ce qui s'était passé et l'invitait à prendre le gouvernement de la colonie. Peu clairvoyant, incapable d'une politique ferme et résolue, Roume se laissa

---

[1] Le *Times* et le *Sun* en parlaient ouvertement.

prendre à ce piège. Il répondit à Toussaint que son intention était de se rendre à Port-au-Prince, et de s'y trouver avec lui, Rigaud et les autres chefs militaires, afin de conférer ensemble, au sujet de l'organisation à donner au pays.

Il était bien évident que Toussaint n'avait rien à redouter du représentant de la France, de Roume. Pour le chef des nègres, le véritable danger venait des hommes de couleur. L'antipathie qui séparait les mulâtres et les noirs grandissait chaque jour, et tout faisait prévoir que la lutte entre eux était inévitable et prochaine. Fiers de leurs richesses, de leur situation sociale sous l'ancien régime, les sang-mêlés s'indignaient à l'idée d'obéir aux nègres, aux anciens esclaves. Ils auraient voulu remplacer les blancs dans le gouvernement de la colonie, et jouir d'une suprématie complète. Rigaud était plus que tout autre dans ces sentiments, et peu disposé à devenir le subalterne de Toussaint.

Le 12 janvier 1799, Roume arrivait à Port-au-Prince, où quelques jours après, le rejoignirent Toussaint, Rigaud, Beauvais et Laplume. Toussaint vint le premier ; Roume se laissa prendre à ses démonstrations. Pour lui, le *général en chef* était *un homme vertueux, un philosophe, un bon citoyen dévoué à la France.* Il écrivait dans ce sens à Rigaud, et le priait de hâter son départ des Cayes, afin de venir conférer avec eux sur les mesures à prendre, afin d'*assurer le bonheur de Saint-Domingue.* C'est ainsi qu'au lieu de s'appuyer sur les hommes de couleur, de créer parmi eux un parti français, l'agent du Directoire se déclarait pour le chef des nègres. Entre Toussaint et Rigaud, l'entente n'était pas possible, et encore moins entre les races qu'ils représentaient. Leurs premiers rapports furent néanmoins corrects, quoique empreints d'une certaine défiance. Pendant quelques jours, l'on parla beaucoup, de part et d'autre, d'*union* et de *concorde*. Le 4 février, Roume organisa une grande fête pour célébrer l'anniversaire du décret de la Convention Nationale affranchissant les esclaves. Il prononça un discours sur la place d'armes de Port-au-Prince, et prêcha *la paix et l'amour de la République*. En sa qualité de général en chef, Toussaint prit la parole et déclara que l'union existait entre tous ; on fraternisa et on cria : « *Gloire à la République*. » Roume aurait dû comprendre le ridicule de son rôle, et voir que la cérémonie qu'il avait organisée, n'avait servi qu'à rehausser le prestige de Toussaint. Il était malheureusement de ces hommes, qui se figurent que l'on peut gouverner un pays, au moyen de discours.

Le 5 février, les généraux se réunirent sous la présidence de Roume et la lutte commença entre Toussaint et Rigaud. Le Nord et presque tout l'Ouest obéissaient au premier ; le second commandait dans le Sud. La délégation qui s'était rendue dans cette partie de la colonie, avait distrait du territoire de Rigaud, Léogane le Grand-Goave, le Petit-Goave, et avait placé ces paroisses sous l'autorité du général mulâtre Beauvais. La délégation espérait ainsi contrebalancer l'influence de Rigaud. Sonthonax, qui se défiait des généraux de couleur, avait formé un arrondissement particulier du district de Léogane et l'avait confié à un chef noir, Laplume, qui fut à cet effet nommé général de brigade. Tout en maintenant Laplume à Léogane, Hédouville l'avait mis sous les ordres de Rigaud. Telle était la situation au commencement de 1799.

Toussaint ne cessait de gagner du terrain par ses manœuvres habiles. Il avait déterminé Laplume à embrasser sa cause, et Roume était devenu un instrument docile entre ses mains. Aussi la réunion des généraux mulâtres ou noirs, fut-elle pour lui l'occasion d'affirmer sa suprématie. Roume invita Rigaud à se démettre du commandement en chef du Sud, à renoncer à ses prétentions sur Léogane, et à céder en outre à Laplume le Grand-Goave, le Petit-Goave et Miragoanne. C'était mettre le Sud à la merci de Toussaint. Rigaud refusa de consentir à un tel amoindrissement de son commandement. Il rappela à Roume les dispositions de la loi organique de la colonie, et les ordres du général Hédouville, au moment de son départ. Roume ne voulait rien entendre, et naturellement Toussaint le soutenait. La discussion fut vive, et l'on crut même qu'elle se terminerait d'une façon sanglante. Le lendemain, Rigaud offrait par lettre de se démettre de son commandement. Sa proposition ne fut pas acceptée. Il consentit alors à remettre à Laplume le Grand-Goave et le Petit-Goave, mais voulut garder Miragoanne ; sur cette question, il se montra inflexible. Quelques jours après, le 12 février, il quittait Port-au-Prince et partait pour le Sud. Pendant toutes ces discussions, le général Beauvais avait gardé la neutralité la plus absolue. Quant à Roume, sa conduite avait été inexplicable ; il était atteint de folie ou trahissait les intérêts de la France.

Le 13 février 1799, un pronunciamento avait eu lieu à l'instigation de Toussaint, au Corail, dans l'arrondissement de Jérémie. Des soldats noirs du 4ᵉ régiment colonial s'étaient soulevés, et avaient arrêté leur colonel, Geffard, avec plusieurs de ses officiers. Le mouvement avait été étouffé par le colonel Dartiguenave, qui commandait à Jérémie. Les prisonniers furent délivrés, et trente mutins, dont vingt-neuf nègres et un blanc, arrêtés, conduits à Jérémie et enfermés dans un cachot nouvellement blanchi à la chaux. L'entassement de ces hommes, dans un espace étroit, vicia l'air à un tel point, qu'ils furent tous asphyxiés durant la nuit. Le bruit se répandit aussitôt qu'ils avaient été empoisonnés, et l'on accusa Rigaud d'être l'auteur du crime, quoiqu'il fût demeuré complètement étranger à cette affaire.

La nouvelle de la mort des prisonniers du Corail parvint à Port-au-Prince, le 21 février. Toussaint ordonna sur-le-champ de battre la générale et invita les habitants de la ville à se réunir dans l'église. Il s'y rendit, monta en chaire et parla d'une vaste conspiration ourdie contre la colonie par les hommes de couleur; il les accusa de vouloir le tuer, parce qu'il protégeait les colons, et de chercher à remettre les nègres en esclavage. « *Le général Rigaud* », s'écria-t-il, « *refuse de m'obéir, parce que je suis noir. Mulâtres, je vois au fond de vos âmes; vous étiez prêts à vous soulever contre moi. Mais en quittant le Port-Républicain pour me rendre au Cap, j'y laisse mon œil et mon bras : mon œil pour vous surveiller et mon bras pour vous atteindre.* » Ce langage violent était une déclaration de guerre. Les hommes de couleur, terrifiés, se voyaient dans un avenir prochain, asservis à la race noire. Roume avait abdiqué tout semblant d'autorité. Son intention avait été de fixer sa résidence à Port-au-Prince. Mais Toussaint l'avait décidé à le suivre au Cap ; et tous deux s'y étaient rendus à la fin de février. Toussaint préférait se trouver dans le Nord, au moment de la lutte contre Rigaud. Son autorité n'était pas discutée dans cette province, et de son quartier général, il lui était facile de réunir plusieurs milliers de partisans, sans se préoccuper de ce que pouvaient faire les mulâtres dans le Sud.

Depuis longtemps, Toussaint se considérait comme le chef de la colonie, et visait à l'indépendance. Le 17 novembre 1799, il rendait un décret, permettant à Saint-Domingue l'introduction des produits américains. Peu après, il envoyait aux États-Unis un agent investi de ses pouvoirs, et le gouvernement fédéral accréditait, au Cap, un consul général, nommé Stevens. Toussaint négociait, en même temps, avec l'Angleterre, recevait son représentant, le général Maitland, et avait avec lui des conférences aux Gonaïves. Dans tous ses rapports avec la Grande-Bretagne et la république américaine, il agissait en son nom, et jamais il n'était fait mention de la France. Il était bien évident qu'il voulait effacer les dernières traces de l'autorité française. L'on ne pouvait s'illusionner sur ses intentions, et néanmoins Roume acquiesçait à tous ses désirs.

En France, le Directoire avait été tout d'abord surpris du retour du général Hédouville. Toussaint avait bien quelques inquiétudes de ce côté. Mais le Directoire, cédant à une funeste influence, n'avait pas tardé à bien prendre la chose. Il avait écrit à Toussaint, dans le courant de février 1799, pour le féliciter de sa campagne contre les Anglais. Le ministre de la marine, Brueix, lui adressait à la même époque plusieurs lettres, où il lui disait qu'on comptait sur lui pour *prévenir le désordre à Saint-Domingue* et *maintenir l'autorité des lois*, et que l'on pensait que Roume, dont le *civisme* était bien connu, répondrait à ses espérances. L'on croit rêver en voyant de telles inepties. En ce qui concerne le Directoire, dont l'incapacité était notoire, notre étonnement est moins grand. Mais il n'en est pas de même à l'égard de l'amiral Brueix, qui, étant originaire de Saint-Domingue, devait, mieux que personne, connaître la situation.

Pour le moment, Toussaint n'avait rien à craindre; il pouvait commencer la guerre contre Rigaud. La lutte entre les hommes de couleur et les noirs était fatale. Les mulâtres étaient propriétaires d'esclaves, et voulaient aussi bien que les blancs maintenir l'esclavage. L'on évaluait à près de cent mille la population des sang-mêlés de Saint-Domingue, tant libres qu'esclaves. De beaucoup supérieurs aux blancs comme nombre, ils se rapprochaient d'eux par leurs richesses et leur culture intellectuelle. Les blancs avaient été vaincus et les noirs affranchis. Ces derniers, fiers de leur valeur numérique, n'étaient pas plus disposés à reconnaître la suprématie des hommes de couleur que celle des blancs. De leur côté, les mulâtres ne voulaient à aucun prix subir la domination des nègres dont une partie, originaire des côtes de Guinée, avait conservé des mœurs sauvages. Toussaint n'admettait pas de rival; Rigaud désirait être seul maître dans le Sud. L'Angleterre excitait les deux partis l'un contre l'autre, afin de pouvoir reprendre Saint-Domingue. Il fallait s'attendre à la guerre; elle éclata bientôt, et, des deux côtés, on la fit avec férocité.

Depuis les pourparlers de Port-au-Prince, une rupture entre Toussaint et Rigaud était imminente. Au mois d'avril 1799, Toussaint, qui avait terminé ses préparatifs, prit les devants, en adressant à Rigaud une lettre où il l'accusait de trahir la France et de vouloir rétablir l'esclavage. Pour se justifier de ces attaques injurieuses, Rigaud écrivit à Roume; mais il oubliait que l'agent du gouvernement français était devenu la créature de Toussaint. Au lieu de soutenir Rigaud contre Toussaint, comme il était de notre intérêt, Roume ne dissimulait pas sa haine contre les hommes de couleur, et dénonçait à la colonie et à la France leur chef comme un rebelle. En réponse à ces attaques, Rigaud lança le 15 juin une proclamation aux habitants de Saint-Domingue, pour leur rappeler la modération qu'il avait montrée, afin d'éviter la guerre civile. Il publiait en même temps les instructions du général Hédouville, qui lui ordonnait de ne pas reconnaître Toussaint comme général en chef. De plus, il se déclarait investi de tous les pouvoirs dans le Sud. S'attendant à être attaqué, il donna l'ordre à ses troupes de se concentrer. De son côté, Toussaint avait envoyé ses forces disponibles à Port-au-Prince. Dix mille hommes étaient réunis dans cette ville, sous le commandement de Dessalines, et prêts à entrer en campagne.

La guerre commença immédiatement. Le général Laplume, commandant de l'arrondissement de Léogane, au nom de Toussaint, avait occupé le Petit-Goave avec deux bataillons. Le 18 juin, le mulâtre Faubert, qui était sorti de Mirogoane, vint l'attaquer, et, après un engagement assez vif, il s'emparait du Petit-Goave qu'il livrait au pillage. Presque en même temps, le général Geffrard enlevait le Grand-Goave que les noirs n'essayèrent pas même de défendre. Si, à ce moment, Rigaud avait pris vigoureusement l'offensive, peut-être aurait-il changé la face des choses, et arrêté la fortune de Toussaint. A Port-au-Prince, une partie de la population se prononçait pour Rigaud. A l'Arcahaye, à Saint-Marc, aux Gonaïves, dans le Nord, tous les anciens libres, mulâtres et nègres, témoignaient leurs sympathies pour la cause du Sud. Rigaud ne sut pas profiter de ces dispositions. Au lieu de se porter sur Léogane, alors sans défense, il se retira aux Cayes, sans même songer à augmenter son armée, qui était de beaucoup inférieure à celle de Toussaint. L'on eût dit qu'il était paralysé.

En apprenant la prise du Grand et du Petit-Goave, Toussaint, qui se trouvait aux Gonaïves, avait rendu un décret déclarant Rigaud coupable du crime de rébellion. Le 3 juillet, Roume lançait une proclamation, où après avoir fait l'éloge de Toussaint, il déclarait Rigaud *rebelle à l'autorité de la grande nation*, et ordonnait la levée en masse de tous les cultivateurs.

Des Gonaïves, Toussaint s'était rendu à Port-au-Prince, et en arrivant dans cette ville, son premier soin avait été de désarmer la garde nationale dont les dispositions lui étaient suspectes. Puis il se livra à de violentes diatribes contre les mulâtres, et se donna partout comme un être inspiré par l'Esprit divin. Dans ce but, il se rendit à l'église, tenant un cierge dans chacune de ses mains, s'agenouilla devant la porte, et pria avec une ferveur dont l'apparence ne laissait rien à désirer. Ses partisans le regardaient comme un apôtre, un être prédestiné. De Port-au-Prince, Toussaint gagna Léogane où Dessalines l'avait précédé avec plusieurs milliers d'hommes. Quelques jours après, Moyses le rejoignait avec de nouvelles troupes. Un autre de ses lieutenants, Christophe, restait dans le Nord pour y surveiller les *Rigaudistes*, et réprimer les émeutes qui devaient nécessairement se produire.

Le premier succès de Rigaud avait enhardi, dans le Nord, les hommes de couleur. Sous l'impulsion d'un mulâtre de la Guadeloupe, Bellegarde, et d'un noir de Saint-Christophe, Golart, ancien libre, le môle Saint-Nicolas s'était soulevé, et les paroisses de Jean-Rabel et de Bombardopolis avaient suivi son exemple. Au Gros-Morne, aux Gonaïves, à Saint-Marc, à la Croix-des-Bouquets, au Haut-du-Cap, des rassemblements s'étaient formés, et ce ne fut qu'après un combat de quelques heures, que le colonel Maurepas put maintenir Port-de-Paix dans l'obéissance. Toussaint ne se fit aucune illusion sur la gravité de la situation. Le 29 juillet, il écrivait à Christophe *de ne pas mollir contre les hommes de couleur, de n'avoir aucun ménagement pour eux, et d'avoir recours aux horreurs*. En même temps, il quittait Léogane et se rendait sur les bords de l'Artibonite, avec une partie des troupes de Moyses, pour y organiser une véritable guerre d'extermination.

Dans le Nord, l'insurrection manquait d'unité, et, de plus, elle ne reçut du Sud que des secours insignifiants.

Aussi, devait-elle être écrasée en peu de temps. Jean-Rabel, bloqué par terre et par mer, succomba après une canonnade de trente heures. Bombardopolis avait le même sort, et le môle Saint-Nicolas était pris le 31 août, malgré sa résistance énergique. La révolte était vaincue, et les derniers rassemblements obligés de se retirer dans les mornes ou dans les bois. Toussaint put alors exercer ses vengeances; elles furent terribles. Son lieutenant Christophe se montra digne de lui, et inaugura l'horrible supplice de la bayonnette. Des exécutions en masse eurent lieu dans le Nord et dans l'Ouest, et des milliers de sang-mêlés ou de noirs furent *bayonnettés*, sur le simple soupçon d'être partisans de Rigaud. Une véritable chasse au mulâtre avait été organisée. Tous les hommes de couleur, en état de porter les armes, furent arrêtés, disséminés à la suite de compagnies de nègres, chargés de leur prodiguer tous les outrages. Ils étaient nus, souvent enchaînés, et la moindre plainte de leur part était punie de la flagellation, si elle ne l'était pas de la mort. Après avoir mis à feu et à sang la région de l'Artibonite, Toussaint vint au Cap. Il fit célébrer une messe solennelle, et voulant se donner une réputation de générosité, il ordonna la mise en liberté d'un certain nombre de mulâtres captifs, après avoir prononcé un long discours sur le pardon des offenses. Cette comédie ne modifia nullement sa conduite, et, en vertu de ses ordres, ses lieutenants continuaient d'appliquer son système de terreur.

Les blancs qui étaient restés dans la colonie se trouvaient dans une situation équivoque; aussi n'osaient-ils montrer leurs opinions. Quoique Toussaint poursuivît surtout de sa haine les hommes de couleur, il prit ses précautions vis-à-vis des blancs. Il leur ordonna de se réunir au Cap, et en choisit un certain nombre pour renforcer son armée. Il se procurait ainsi des otages qui, à un moment donné, pouvaient lui être utiles. Tous les écrits publiés à Saint-Domingue furent soumis à une surveillance des plus rigoureuses. Pour tout ce qui concernait la guerre, ils devaient se borner à transcrire les rapports officiels, sans se permettre aucun commentaire. Le gouvernement de Toussaint était une dictature dont l'arbitraire ne laissait rien à désirer.

Sitôt que Toussaint eut réprimé les insurrections dans le Nord et l'Ouest, il songea à aller réduire le Sud. Moyses avait été nommé commandant des troupes du Nord, et Dessalines, placé à la tête de l'armée destinée à entrer en campagne, avait, sous ses ordres, Christophe, Laplume et Clervaux. Toussaint s'était rendu à Léogane pour activer les opérations ; mais auparavant il avait signé une convention commerciale avec les États-Unis et un traité avec l'Angleterre. Il s'engageait à ne rien entreprendre contre la Jamaïque où les noirs donnaient des inquiétudes aux planteurs, et autorisait les navires anglais à venir au Cap et à Port-au-Prince. Roume s'était empressé de ratifier ces traités et, par sa conduite, il se rendait coupable d'une véritable trahison. Toussait avait le champ libre, et pouvait agir.

Dans le Sud, les hommes de couleur s'étaient préparés à soutenir la guerre. Malheureusement, ils étaient restés sur la défensive, perdant un temps considérable, et, de plus, ils avaient commis de nombreuses fautes qu'ils devaient expier plus tard. Au lieu de se ménager l'appui des blancs et de les rattacher à leur cause, ils les avaient forcés, par leur animosité, à se tourner du côté de Toussaint. Rigaud était resté dans l'inaction, et s'était borné à envoyer des bandes guerroyer aux environs de Port-au-Prince. Plusieurs rencontres avaient eu lieu entre les deux partis, et quoiqu'elles eussent été assez meurtrières, elles n'avaient pas eu d'autre résultat que de ruiner la plaine du Cul-de-Sac. Le général Beauvais, qui commandait à Jacmel, aurait voulu garder la neutralité. Mais il n'avait pas tardé à voir les abords de sa ville occupés par les troupes de Toussaint. Effrayé, il avait pris la fuite et s'était embarqué pour la France [1]. En somme, Rigaud s'était montré incapable, tout au moins au-dessous de son rôle. En ne sachant pas étendre leur insurrection, les mulâtres avaient pour ainsi dire préparé leur défaite. Tout ce qu'ils pouvaient faire, c'était de prolonger la résistance.

Pour pénétrer dans le Sud, il fallait être maître de Jacmel qui, par sa situation, commande l'entrée de cette province. Au commencement de novembre 1799, Dessalines se mettait en marche avec ses bandes, balayait les approches de la ville et le 22, le siège commençait. Les habitants s'y étaient préparés, sous la direction de Pétion, qui avait quitté les rangs de l'armée de Toussaint, pour venir prendre le commandement de la place. Des fortifications avaient été élevées et la garnison comptait quatre mille cinq cents hommes. Les premiers jours se

---

[1] Beauvais périt dans un naufrage.

passèrent en escarmouches de part et d'autre. Toussaint vint lui-même diriger ses troupes et, sur son ordre, la grosse artillerie canonna la ville sans relâche. Le courage des assiégés ne paraissait pas faiblir. Privés de toute communication avec le dehors, ils étaient résolus à se défendre jusqu'à la dernière extrémité. Rigaud, qui avait voulu faire lever le blocus, avait été repoussé, et tout espoir de salut s'était évanoui. L'on évaluait que les assiégeants formaient une masse de quinze à vingt mille combattants.

Jacmel était abandonné à lui-même ; ses provisions finirent par s'épuiser, et bientôt l'on eut à souffrir de la famine. Les souffrances furent atroces. Les habitants en étaient réduits à se nourrir de chevaux, de chiens, de chats et d'herbes. La garnison ne comptait plus que quinze cents combattants. Dans la situation où l'on se trouvait, Pétion prit le parti de faire sortir de la ville la plupart des bouches inutiles, les femmes, les enfants et les vieillards. Presque tous ces malheureux furent massacrés. Christophe se distinguait par sa férocité ; il prenait plaisir à faire brûler vifs les fugitifs, qui tombaient entre ses mains. Malgré les efforts des assiégeants, le siège traînait en longueur, un assaut général, donné dans la nuit du 5 au 6 janvier 1800, avait été sans résultat. Quand toutes les ressources furent épuisées et qu'il fut impossible de tenir plus longtemps, Pétion sortit de la place dans la nuit du 10 au 11 mars et parvint à s'échapper en franchissant les lignes des assiégeants, avec sept à huit cents hommes, débris de la garnison. La résistance avait duré près de six mois : Jacmel n'était plus qu'une ruine.

A la nouvelle de la prise de Jacmel, Rigaud appela par une proclamation tous les habitants du Sud à la défense de leurs foyers. De son côté, Toussaint invitait les hommes de couleur à se soumettre, et leur disait que, *semblable au père de l'enfant prodigue, il les recevrait avec joie.* En même temps, il les menaçait de sa colère, s'ils ne voulaient pas profiter de sa générosité. Cette hypocrisie ne trompa personne, et le Sud était décidé à soutenir la lutte. Rigaud savait que sa cause était perdue; aussi n'était-il arrêté par aucun scrupule. Il rendit un décret dont la lecture suffit pour donner une idée de la férocité dont les deux partis étaient animés. Rigaud ordonnait à ses officiers *de mettre un désert de feu* entre leurs troupes et celles du Nord. C'est ainsi que plusieurs quartiers du Sud furent complètement dévastés. Malgré leur énergie, les hommes de couleur ne pouvaient résister longtemps aux noirs, qui avaient le nombre pour eux. En avril et en mai, l'armée de Toussaint s'emparait de Bainet, du Grand-Goave et du Petit-Goave, qui étaient incendiés. Après avoir essayé inutilement d'arrêter les bandes de Dessalines, Pétion était obligé d'évacuer Miragoanne, de se jeter dans les bois avec quelques centaines d'hommes, et de gagner l'Anse-à-Veau. Après avoir livré plusieurs combats peu importants, Rigaud s'en allait prendre position à l'Acul, sans pouvoir arrêter la marche de l'ennemi vers l'intérieur du pays. La cause des mulâtres était perdue.

Les habitants du Sud commençaient à se fatiguer de la guerre et beaucoup d'entre eux désiraient en voir la fin. Plusieurs municipalités de la province avaient reconnu l'autorité de Toussaint, et un certain nombre d'officiers de couleur étaient venus se ranger sous ses drapeaux. C'est en vain que Rigaud cherchait à prolonger la résistance. Le 29 mai 1800, il avait lancé une nouvelle proclamation, où il invitait ses concitoyens à soutenir plus que jamais *la lutte contre le bourreau, le dévastateur de Saint-Domingue, l'esclave des Anglais*, et levait de nouveaux bataillons. Ses efforts désespérés ne pouvaient lui donner la victoire. Avec les troupes qui lui restaient, il livrait deux combats à Acquin, le 24 juin et le 5 juillet. Il fut vaincu, et obligé de se retirer sur les Cayes avec les débris de son armée. Quelques jours après, la ville de Saint-Louis se rendait, et un corps de volontaires, connu sous le nom de *légion de l'Ouest*, faisait sa soumission. Les troupes de Rigaud n'étaient plus que des bandes, pouvant encore tenir la campagne, mais incapables de faire une guerre sérieuse. Le Sud était écrasé ; mais les vainqueurs avaient chèrement acheté leurs succès.

A ce moment, le Directoire avait cessé d'exister en France, et depuis sept mois un nouveau gouvernement, le Consulat, lui avait succédé. Toussaint ne l'ignorait pas ; mais, comme il n'avait pas été avisé officiellement, le Directoire était toujours pour lui le gouvernement existant. Roume avait envoyé en Europe le chef de brigade Vincent, afin de mettre la métropole au courant de ce qui se passait dans la colonie. Le premier consul renvoya Vincent à Saint-Domingue avec le titre de commissaire, en lui adjoignant deux collègues, le mulâtre Raymond et le général Michel ; tous les trois apportaient la constitution de l'an VIII et une lettre du ministre de la marine où Toussaint était qualifié de général en chef.

Michel devait servir sous ses ordres, Raymond s'occuper de rétablir la culture, et Vincent était chargé de diriger les fortifications de l'île. Les commissaires arrivèrent au Cap au commencement de juin, et quelques jours après ils étaient à Port-au-Prince, près de Toussaint-Louverture.

L'arrivée des nouveaux commissaires rehaussa le prestige de Toussaint. Le gouvernement consulaire le reconnaissait comme général en chef; dès lors, Rigaud n'était plus qu'un rebelle. Vincent se rendit près de ce dernier aux Cayes, avec mission *de ramener l'ordre et le bonheur dans le Sud et d'y porter, conformément à ses ordres, l'olivier de la paix*. A l'idée de reconnaître Toussaint comme général en chef, d'obéir à un nègre, Rigaud eut un violent accès de colère, et fut sur le point de faire un mauvais parti à Vincent; toutefois, reconnaissant que sa situation était désespérée, il se décida à quitter la colonie. Le 28 juillet 1800, alors que Dessalines n'était plus qu'à trois lieues de Cayes, il sortit de cette ville et se rendit avec sa famille à Tiburon, où il s'embarquait sur un navire danois pour Saint-Thomas. De là, il se rendit à Bordeaux, puis à Paris, et prit ensuite part à l'expédition de Leclerc en qualité de général. Il mourut à Port-au-Prince en 1811.

Le départ de Rigaud mit fin à la lutte; les principaux officiers de son armée, Pétion, Bellegarde, Dupont, Birot, Geffard, Boyer, quittèrent Saint-Domingue, et se dispersèrent dans les Antilles ou se rendirent en France. Un corps de sept cents mulâtres se réfugia à Cuba pour ne pas obéir à un nègre. Les dernières résistances cessèrent dans le Sud, et la Grande-

Anse fit sa soumission. Le 1ᵉʳ août, Toussaint était reçu solennellement aux Cayes. Il se rendit à l'église, où un *Te-Deum* fut chanté avec la pompe habituelle. Il monta en chaire et discourut, comme à l'ordinaire, sur *l'oubli du passé et le pardon des injures*. Il reçut ensuite les habitants de la ville, blancs, mulâtres et noirs, et, le 5 août, il publiait une proclamation conformément aux *prescriptions de l'Oraison dominicale*. Il accordait une amnistie générale. Mais l'on ne pouvait avoir qu'une médiocre confiance dans la générosité de Toussaint. Il parlait des *méchants* à différentes reprises, et *engageait les bons citoyens à se défier de leurs embûches*. Ce langage plein de réticences pouvait faire craindre pour l'avenir. Les inquiétudes qu'éprouvait la population de couleur ne furent que trop justifiées. Un régime de fer et de sang s'appesantit bientôt sur le Sud, et vint pour ainsi dire broyer cette malheureuse province.

En entrant aux Cayes, Toussaint avait chargé Dessalines d'aller occuper Jérémie avec un corps de troupes. Ce chef se signala comme d'habitude par sa férocité, et c'est ainsi que de nombreuses victimes furent immolées sur sa route, au Petit-Trou, à l'Anse-à-Veau, à Miragoanne, au Petit-Goave et dans la ville de Jérémie. Aux Cayes, Toussaint régla l'administration du Sud. La province était divisée en quatre arrondissements militaires, gouvernés par des généraux, et dans toutes les villes, tous les bourgs, se trouvaient des commandants avec des garnisons plus ou moins nombreuses. Les débris de l'armée du Sud furent licenciés, et les biens de la plupart des partisans de Rigaud confisqués. La surveillance de toute la province fut confiée à Dessalines. Le 27 août, Toussaint quittait les Cayes pour se porter dans l'Ouest. Il se rendit à Léogane, où il assista à une fête militaire et fit périr par la *bayonnette* trois cents Rigaudistes, qui étaient détenus dans les prisons de la ville. Après cette boucherie, il alla à Port-au-Prince, où de nouveaux massacres eurent lieu par ses ordres.

Dessalines avait été chargé par Toussaint de *purger le Sud des Rigaudistes*. Ce monstre, l'un des plus féroces qu'ait produit l'humanité, se montra digne de la confiance de son chef ; il parcourait sans cesse les différents quartiers de la province, suivi de ses gardes armés de fouets ; il faisait cruellement flageller les noirs aussi bien que les mulâtres dont l'attitude n'était pas assez tremblante devant lui ; il indiquait le nombre de coups de fouet à infliger, en tournant sa tabatière d'une certaine manière. D'autres signes devenaient des arrêts de mort inexorables, qu'on exécutait la nuit ou sur-le-champ. Sa cruauté s'ingéniait à trouver et à imaginer des tortures. Les mitraillades, les fusillades et le supplice de la bayonnette ne lui parurent pas suffisants pour assouvir ses vengeances ; il fit faire des noyades, et se montra le digne imitateur de Carrier. Souvent des prisonniers étaient sciés vivants entre deux planches. Ces atrocités n'étaient pas particulières au Sud, et se commettaient aussi dans le Nord et dans l'Ouest, surtout à Port-au-Prince, à Saint-Marc, aux Gonaïves. Des enfants de douze à treize ans furent égorgés. Quel fut le nombre des victimes ? Nul ne le sait au juste. D'après la voix publique, plus de dix mille personnes, de tout âge et de tout sexe, auraient été massacrées, seulement dans le Sud. Saint-Domingue était devenu le théâtre de véritables hécatombes humaines ; Toussaint seul en connut le nombre. Plus tard, pour se justifier, il prétendit que ses lieutenants avaient outrepassé ses ordres, et disait avec sa duplicité ordinaire : « *J'avais dit de tailler l'arbre, mais non de le déraciner.* »

Ce régime, digne du Dahomey, devait nécessairement rencontrer des résistances, quoique la population fût tremblante et désarmée. Au mois de septembre 1800, un noir de la plaine de l'Artibonite, nommé Cottereau, rassemblait plusieurs centaines d'hommes, et allait s'emparer de la Crête-à-Pierrot. Lui et ses compagnons furent bientôt obligés de se rendre à Dessalines, qui les avait cernés ; tous furent *bayonnettés*, et leurs cadavres jetés dans l'Artibonite. Au mois d'octobre de la même année, plusieurs tentatives de révolte eurent lieu dans la plaine du Cul-de-Sac, dans les mornes des Cayes : toutes furent étouffées, et leur répression donna lieu à un redoublement de cruautés. Les prisonniers étaient massacrés après avoir subi d'horribles tortures. Un seul fait montrera à quel degré de férocité étaient arrivés les nègres : plusieurs centaines de captifs avaient été amenés à Léogane ; on les conduisit de cette ville à Port-au-Prince, lieu désigné pour leur supplice ; pendant tout le trajet, c'est-à-dire pendant huit heures, on contraignit ces infortunés à trotter, quoiqu'ils fussent liés et garottés. En lisant ce récit, l'on se croirait transporté chez une peuplade de cannibales. L'on eût dit que les derniers vestiges de la civilisation avaient disparu de Saint-Domingue, et que la barbarie avait repris possession de cette terre.

Aux malheurs de la guerre civile vint s'ajouter un fléau, qui ruina une partie de l'Ouest. Pendant le mois d'octobre 1800, la pluie tomba sans discontinuer, et en telle abondance, que l'Artibonite grossit extraordinairement, devint un fleuve impétueux et déborda. La plaine fut entièrement submergée pendant plusieurs semaines. Toutes les digues et toutes les jetées qui avaient été construites, pour contenir les eaux, furent rompues. Nombre de cultivateurs périrent et, avec eux, quantité de bestiaux. Beaucoup de plantations disparurent, et la plupart des usines furent détruites. Dans toute cette partie de l'île, la culture était anéantie. Différents quartiers de la colonie furent inondés par les torrents qui étaient sortis de leur lit. L'on eût dit que Saint-Domingue était devenu une terre maudite, et que sa prospérité était condamnée d'une manière irrévocable.

Jusqu'au mois d'octobre 1800, quoique disposant d'une autorité absolue, Toussaint n'était que le général en chef, investi du gouvernement de la colonie. A partir de cette époque, il prit des allures de monarque. A son retour des Cayes à Port-au-Prince, il s'était, à l'imitation du premier consul, créé une garde d'honneur d'environ deux mille hommes, tant fantassins que cavaliers. L'infanterie était commandée par un nègre et la cavalerie par un mulâtre. Les officiers étaient des blancs, des noirs et des hommes de couleur. Désireux de marquer l'éclat de son rang, Toussaint avait soin, quand il sortait, de s'entourer d'une nombreuse escorte, et de se faire précéder de deux trompettes à casque d'argent et à crinière rouge. Les habitants de la colonie ne pouvaient plus se faire d'illusions. Un nouveau régime se fondait sur les ruines de l'ancien.

Toussaint ne resta que peu de temps à Port-au-Prince. Il avait hâte d'aller jouir de ses succès au Cap, sa ville de prédilection. Aux approches de cette cité, on lui avait dressé un arc de triomphe et, partout, les habitants, blancs, mulâtres ou noirs, célébraient la victoire qu'ils avaient remportée sur le *tyran du Sud*, le *nouveau Caïn*. Son entrée au Cap fut triomphale. Des vers lui furent récités par une blanche, appartenant à l'une des premières familles de l'île, qui l'embrassa, en lui posant une couronne sur la tête. La municipalité, tous les hauts fonctionnaires de différentes couleurs vinrent le complimenter et, dans leurs discours, ils le comparaient à *Bacchus*, à *Hercules*, à *Alexandre le Grand*, à *Bonaparte*. L'adulation ne laissait rien à désirer. Toussaint était flatté de ces comparaisons outrées. Son orgueil et sa vanité étaient arrivés au dernier point. Néanmoins, les hommages qu'il recevait ne lui faisaient pas perdre de vue le but qu'il ne cessait de poursuivre : briser les derniers liens qui rattachaient la colonie à la France, et placer l'île tout entière sous sa domination, en réunissant la partie espagnole. Il aurait alors fondé un état, dans toute l'acception du mot.

En 1795, la partie espagnole avait été cédée à la France par le traité de Bâle ; mais le gouvernement français en avait ajourné la prise de possession, tant que la paix ne serait pas signée avec l'Angleterre. La partie orientale de l'île continuait d'être administrée par son gouverneur, Don Garcia. Nous étions représentés à Santo-Domingo, par un agent qui, tout d'abord, avait été Roume, et ensuite un ancien membre de la délégation du Sud, le général Kerverseau. Toussaint aurait voulu prévenir le Directoire et occuper la partie espagnole. A la fin de 1799, il avait demandé à Roume l'autorisation de procéder à la prise de possession, et de plus la destitution de Kerverseau. Roume, d'habitude si docile, avait refusé de donner son consentement et, de plus, il manifestait quelques velléités d'indépendance, en ordonnant l'expulsion des agents anglais de la colonie. Tant que dura le siège de Jacmel, Toussaint dissimula, tant bien que mal, son mécontentement. Sitôt que la ville fut prise, et qu'il n'eut plus rien à craindre du Sud, il résolut d'agir. Sur son ordre, Moyses fit un mouvement insurrectionnel contre le Cap ; sept à huit mille nègres se réunirent aux environs de cette ville, semblant prêts à se porter à toutes sortes d'excès. Roume fut arrêté et maltraité. Toussaint arriva des Gonaïves, feignant d'ignorer ce qui se passait. Il somma immédiatement Roume de l'autoriser à occuper la partie espagnole, en lui déclarant, que sinon c'en était fait de tous les blancs de la colonie. Roume, effrayé, obéit et, le 27 avril 1800, il rendait un décret conforme aux désirs de Toussaint. Un nouveau commissaire, Chaulatte, était nommé à Santo-Domingo.

Le gouvernement de la partie espagnole avait eu connaissance du décret du 27 avril et de la manière violente dont on l'avait arraché à Roume. Ce fut pour lui un motif d'être opposé à la prise de possession, d'autant plus que la convention signée entre la cour de Madrid et le gouvernement français était précise à cet égard. La prise de possession ne devait avoir lieu qu'au moment où la paix serait conclue avec l'Angleterre, et pas avant. Le nouveau commissaire, Chaulatte, se trouvait d'accord avec Don Garcia. La municipalité de Santo-Domingo, le clergé, la population protestaient par voie de pétition contre la future occupation de Toussaint, et priaient le gouvernement de résister. Un officier blanc, nommé Agé, venu à Santo-Domingo avec le titre de général, et soixante soldats noirs, avait dû retourner à Port-au-Prince, devant la menace d'une insurrection ; lui-même avait failli être assassiné. Enfin le 16 juin 1800, Roume, qui semblait avoir recouvré quelque indépendance, rendait un nouveau décret, annulant celui du 27 avril, et en avisait en même temps le gouverneur Don Garcia.

Cette fois, Toussaint qui attendait le moment propice pour abattre le dernier vestige du gouvernement métropolitain, ne garda plus de ménagement, après la défaite définitive du Sud. Le 25 novembre 1800, il rendait, au Cap, un décret ordonnant l'arrestation de Roume, et son internement au Dondon. Dans ce décret, Roume était accusé de *semer la discorde, de favoriser des troubles et de tramer contre la tranquillité de la colonie*. Son arrestation et son internement *n'avaient pas d'autre but que de l'isoler des intrigants, qui le circonvenaient et qu'il était là, à l'abri de tout désagrément*. Toussaint avait déclaré à Roume qu'il le garderait jusqu'au moment, où le gouvernement français le rappellerait. Mais, une fois qu'il se fut emparé de la partie espagnole, c'est-à-dire au mois de janvier 1801, il le laissa partir pour l'Europe. Il était arrivé à ses fins : la France n'avait plus de représentant dans la colonie.

Un mois après avoir fait arrêter Roume, Toussaint écrivait au gouverneur de la partie espagnole, pour se plaindre de la manière dont on avait reçu le *général* Agé, et lui demander réparation de cette insulte Il lui annonçait en même temps qu'en vertu du décret rendu le 27 avril 1800 par le commissaire français, il allait procéder à la prise de possession de la partie espagnole, qui avait été cédée à la France par la cour de Madrid, conformément au traité conclu à Bâle. Au moment où Toussaint adressait cette lettre à Don Garcia, il avait fait ses préparatifs. Moyses, qui avait réuni des troupes à Ouanaminthe, franchissait la frontière, après avoir traversé la rivière du Massacre. De son côté, Toussaint concentrait des forces au Mirebalais, et entrait dans la partie espagnole, au commencement de janvier 1801. Le 4 de ce mois, il occupait la petite ville de Saint-Jean-de-la-Maguana, sans avoir eu à tirer un coup de fusil. Après deux escarmouches insignifiantes avec des miliciens espagnols, la première au passage de la rivière de Guayabina, et la seconde à la Savana-Grande, Moyses était entré le 11 janvier à Santiago, la ville la plus importante du département de Samana. Il y laissait une petite garnison, et continuait sa marche sur Santo-Domingo, en passant par la Véga et Cotuy.

A Saint-Jean, Toussaint écrivit au gouverneur Don Garcia pour le prévenir de son entrée dans la partie espagnole. Il lui disait qu'il avait voulu *lui-même venir en personne pour éviter l'effusion du sang et protéger les intérêts des habitants* auxquels il adressait en même temps une proclamation. Ce manifeste, destiné à rassurer la population, invoquait le traité de Bâle, et parlait des droits de la France. Il promettait *sécurité, protection, appui*. « *Désormais* », disait Toussaint, « *réunis à la colonie française, vous pourrez paisiblement vous occuper de la culture, du commerce et jouir de la paix et de la plus heureuse tranquillité. Voilà ce que je puis vous dire, voilà ce que les principes de religion et d'humanité me prescrivent de vous exposer Je vous présente le bonheur et le malheur. Choisissez.* » Ces dernières paroles, menaçantes, indiquaient que Toussaint n'était pas disposé à tolérer la résistance et que la prise de possession s'effectuerait coûte que coûte.

En apprenant que Toussaint était à Saint-Jean avec un corps de troupes, Don Garcia fut fort surpris. Il lui témoigna son étonnement dans une lettre où il l'appelait *très excellent seigneur*. Il le priait de suspendre l'exécution de son projet, ou tout au moins d'attendre des ordres de France. Toussaint répondit le 13 janvier; il n'avait pas perdu de temps et s'était transporté à Azua, petite ville d'un millier d'habitants, située à cinq kilomètres de la mer, près de la baie d'Occoa. Il reprochait au gouverneur de vouloir répandre le sang, et déclarait qu'il voulait purement et simplement prendre possession, au nom de la République, d'un territoire devenu une dépendance de la colonie française, en vertu du traité de Bâle. Don Garcia put se convaincre que rien ne déciderait Toussaint à s'arrêter, et bientôt il apprenait que les troupes noires s'étaient avancées d'Azua à Bany. Il fit alors tirer le canon d'alarme à Santo-Domingo, et essaya d'organiser la résistance avec le concours des habitants. Le commissaire du gouvernement français, Chaulatte, reçut le commandement de toutes les forces dont on pouvait disposer, et on le chargea de combattre l'invasion.

Les habitants de la partie espagnole, et particulièrement ceux de Santo-Domingo, étaient hostiles. Mais comme ils craignaient les vengeances de Toussaint, fort peu prirent les armes. L'effectif des troupes régulières était assez réduit. Don Garcia parvint néanmoins à réunir deux mille cinq cents hommes. Chaulatte sortit de la ville avec cette petite armée, et s'en alla prendre position sur la rive gauche du fleuve Nisaïo, petite rivière située à six lieues de Bany. Toussaint occupait la rive droite. Il avait pour lui la supériorité du nombre et l'effroi que causaient ses bataillons noirs. Dans les campagnes, on n'osait pas lui résister. La désertion avait considérablement affaibli les rangs espagnols; si bien que Chaulatte n'avait avec lui que sept à huit cents hommes. Un engagement eut lieu; il fut peu sérieux. Les nègres se bornaient à tirailler derrière les broussailles et à travers les bois; ils avaient évité avec soin un combat régulier. Au bout de quelques heures, les Espagnols battirent en retraite, après avoir eu soixante à quatre-vingts morts. Toussaint jugea prudent de ne pas les poursuivre, sachant bien que ses bandes étaient encore incapables de se battre en ligne contre des troupes européennes. Cette affaire eut lieu le 14 janvier 1801.

Le 22 janvier, Chaulatte quittait Santo-Domingo, et s'embarquait pour le Vénézuela; de là il se rendait en France. Don Garcia comprit que toute résistance était impossible. Dès le 15 janvier, il était entré en pourparlers avec Toussaint, et le 22, il signait avec lui une convention au petit village de Jayma, situé près de la rivière de ce nom. La partie espagnole était remise par Don Garcia à Toussaint, qui devait entrer le 27 dans la ville de Santo-Domingo. Il fut convenu que le pavillon du roi d'Espagne serait amené après une salve de vingt-et-un coups de canon, et remplacé par celui de la République française. Le traité conclu entre Toussaint et Don Garcia sentait fort la capitulation, quoique de part et d'autre, l'on eût évité avec soin d'en prononcer le nom.

Toussaint fit une entrée solennelle dans Santo-Domingo, au son des cloches des églises. Le gouverneur Don Garcia et le cabido étaient venus le recevoir à la porte principale de la ville. Ils l'invitèrent à se rendre à l'hôtel de l'Ayuntamiento, et là, ils le prièrent de prêter le serment usité à la réception des gouverneurs, envoyés par le roi d'Espagne, *de gouverner avec équité au nom de la très sainte Trinité*. Toussaint leur fit observer qu'il n'était pas dans la même situation qu'un gouverneur espagnol, et qu'il venait prendre possession d'un pays cédé à la France, et en son nom. « *Je ne puis faire ce que vous demandez,* » leur dit-il, « *mais je jure de tout mon cœur devant Dieu que je mets le passé dans l'oubli et que je n'aurai qu'un but : rendre heureux et content le peuple espagnol devenu français.* » Don Garcia lui remit les clefs de la ville. En les couvrant de sa main, Toussaint s'écria : « *Je les accepte au nom de la République française,* » et il ajouta en affectant l'humilité : « *Allons remercier Dieu, l'auteur de toutes choses, d'avoir efficacement couronné du plus grand succès notre entreprise, prescrite par les traités et les lois de la République.* » Il se rendit à la cathédrale avec tous ceux qui l'entouraient, et un *Te Deum* fut chanté par un nombreux clergé. La prise de possession avait été solennellement consacrée.

Toussaint se hâta de faire acte d'autorité. Il réunit la population de Santo-Domingo sur la grande place de la ville et proclama, en sa présence, la liberté de tous les esclaves dans la partie espagnole. D'après le traité de cession, les familles, qui ne voulaient pas vivre sous la domination française, avaient la faculté de sortir de la colonie. Un certain nombre de planteurs s'étaient expatriés, en emmenant avec eux leurs esclaves; l'on évaluait à plus de trois mille le nombre des noirs, qui avaient été ainsi embarqués. Toussaint pria Don Garcia de mettre fin à cet abus, en lui faisant remarquer que plusieurs habitations étaient déjà en ruines, et qu'un territoire nouvellement devenu français, ne pouvait subir un dépeuplement, plus ou moins complet, qui porterait atteinte à sa prospérité. Le gouverneur dut en même temps remettre immédiatement les armes et les équipements des régiments qui allaient partir avec lui, les vases et les ornements des églises et toutes les archives de l'administration. De plus, il s'engagea à laisser un bataillon espagnol. Toussaint ne voulait pas que des soldats noirs fussent seuls à tenir garnison dans sa nouvelle conquête. Le trésor de Santo-Domingo contenait 320,000 pesetas. Toussaint en préleva 30,000 à titre de prêt pour acheter des farines et autres provisions nécessaires à ses troupes; mais il voulut que le reste du trésor demeurât intact. C'est ainsi qu'il refusa de faire une avance à Don Garcia, en alléguant que son devoir l'empêchait de laisser sortir de la colonie une seule piastre appartenant à l'État.

Don Garcia s'était engagé à quitter la colonie ; mais pour le transporter à Cuba, avec sa famille, les fonctionnaires et les troupes espagnoles, les bâtiments, qui se trouvaient en rade de Santo-Domingo, étaient trop peu nombreux. Toussaint, qui craignait toujours l'arrivée de quelque ordre de France, pour laisser les choses dans le *statu quo*, par rapport à la partie espagnole, déploya une activité incroyable, afin de presser le départ du gouverneur. Il fit venir des navires du Cap, s'adressa au consul général des États-Unis. L'on eût dit qu'il ne considérait pas sa conquête comme définitive, tant que Don Garcia resterait à Santo-Domingo. Le gouverneur céda à la fin, et le 22 février 1801, il quittait la colonie et s'embarquait pour Cuba avec les fonctionnaires et les troupes de sa nation. Quelque temps auparavant, au moment où il avait appris l'invasion de Toussaint, il avait fait transporter à la Havane les restes de Christophe Colomb et de son frère, Barthélemy Colomb, qui reposaient dans une sorte de château à moitié en ruines, que Diégo, le fils de l'illustre navigateur, avait fait construire sur la rive droite de l'Ozama, dans l'enceinte de Santo-Domingo.

Toussaint était au comble de ses vœux ; il avait réuni l'île tout entière sous sa domination. Il parcourut ses nouvelles provinces, et partout il était reçu en véritable souverain. La population, quelle que fût sa couleur, l'accueillait favorablement, et au bout de quelques jours, il était aussi maître de l'obéissance des Espagnols que de celle des noirs. La réunion de la partie espagnole était d'un avantage extrême pour notre ancienne colonie. Saint-Domingue pouvait, en développant ses richesses, arriver à une prospérité incroyable. Aussi, pour bien se rendre compte de l'importance de l'acte que Toussaint venait d'accomplir, nous croyons devoir donner une description de la partie espagnole, au moment où elle devint possession française.

Saint-Domingue avait été la première terre occupée en Amérique par les Espagnols ; mais ces derniers n'y avaient attaché qu'une médiocre importance, pour porter leur activité au Mexique et au Pérou. Aussi la partie orientale de l'île était loin de présenter une prospérité analogue à celle de la partie française, quoique son territoire fût double en superficie et son sol plus fertile. Sa population était de 125,000 habitants dont 50,000 blancs, 60,000 mulâtres ou noirs libres, et 15,000 esclaves, pour la plupart nègres. Les préjugés de couleur y étaient pour ainsi dire inconnus. Les créoles espagnols avaient des habitudes fort simples ; ils ne connaissaient pas le luxe, et le confort dans leurs habitations faisait souvent défaut. Ils vivaient dans un isolement à peu près complet, ayant peu de rapports les uns avec les autres, et fort peu de besoins. A cette époque, la partie orientale de Saint-Domingue était une terre délaissée.

Le régime auquel était soumise cette colonie empêchait son développement. N'ayant presque aucune relation avec la métropole, elle était devenue la chose de la compagnie de la Catalogne, qui y possédait le monopole du commerce. Quelques années avant la Révolution, cette compagnie avait vu son privilège transféré à la banque de Saint-Charles; mais la situation était restée la même. Les institutions de crédit étaient inconnues, le numéraire fort rare, et les transactions avaient lieu au moyen d'un papier-monnaie, souvent discrédité. Les communications dans l'intérieur du pays étaient des plus difficiles. Les routes n'existaient pas, ou consistaient en sentiers battus. Loin de chercher à améliorer ce qui existait, l'administration se refusait à toute innovation. Elle était allée jusqu'à refuser d'établir un service régulier de courriers entre le Cap et Santo-Domingo. L'agriculture était délaissée. L'on ne comptait dans toute la colonie que vingt-deux sucreries. Le cotonnier et l'indigotier, qui venaient pour ainsi dire naturellement, n'étaient pas utilisés. L'on ne cultivait le café que pour satisfaire aux besoins de la consommation locale ; il en était de même du tabac. Le roucou et le gingembre, dont on envoyait autrefois des cargaisons en Espagne, étaient négligés. Le cacao seul donnait lieu à une certaine culture. Les troupeaux de chevaux, de bœufs, de chèvres, de moutons et de porcs étaient nombreux, et si l'élève du bétail avait été bien entendue, elle aurait pu donner lieu à une exportation considérable. Il en était autrement. Le commerce se réduisait à des transactions locales insignifiantes. Il n'y avait aucune industrie. Depuis longtemps, les mines du Cibao avaient cessé d'être exploitées.

Aussi, en parcourant la partie orientale, l'on était surpris de la différence que l'on trouvait entre elle et la partie française. L'on traversait de vastes régions où se trouvaient semées quelques misérables bourgades, des plantations en partie en friche, et des domaines immenses appelés *hattos*, où l'on élevait des chevaux, qui souvent manquaient de fourrages. Tout respirait l'abandon. Les villes n'avaient rien de remarquable. La capitale, Santo Domingo, peuplée de 10 à 12,000 âmes, avec ses grandes places, ses rues tirées au cordeau, ses maisons construites sur le même modèle avec des toits en terrasses, présentait un aspect assez gai. Cette cité, résidence du gouvernement, siège d'un archevêché, possédait plusieurs églises, plusieurs couvents, un hôpital et une université dirigée par les Dominicains. Mais elle était dépourvue de tout commerce, n'avait aucune industrie, et son port n'était plus fréquenté que par de rares bâtiments. Santiago, quoique situé dans un canton des plus fertiles, ayant, dans son voisinage, plusieurs mines d'argent, des cours d'eau roulant des paillettes d'or, n'avait que 1,200 habitants. La Conception de la Véga, ancien évêché, en avait 1,000 à 1,500, et tombait en ruines. Saint-Jean de la Maguana en comptait un millier. Samana, avec son magnifique mouillage, était pour ainsi dire abandonné. En 1765, le chef d'escadre d'Estaing, frappé des avantages de cette position, avait entamé des négociations avec la cour de Madrid, dans le but d'en obtenir la cession. En somme, la situation de la partie orientale de Saint-Domingue était l'une des preuves de la décadence de l'Espagne et de son gouvernement.

L'acquisition de la partie espagnole constituait pour nous un avantage fort précieux. Sans doute, tout était pour ainsi dire à créer dans notre nouvelle possession ; mais notre colonie était complète. Les ressources de la partie espagnole étaient considérables ; son bétail, ses forêts, ses mines pouvaient être mis immédiatement en rapport. Aussi, l'on ne saurait trop reconnaître l'intelligence de notre diplomatie qui, en signant la paix de Bâle avec l'Espagne, avait négocié la cession de ce riche territoire. L'île entière, devenue française, offrait un vaste champ à notre activité. La colonisation s'y serait portée, et ses résultats auraient été prodigieux. Toussaint connaissait mieux que personne les avantages de sa *conquête*. Aussi, il ne négligea rien, pour la consolider. D'après ses ordres, des routes furent percées, et entre autres, celle de Santo-Domingo à Laxavon, qui comptait quatre-vingts lieues de long. Les troupes noires, qui restèrent dans le pays pour y maintenir la tranquillité, n'étaient pas bien nombreuses. Elles ne dépassaient guère 4,000 hommes, et étaient soumises à une discipline sévère. Leur chef, qui avait le titre de général de division, était un mulâtre, Clervaux, et, en le choisissant, Toussaint avait fait preuve d'intelligence politique. Il était ainsi certain de gagner à sa cause les sang-mêlés de la partie espagnole, beaucoup plus nombreux que les nègres. La ville de Santo-Domingo seule avait un grave sujet de mécontentement. Elle était déchue de son rang de capitale, et Santiago lui avait été préféré.

Sitôt que la prise de possession eut été effective, Toussaint retourna dans l'ancienne partie française et continua de s'adonner aux soins de son gouvernement. Là, il se fit connaître sous un nouveau jour et se révéla comme un homme d'état. L'on est stupéfait de voir ce nègre, sorti tout récemment de l'esclavage, ayant une instruction assez bornée, arriver non seulement à maintenir son autorité sur une population à moitié barbare et profondément démoralisée, mais encore à y faire régner l'ordre et à la faire participer à une prospérité réelle. Le gouvernement de Toussaint-Louverture est l'une des pages les plus curieuses de notre histoire coloniale. Aussi, nous proposons-nous de l'étudier dans le chapitre suivant.

CHAPITRE VII

Toussaint-Louverture. — Son gouvernement. — Ses projets.

La chute de la domination française avait laissé Saint-Domingue dans un véritable chaos. Beaucoup de blancs avaient quitté la colonie. Les hommes de couleur avaient été vaincus, les noirs étaient victorieux, mais incapables de profiter de leur victoire. La plupart d'entre eux considéraient l'oisiveté comme la liberté, ne songeaient qu'à quitter les plantations pour aller vivre dans les bois. La culture commençait à être abandonnée, et cette terre de Saint-Domingue, naguère si florissante, était menacée de revenir à la barbarie. Telle était la situation; Toussaint parvint à la maîtriser, et à substituer à l'ancien régime qui venait de tomber, un nouvel ordre de choses. Les circonstances se prêtaient à son entreprise. Les blancs, qui redoutaient avant tout l'anarchie, s'étaient ralliés à sa cause. Pour eux, Toussaint était le *sauveur*, qui devait les protéger contre leurs anciens esclaves. Les noirs avaient pour lui un enthousiasme sans bornes, et lui obéissaient aveuglement. Seuls, les hommes de couleur lui étaient hostiles ; mais ils étaient impuissants. Ce qui fit la force de Toussaint, c'est qu'il comprit immédiatement la situation. Sachant bien qu'avec les nègres seuls, il ne pouvait rien fonder, il s'attacha à gagner les colons, même ceux qui s'étaient montrés les plus imbus des préjugés de couleur, et il ne négligea rien pour arriver à ce but.

En s'emparant du pouvoir et en substituant son autorité à celle de la métropole, Toussaint s'était contenté de la qualification de gouverneur général. Il se donnait ainsi une apparence de légitimité. Il avait été nommé, par le gouvernement français, commandant des troupes de Saint-Domingue, et chargé de défendre la colonie. L'on ne pouvait, à la rigueur, l'accuser d'usurpation. Quoiqu'il n'eût pas le titre de roi, il en avait la puissance, et jamais monarque ne fut plus absolu. Son gouvernement était le despotisme le plus complet, mais un despotisme éclairé.

Un gouvernement qui se fonde a besoin de s'appuyer sur une force militaire. Toussaint comprenait, mieux que personne, cette nécessité, et aussi s'était-il attaché à former une armée permanente. Il y était facilement arrivé. A Saint-Domingue, à la suite de la guerre civile, il s'était fait un partage entre la population dont une partie montrait des aptitudes guerrières, tandis que l'autre, ouvrière et agricole, moins portée aux armes, était plus facile à ramener à la culture. Naturellement, la première était dix fois moins nombreuse que la seconde. Ce fut elle qui constitua l'armée de Toussaint, dont l'effectif s'élevait à une vingtaine de mille hommes ; sur ce nombre, l'on comptait douze cents officiers. Le reste de la population, désigné sous le titre de cultivateurs, avait été ramené au travail. On lui avait néanmoins laissé ses fusils. C'était en quelque sorte une réserve, une armée de seconde ligne.

Les troupes de Toussaint n'étaient pas des bandes sans discipline. C'était une véritable armée, organisée sur le modèle des armées françaises, en divisions et en demi-brigades, ayant des officiers noirs, quelques-uns mulâtres ou blancs. L'île de Saint-Domingue avait été partagée en trois divisions. La division de l'Est, qui comprenait l'ancienne partie espagnole, avait un effectif de 4,200 hommes. Son commandant était le général de division Clervaux, qui avait sous ses ordres les généraux de brigade Pajeot et Paul Louverture. Ses garnisons étaient Santo-Domingo, Santiago et Samana. La division du Nord, qui correspondait à la province du même nom, comptait 4,800 soldats. Elle était commandée par le général de brigade Moyses, qui avait sous ses ordres les généraux Christophe et Maurepas. Ses trois demi-brigades résidaient au Cap, à Fort-Dauphin et à Port-de-Paix. La troisième division, celle de l'Ouest et du Sud, de beaucoup la plus importante, comptait sept demi-brigades, et plus de 11,000 hommes. Ses garnisons étaient Port-au-Prince, Saint-Marc, Jérémie, l'Arcahaye et les Cayes. Son commandant, le général de division Dessalines, avait sous ses ordres les généraux de brigade Belair et Laplume ; ce dernier était spécialement chargé du Sud. Cette armée était en grande majorité composée de nègres ; l'on y comptait au plus un millier d'hommes de couleur et cinq à six cents blancs, provenant des bataillons européens, arrivés dans la colonie depuis dix ans. Le principal des officiers blancs, Agé, exerçait les fonctions de chef d'état-major de Toussaint, et avait le titre de général de brigade. Un autre général de brigade, Pajeot, était également blanc, ainsi que les adjudants généraux d'Hébécourt et Idlinger, et l'administrateur général des finances, Vollée. Le corps de l'état-major n'était guère composé que de blancs [1].

Pour subvenir aux dépenses de son gouvernement, Toussaint avait été obligé d'établir de nouveaux impôts, d'autant plus qu'il ne fallait pas songer à se servir de l'ancien système fiscal. L'abolition de l'esclavage avait amené la suppression de la capitation. Les droits de douane, qui se percevaient aussi bien à l'exportation qu'à l'importation, avaient été abaissés, pour encourager les transactions avec l'extérieur [2]. En 1801, un décret du 9 janvier avait créé les droits de timbre et

---

[1] Parmi les généraux de Toussaint, un seul était mulâtre, Clervaux, un ancien libre. Dessalines, un nègre né à la Côte-d'Or, était esclave. Paul Louverture, le frère de Toussaint, Belair et Moyses, ses neveux, Laplume étaient des noirs nés à Saint-Domingue, et esclaves lorsque la révolution éclata. Christophe, né dans l'île anglaise de Saint-Christophe, avait été amené, très jeune, dans la colonie, par un Anglais, et était domestique d'auberge. Maurepas, né à Saint-Domingue, était un ancien libre, qui possédait une instruction assez complète. C'était le plus capable et le plus intelligent de tous les généraux de Toussaint.

[2] Cette mesure avait surtout profité aux États-Unis, dont le pavillon se montrait dans tous les ports de la colonie.

d'enregistrement, et un second décret du 10 janvier le droit des patentes, qui variait suivant la population des villes ou des paroisses. Un arrêté du 10 février de la même année avait frappé d'une taxe, appelée droit de passage, tous les animaux que l'on amenait de la partie espagnole dans la partie française, pour y être vendus. La dîme, que les habitants de la partie espagnole payaient au roi d'Espagne, avait été maintenue. L'assiette des nouveaux impôts, la manière dont s'opérait la perception, indiquaient que l'administration de Saint-Domingue avait été confiée à des hommes compétents qui, pour la plupart, étaient des anciens fonctionnaires de la colonie.

Les impôts, quel que fût leur rendement, ne pouvaient néanmoins suffire aux dépenses. Toussaint avait eu recours à un moyen fort ingénieux pour se procurer des ressources. Tous les propriétaires blancs avaient été invités à revenir dans la colonie, même ceux qui s'étaient associés à la tentative des Anglais. Un assez grand nombre, soit qu'ils eussent péri durant les troubles, soit qu'ils eussent abandonné toute idée de retour, n'avaient pas reparu. Leurs biens avaient été séquestrés, déclarés biens nationaux et affermés à des officiers noirs à un prix qui permettait à ceux-ci de s'enrichir. Néanmoins, le gouvernement en tirait un revenu assez important, qui constituait la plus grande partie de ses revenus [1].

---

[1] En 1801, un budget, pour 1802, fut présenté à l'assemblée centrale, qui s'était réunie à Port-au-Prince. Les dépenses figuraient pour près de 35,000,000 fr., et les recettes n'atteignaient que 20,000,000 fr. L'armée aurait coûté 16,000,000 fr., et, en réalité,

Saint-Domingue était avant tout un pays essentiellement agricole. La culture venant à cesser, il s'en suivait une ruine complète. Nombre de nègres s'en allaient vivre dans les bois, et les plantations étaient en partie abandonnées. Sitôt la guerre du Sud terminée, Toussaint, qui voyait le danger, porta remède à la situation. Le 12 octobre 1800, il publiait un règlement relatif à la culture, et étant données les circonstances, il fait le plus grand honneur à son auteur. L'esclavage avait été aboli ; mais tous les noirs, employés jadis à la culture, avaient été ramenés sur les plantations, et obligés de travailler cinq ans sur les terres de leurs anciens maîtres, avec droit au quart du produit brut. Ils ne pouvaient s'absenter sans une autorisation spéciale. Le vagabondage était durement réprimé. Dans chaque paroisse, une compagnie de gendarmerie, composée de cinquante-cinq hommes, ne cessait de battre les bois et les mornes, de traquer les nègres fugitifs, et de les ramener sur les habitations. Des peines sévères frappaient ceux qui les cachaient ou leur procuraient les moyens de mener une existence errante. Tout individu, domicilié dans les villes ou dans les bourgs, qui ne justifiait

---

elle n'en coûtait que la moitié. Le soldat ne recevait que de loin en loin de légères gratifications, et c'était avec sa solde, s'élevant à 55 centimes par jour, qu'il devait pourvoir à sa subsistance et à son entretien. L'officier subalterne n'avait par jour que 1 franc 10 centimes. Le déficit n'était qu'apparent, et les ressources de Saint-Domingue étaient plus que suffisantes pour subvenir aux besoins publics. Toussaint le savait mieux que personne ; mais son but était de donner le change à l'opinion publique, afin d'arriver à la création de nouveaux impôts, sous le prétexte de rétablir l'équilibre entre les recettes et les dépenses.

pas d'une profession ou ne payait pas une contribution, était incorporé dans l'armée ou employé à la culture. Les *cultivateurs* et les *cultivatrices*, tel était le nom officiel des travailleurs, n'étaient pas livrés à eux-mêmes. Ils étaient soumis à des conducteurs et à des gérants. De plus, les généraux et les officiers noirs avaient la qualité d'inspecteurs de culture, dans l'arrondissement où ils exerçaient le commandement militaire. Leur surveillance était des plus actives, et ils passaient fréquemment en revue le personnel des exploitations.

Ce régime était un véritable esclavage. Les noirs, attachés au sol qu'ils cultivaient, n'étaient pas libres ; pourtant ils croyaient l'être, à force d'entendre parler de liberté. Néanmoins, le régime auquel ils étaient soumis, constituait sous certains rapports un progrès réel. L'horrible trafic de chair humaine avait disparu, et les affections de famille n'étaient plus, comme jadis, brisées par des séparations plus ou moins fréquentes. Les plantations avaient reçu les noms de manufactures et d'ateliers, et il faut le dire, les noirs étaient traités avec infiniment plus de dureté qu'ils ne l'avaient jamais été par leurs anciens maîtres. Les généraux, qui les inspectaient, montraient une cruauté incroyable. Les peines corporelles étaient à l'ordre du jour, et pour mériter les verges, il suffisait à un nègre d'avoir été paresseux ou insubordonné. Le châtiment, conformément au règlement, consistait à placer le condamné, dans un état complet de nudité, entre deux lignes de soldats, armés de verges épineuses et à le forcer à courir d'un bout à l'autre de l'enceinte, pour que chaque soldat pût le frapper à son tour. Durant cette fustigation, les tambours battaient la charge. Le commandant seul avait le droit de mettre fin à ce supplice qui, parfois, était poussé jusqu'à la mort du patient. Dessalines se faisait surtout remarquer par sa férocité. Son air sauvage et repoussant inspirait l'effroi. Quand il arrivait sur une plantation, il était rare qu'il ne fît pas distribuer des coups de bâton aux chefs des ateliers, en inspectant le travail. Si un chef d'atelier rejetait le défaut de culture sur la paresse des cultivateurs, il en désignait un par le sort pour être pendu. Mais si, nominativement, on lui indiquait un cultivateur comme raisonneur ou fainéant, il le faisait enterrer vivant ou scier entre deux planches, et forçait l'atelier entier d'être témoin des angoisses de sa victime. L'on conçoit facilement qu'avec de tels moyens, les plantations ne pouvaient tomber en friche.

Aussi, au bout de fort peu de temps, la culture s'était relevée à Saint-Domingue. Les blancs qui étaient revenus sur leurs plantations, affranchis de leurs engagements envers les capitalistes de la métropole, n'étaient pas, comme autrefois, obligés de déduire de leurs profits, l'intérêt des capitaux empruntés, et étaient plus opulents avec de moindres bénéfices. Les officiers noirs, parvenus à la fortune à la suite de la révolte, rivalisaient pour le luxe avec les anciens planteurs, et l'on admirait l'élégance de leurs habitations, soit dans les villes, soit dans les campagnes. Les généraux, qui avaient affermé des biens séquestrés à des prix modérés, jouissaient de revenus immenses; aussi leur train de maison était-il somptueux. Tels étaient surtout

Christophe et Dessalines. Ce dernier était devenu fermier, ou autant dire propriétaire de trente-trois sucreries, qui produisaient, chacune, au moins cent mille francs par an.

Toussaint était un homme de gouvernement, dans toute l'acception du mot. S'il conservait une certaine humilité dans sa mise personnelle, il affirmait son autorité dans tous ses actes, et affectait les dehors d'un pouvoir absolu. Dans le but de bien montrer sa souveraineté, il avait songé à faire frapper monnaie à son effigie, avec l'exergue de « *République française* ». Tout, du reste, était fait pour flatter son orgueil. Au retour de la partie espagnole, il s'était arrêté à Port-au-Prince. Un arc de triomphe avait été dressé à l'entrée de la ville. Le clergé de la ville était venu le recevoir avec le dais, et pendant la marche du cortège, des salves d'artillerie se faisaient entendre. Un *Te Deum* avait été chanté à l'église. Toussaint avait pris place au banc des anciens gouverneurs généraux, sous un baldaquin orné de riches tentures où l'on avait écrit ces mots : *Dieu nous l'a donné ; Dieu nous le conservera.* Les anciens colons, les officiers blancs rivalisaient dans leurs adulations avec les noirs. Aussi, Toussaint était-il plein d'orgueil et confiant dans sa fortune. Du reste, dans les rapports qu'il aimait à entretenir avec la population, quelle que fût sa couleur, l'on est stupéfait de voir avec quelle aisance, ce nègre, naguère esclave, avait su se mettre à la hauteur de sa nouvelle situation. C'est là qu'il est intéressant à connaître.

Le siège du gouvernement alternait entre le Cap et Port-au Prince, suivant la présence de Toussaint ; mais la résidence favorite de ce dernier se trouvait aux Gonaïves, où il avait fixé son quartier général. Partout où il se trouvait avaient lieu ses réceptions : il y en avait de deux sortes. Les grandes réceptions, ou comme l'on disait les *grands cercles*, étaient fixées à un jour déterminé. L'on s'y rendait sur une invitation, et personne n'aurait osé y manquer. Toussaint y portait le petit uniforme d'officier général. Lorsqu'il se présentait dans la grande salle, où l'on était réuni d'avance, tout le monde, sans distinction de sexe, devait se lever. Il exigeait que l'on se maintînt dans une attitude respectueuse, et aimait surtout que les blancs l'abordassent avec déférence. Lorsque ces derniers lui témoignaient leur respect, son orgueil flatté ne pouvait se contenir, et il s'écriait : « *A la bonne heure, voilà comment on se présente* »; puis, se tournant vers les officiers noirs qui l'entouraient, il leur disait : « *Vous autres nègres, tâchez de prendre ces manières, et apprenez à vous présenter comme il faut. Voilà ce que c'est que d'avoir été élevé en France. Mes enfants seront comme cela.* »

L'austérité la plus grande régnait dans toutes les réceptions. Toussaint voulait que les femmes, surtout les blanches, fussent habillées comme si elles allaient à l'église et qu'elles eussent la poitrine entièrement couverte. On le vit plusieurs fois en renvoyer, en détournant les yeux et en s'écriant *qu'il ne concevait pas que des femmes honnêtes pussent ainsi manquer à la décence*. Une fois, il jeta son mouchoir sur le sein d'une jeune fille, en disant d'un ton dur à sa mère *que la modestie devait être l'apanage de son sexe*. Dans ses cercles, Toussaint ne cachait pas sa préférence pour les blancs et affectait de ne parler qu'à leurs femmes, surtout à celles des anciens colons. Il leur donnait toujours le titre de *madame*; s'il adressait la parole à des femmes de couleur ou par extraordinaire à des négresses, il les appelait *citoyenne*. Toute femme blanche était reçue de droit ; quant aux autres, il n'admettait que celles dont les maris avaient des fonctions supérieures. Quand il avait parlé à tout le monde, il faisait le tour de la salle, revenait à la porte par où il était entré, s'inclinait avec dignité, tournait la tête à droite et à gauche, saluait avec les deux mains, et se retirait avec ses officiers.

Les petites réceptions, les *petits cercles* avaient lieu tous les soirs. Toussaint y paraissait vêtu comme un planteur sur son habitation, c'est-à-dire en pantalon et en veste blanche de toile très fine. Au lieu de porter un chapeau, il avait un madras autour de la tête. Les invités entraient dans la grande salle. Toussaint parlait à tous, et affectait dans ces réunions un certain laisser-aller. Son plaisir était d'embarrasser les noirs. S'il témoignait quelque bonté à ceux dont le trouble provenait de l'admiration qu'il leur inspirait, il aimait à déconcerter celui qui répondait avec assurance. Il l'interrogeait d'un ton impératif sur le catéchisme et l'agriculture. Si le noir ne savait que dire, Toussaint lui reprochait en termes sévères son ignorance et son incapacité. Si des hommes de couleur ou des nègres lui demandaient des places de juges, il s'informait toujours près d'eux, s'ils savaient le latin. Comme presque toujours, ils répondaient qu'ils ignoraient cette langue, il leur disait qu'ils *ne pouvaient être juges puis-*

qu'ils ne savaient pas le latin. Il les accablait alors d'un flux de mots latins qu'il avait appris par cœur dans les psaumes et, qui n'avaient aucun rapport avec les circonstances. Les blancs riaient dans leur for intérieur, car l'on ne riait pas devant Toussaint. Quant aux nègres, ils se consolaient de ne pas être juges en étant persuadés que leur général savait le latin, et cette pensée leur donnait de l'orgueil.

Après avoir fait le tour de la grande salle, Toussaint se retirait dans une pièce, qui précédait sa chambre à coucher et qui lui servait de bureau. Là il recevait les personnes avec qui il voulait passer la soirée. Ces personnes étaient toujours les principaux planteurs de l'île. Il faisait asseoir tout le monde, s'asseyait lui-même et parlait de la France, de ses enfants, de la religion, de ses anciens maîtres, de la grâce que Dieu lui avait faite de le rendre libre et de lui accorder les moyens nécessaires pour remplir le poste dans lequel la France l'avait placé. Il aimait à s'entretenir des progrès de la culture, du commerce, questionnait chacun sur ses affaires particulières et avait l'air d'y prendre un vif intérêt. Il parlait aux mères de l'établissement de leurs enfants, leur demandait si elles avaient eu soin de leur faire faire leur première communion. S'il se trouvait là quelques jeunes filles, il se plaisait à leur adresser des questions sur le catéchisme et l'Évangile. Quand il voulait finir la soirée, il se levait, faisait une profonde révérence et reconduisait ses invités jusqu'à la porte, en assignant des rendez-vous à ceux qui en avaient demandé. Tout en affectant du laisser-aller avec les blancs, il savait leur faire comprendre qu'il était leur supérieur [1].

Les lettres que Toussaint recevait de tous les pays et qui, pour la plupart, lui étaient adressées par d'anciens colons fugitifs, étaient bien faites pour lui donner de l'orgueil. Quoique fier de sa nouvelle fortune, Toussaint ne s'endormait pas sur ses succès et montrait une activité incroyable. Il s'enfermait souvent avec ses secrétaires dans son cabinet et travaillait avec eux fort avant dans la nuit. Rien n'échappait à sa perspicacité ; les soins de son gouvernement l'absorbaient complètement. Il savait se dominer. Sa sobriété était incroyable. Dans les villes, il mangeait seul dans sa chambre des calalous que lui préparaient de vieilles négresses, dont le dévouement pour sa personne allait jusqu'au fanatisme. Elles étaient aussi dépositaires de son vin qu'il avait fait mettre en bouteilles et cacheter en sa présence. De cette manière, il n'avait pas à craindre d'être empoisonné. Hors des villes, il bornait sa nourriture à une galette et à un verre d'eau par vingt-quatre heures, et à défaut de galette, à une ou deux bananes ou bien deux ou trois patates. Il ne dormait que deux heures sur vingt-quatre. Le seul luxe qu'il se permît, c'était d'avoir de beaux chevaux et de la plus grande vitesse.

---

[1] Toussaint avait fait revenir des États-Unis le gérant de l'habitation Bréda où il avait été esclave. Ce dernier ayant voulu se jeter dans ses bras pour le remercier de ses bienfaits, Toussaint lui rappela la distance qui les séparait l'un de l'autre, et le renvoya à sa plantation, en le priant de ne pas oublier qu'il était le *premier des noirs, le général en chef de Saint-Domingue.*

Ce luxe lui était nécessaire, puisqu'il servait à la rapidité de sa marche et facilitait son administration.

Toussaint avait compris qu'il ne pouvait avoir confiance que dans lui-même. Disposé à se croire toujours trompé, il sentait le besoin de se rendre impénétrable, et la dissimulation était le fond de son caractère. On ne savait jamais ce qu'il faisait, s'il partait, s'il restait, où il allait, d'où il venait. Souvent, on publiait qu'il était au Cap, et il était à Port-au-Prince. Lorsqu'on le croyait à Port-au-Prince, il était aux Cayes. Quelquefois, on le voyait partir en voiture de voyage; mais à quelques lieues du point de départ, il quittait sa voiture, qui continuait sa route, toujours escortée par ses guides. Quant à lui, il montait à cheval avec quelques officiers, et allait faire des excursions là où il n'était pas attendu, avec une rapidité incroyable. Sur une selle française, l'on posait un oreiller de plumes sur lequel on plaçait Toussaint, et il lui arrivait souvent de faire, sans débrider, quarante à cinquante lieues. Sa vitesse ordinaire était de cinq lieues à l'heure. La plupart du temps, il laissait son escorte derrière lui, et arrivait seulement avec ses deux trompettes auxquels il avait soin de donner d'excellents chevaux.

L'une des grandes qualités de Toussaint, c'est qu'il connaissait à merveille le théâtre sur lequel il opérait, ainsi que la population qu'il avait à gouverner, quelle que fût sa couleur. Se trouvait-il avec des blancs, des planteurs, il flattait leur vanité, leurs préjugés, mettait son influence à leur service, et se posait en défenseur des intérêts des propriétaires. Tous les blancs, qui étaient revenus à Saint-Domingue, et étaient rentrés en possession de leurs biens, semblaient s'être ralliés à son gouvernement, sans arrière-pensée. Chose triste à dire, il obtint plus d'une fois que des blanches, appartenant à d'anciennes et riches familles de l'île, se prostituassent à lui, pour obtenir sa protection. Avec les nègres, il parlait en inspiré, et ne cessait de leur dire que pour garder leur liberté, il fallait se livrer au travail et conserver leurs armes. Il aimait à se servir de paraboles, et employait de préférence la suivante. Dans un vase de verre plein de maïs noir il mêlait quelques grains de maïs blanc et disait à ceux qui l'écoutaient : « *Vous êtes le maïs noir. Les blancs qui voudraient vous asservir sont le maïs blanc* ». Il remuait ensuite le vase et, le présentant à leurs yeux fascinés, il s'écriait : « *Voyez ce qu'est le blanc proportionnellement à vous* ». Les cultivateurs se prosternaient devant lui, comme devant une divinité. Ses soldats, dont il avait fait une caste privilégiée, le regardaient comme un être extraordinaire, et avaient pour lui un dévouement sans bornes. Dans le but de frapper l'imagination du peuple, il aimait à envelopper son élévation de circonstances mystérieuses, et disait que, dès les premiers troubles de Saint-Domingue, il s'était senti destiné à de grandes choses, qu'une voix secrète lui avait prédit qu'il serait un jour appelé à commander les noirs devenus libres, et que cette voix était celle de Dieu.

Malgré tout, Toussaint avait conservé une sympathie involontaire pour la nation dont il avait porté les chaînes. La vanité d'appartenir à la première puissance militaire du monde, le plaisir d'être un général au service de la République lui avaient fait repousser les offres de l'Angleterre. A différentes reprises, il avait adressé des lettres d'admiration au premier consul et l'une d'elles portait comme suscription extérieure : *Le premier des noirs au premier des blancs*. Bonaparte n'y avait jamais répondu, et ce silence affectait visiblement Toussaint, qui se sentait humilié. Sa douleur avait été d'abord si vive qu'il en avait versé des larmes. « *Bonaparte* », disait-il souvent, « *a tort de ne pas m'écrire. Il faut qu'il ait écouté mes ennemis. J'ai pourtant rendu plus de services à la France qu'aucun autre général* ». Sa susceptibilité avait grandi avec son élévation au pouvoir, et il avait affecté plusieurs fois de passer à ses secrétaires les paquets ministériels qu'il recevait en disant : « *Ça n'en vaut pas la peine ; lisez, vous autres, continuez ; ce rien, ministre..... valet* ». Il pensait ainsi se venger du dédain que lui témoignait le gouvernement de la métropole.

Toussaint sentait néanmoins combien sa situation était fausse. Comprenant que les Anglais avec leur puissance maritime rendraient effective et absolue leur domination sur Saint-Domingue, si leur suprématie y était acceptée, il s'était attaché à les tenir à distance, et à vivre pacifiquement avec eux. Il voulait rester Français, reconnaître nominalement l'autorité de la métropole, et lui obéir tout juste pour ne pas provoquer une expédition qui aurait mis fin à sa dictature. Cette crainte ne cessait de l'obséder. La lutte lui paraissait probable, et il s'y préparait en faisant faire dans les mornes des amas d'armes, de munitions et d'argent. Néanmoins, il espérait que la guerre que la France soutenait contre la coalition durerait encore quelque temps. Il espérait que la métropole, satisfaite de ses conquêtes en Europe, ne songerait peut-être pas à Saint-Domingue. C'était là qu'était son erreur. Il n'était pas douteux que du moment que la paix serait rétablie, la France voulût reprendre son ancienne colonie. A mesure que son pouvoir se consolidait, Toussaint affectait de plus en plus des allures de complète indépendance. Lorsque dans son entourage, on lui demandait quelles seraient les relations de Saint-Domingue avec la France, il répondait : « *Le premier consul m'enverra des commissaires pour traiter avec moi* ».

Peu après la réunion de la partie espagnole, Toussaint avait adressé le 5 février 1801 aux habitants de Saint-Domingue une proclamation où il les appelait à nommer des députés, qui devaient se réunir le 22 mars à Port-au-Prince sous le nom d'*Assemblée centrale*. Les élections avaient lieu à deux degrés, et les députés, au nombre de dix, étaient *chargés d'assurer la tranquillité et la prospérité de la colonie par des lois conformes à son climat, à ses mœurs, à ses usages et à son industrie, et l'attacher plus fortement encore à la République française*. Cette proclamation était un nouveau pas vers l'indépendance absolue. C'est en vain que Toussaint parlait du besoin de rattacher la colonie à la métropole, substituait l'expression d'assemblée centrale à celle d'assemblée coloniale, et cherchait à s'appuyer sur l'article 91 de la constitution de l'an VIII ; ainsi que les autres colonies, Saint-Domingue était soumis au gouvernement de la métropole et n'avait pas le droit de se donner une législature. Aussi, il n'y avait pas à s'y tromper, l'élection d'une assemblée, chargée d'élaborer une constitution, était pour Toussaint un moyen de donner à son autorité une sorte de légalité, et constituait une rupture complète avec la France ; c'était une véritable déclaration d'indépendance.

Toussaint avait eu soin de recommander aux municipalités les candidats investis de sa confiance, et tous furent élus sans opposition. C'étaient pour le Nord, Étienne Viart et Raymond ; pour l'Ouest, Borgella et Lacour ; pour le Sud, Collet et Gaston Nogérée ; pour l'Engaño, Mancebo et Morillas ; pour le département de Samana, Roxas et Munoz. Morillas mourut avant la réunion de l'assemblée. Lacour, Viard et Raymond étaient des mulâtres, et les autres des blancs. Borgella, l'un des principaux colons de Port-au-Prince, s'était complètement rallié à Toussaint. Il en était de même de Collet, connu par son hostilité contre les gens de couleur, et de Nogérée, jadis partisan de l'Angleterre. Les députés de la partie espagnole étaient peu connus et du reste, leur rôle fut insignifiant à l'assemblée, que dominait Borgella. Entre lui et Toussaint, tout avait été préparé et concerté d'avance.

L'assemblée était uniquement composée de blancs et mulâtres, et la race noire qui formait la majorité de la population, n'y avait pas un seul représentant. En écartant systématiquement les hommes de sa couleur, Toussaint faisait preuve d'intelligence politique. S'il avait composé l'assemblée de nègres, on l'aurait accusé d'avoir joué une nouvelle comédie, en faisant discuter et voter une constitution par des noirs plus ou moins ignorants. Avec une assemblée où les blancs avaient la majorité, il semblait donner un gage à la métropole, ou tout au moins l'inviter à ne pas considérer la constitution comme un acte de rébellion, puisque des Français en étaient les auteurs. En appelant des mulâtres à siéger à l'assemblée, Toussaint paraissait adopter une nouvelle politique à leur égard. Jusqu'alors il ne leur avait jamais caché son antipathie; depuis quelque temps, il commençait à leur témoigner quelque bienveillance. Dans la lutte future avec la métropole, les sang-mêlés qui avaient été vaincus par les noirs, devaient tout naturellement favoriser l'expédition française. Toussaint espérait qu'au moyen de quelques concessions plus ou moins apparentes, il les rattacherait à sa cause, et empêcherait ainsi la formation d'un parti français, capable de lui susciter des embarras.

L'assemblée tout entière était à la dévotion de Toussaint. Aussi ses séances ne pouvaient être orageuses. Dès le 9 mai, elle avait voté une constitution de soixante-dix-sept articles. L'article 1er déclarait Saint-Domingue colonie française. L'article 3 abolissait l'esclavage, et disait que tous les hommes noirs naissaient libres et *Français* dans la colonie. L'article 4 proclamait l'égalité devant la loi. L'article 6 reconnaissait à la religion catholique le droit d'être publiquement exercée, à l'exclusion de toute autre. Les articles 14, 15, 16 et 17 s'occupaient de la culture, et maintenaient le règlement en vigueur, qui attachait les noirs aux plantations. L'introduction de nouveaux travailleurs venant de l'Afrique, était reconnue comme urgente et indispensable. Les autres articles de la constitution avaient trait à l'administration de la colonie, à son organisation départementale, municipale, judiciaire et financière. Toussaint-Louverture était nommé gouverneur à vie avec la faculté de désigner son successeur. Il nommait à tous les emplois, commandait l'armée et correspondait directement avec la métropole. La durée des fonctions de son successeur était fixée à cinq ans; mais on pouvait les proroger. Une assemblée composée de dix députés continuait à se réunir; mais toutes ses attributions se bornaient à voter ou à rejeter les lois proposées par le gouverneur et à émettre des vœux. L'article 73 de la constitution maintenait les droits des propriétaires absents sur leurs biens et leur facilitait les moyens d'obtenir la main levée du séquestre. L'article 77 disait que la constitution devait être soumise à la sanction du gouvernement français; mais il ajoutait que *vu l'urgence de sortir du péril et le besoin de rétablir la culture, le gouverneur en chef était autorisé et invité à la faire mettre à exécution.*

Cette constitution reproduisait les doctrines séparatistes partagées par l'assemblée de Saint-Marc. Il ne faut pas s'en étonner, lorsqu'on sait qu'elle avait pour auteur le colon Borgella, autrefois député à cette même assemblée, et partisan de l'autonomie de Saint-Domingue, la plus large et la plus complète. C'est en vain que le discours préliminaire parlait d'attachement à la France. L'île de Saint-Domingue était placée dans une complète indépendance vis-à-vis de la métropole, qui ne conservait plus qu'un droit de suzeraineté extérieure, une sorte de protectorat honorifique. La dictature de Toussaint était définitivement consacrée, et sa puissance aussi absolue que celle d'un despote de l'Asie. Si l'esclavage était aboli, une autre servitude lui était substituée. Les noirs, adonnés à la culture, ne pouvaient pas quitter leurs plantations, et le travail était pour eux obligatoire. La constitution parlait de l'introduction de nouveaux cultivateurs, et comme l'on ne pouvait penser que les Africains quitteraient d'eux-mêmes leur pays, il fallait de toute nécessité avoir recours à la traite. Tel était l'avis de Toussaint, qui déjà s'était abouché avec des négriers. Des milliers de noirs auraient été enlevés à la côte d'Afrique, amenés à Saint-Domingue, employés à la culture, et la colonie serait devenue aussi florissante que par le passé. L'on a voulu prêter de plus hautes pensées à Toussaint. L'on a dit que pour lui, la traite était un moyen de se procurer des soldats, qu'il aurait eu le projet de former une armée, de se jeter avec elle sur le continent noir, d'y faire la guerre aux marchands d'esclaves, et d'y porter la civilisation en fondant un état nègre. Ces contes ne méritent aucun crédit. Toussaint-Louverture voulait être le chef de la colonie, y accroître par la traite la population d'origine africaine, afin d'augmenter la production du sucre et du café, et par conséquent ses richesses. Telle était toute sa politique ; son horizon ne s'étendait pas au delà de Saint-Domingue.

La proclamation de la constitution eut lieu avec solennité le 8 juillet 1801, sur la place d'armes du Cap. Les troupes de ligne, les fonctionnaires, les membres de l'assemblée et Toussaint qui, pour cette circonstance, s'était revêtu d'un brillant uniforme, s'y étaient rendus. Le peuple s'y porta en foule. En qualité de président de l'assemblée, Borgella lut une adresse qu'il avait rédigée avec ses collègues à Port-au-Prince, et ensuite la constitution. Toussaint prit la parole et prononça un long discours. Après avoir déclaré que la constitution coloniale était faite *pour le bonheur de tous, fondée sur les bonnes mœurs, la religion, il dit qu'il l'approuvait.* Se plaignant des difficultés de sa tâche, il affirma n'avoir *qu'une seule ambition : rendre ses concitoyens libres et heureux, et que s'il pouvait atteindre ce but, il quitterait la vie sans regrets.* Il recommanda *la pratique de la vertu, le respect de la loi, la boussole de tous les citoyens, engagea les soldats à observer la discipline, les cultivateurs à fuir l'oisiveté, la mère des vices, et promit, à la face du ciel, de faire tout ce qui dépendait de lui, pour conserver l'union, la paix et la tranquillité.* Il termina sa harangue, en disant que tout le peuple devait se prosterner devant le Créateur de l'univers pour le remercier d'un bienfait aussi précieux que la constitution et cria ensuite : « *Vivent à jamais la République française et la constitution coloniale.* »

Après ce discours les troupes crièrent : « *Vive le gouverneur.* » Les fonctionnaires vinrent féliciter Toussaint, en lui donnant l'accolade. Cinq coups de canons tirés de la place d'armes donnèrent le signal aux forts et aux bâtiments de la rade, qui tirèrent chacun une salve de vingt-trois coups. La salve de la république était de vingt-deux coups ; en faisant tirer un coup de plus, Toussaint voulait montrer qu'il était *plus grand* que cette république. Le président du tribunal civil, Fouqueau, un blanc, prononça un discours où il comblait Toussaint de louanges ; il l'appelait *sauveur et restaurateur de la colonie*. L'on se rendit ensuite à l'église entendre la messe, et après la cérémonie religieuse, il y eut un banquet au palais du gouverneur. La ville du

Cap fut illuminée durant toute la nuit. La constitution fut répandue dans toute la colonie, et dans chaque quartier, sa proclamation donna lieu à des fêtes et à des réjouissances. Le gouvernement de Toussaint-Louverture avait reçu une sorte de consécration et pour lui sa légitimité n'était pas douteuse.

La constitution de 1801 était un acte de rébellion envers la métropole. Il était bien évident que la France ne se laisserait pas braver impunément, et que sitôt la mer libre, elle entreprendrait une expédition. Quelques semaines après son arrivée au pouvoir, le premier consul avait chargé plusieurs agents de se rendre à Saint-Domingue, et d'y porter une proclamation, au nom de son gouvernement. Après avoir déclaré que la liberté des noirs n'éprouverait aucune atteinte, cette proclamation disait que conformément à l'article 91 de la constitution de l'an VIII, les colonies étaient régies par des lois spéciales, et que l'un des premiers actes de la nouvelle législature serait de s'en occuper. Ainsi, loin de renoncer à son ancienne colonie, la France montrait qu'elle était dans l'intention de la reprendre.

La conclusion de la paix avec l'Angleterre, que l'on annonçait comme devant être prochaine, allait rendre disponibles des troupes nombreuses, et une expédition aurait lieu ; il n'y avait pas à en douter. Toussaint le savait, et malgré ses présomptions, il ne pouvait se croire en état de résister aux forces de la France.

Parmi les officiers de l'armée française qui étaient au service de Toussaint, se distinguait l'ingénieur Vincent, devenu chef de brigade, et qui était chargé de la direction des fortifications. Vincent se trouvait dans la colonie depuis plusieurs années ; en 1799, il était repassé en Europe. Le premier consul l'avait renvoyé à Saint-Domingue, au commencement de 1800, avec le général Michel et le mulâtre Raymond, porter la proclamation dont nous venons de parler. Vincent s'était attaché à gagner l'amitié de Toussaint ; il y avait réussi, et conquis en quelque sorte, le droit de pouvoir tout lui dire. Il fut stupéfait à la publication de la constitution, et se rendit immédiatement près du gouverneur, pour lui faire sentir tous les torts nouveaux que sa conduite allait lui donner, et lui représenter que la nouvelle constitution serait regardée par le premier consul, comme un défi, et qu'il en résulterait des conséquences funestes pour sa fortune.

Toussaint sentait mieux que personne la gravité de ses actes ; mais grisé par le succès, il avait foi dans son étoile. Il déclara à Vincent qu'il ne lui était plus possible de diminuer son *allure gigantesque*, et qu'il se sentait *entraîné par une force occulte à laquelle il ne pouvait pas résister*. Néanmoins, il ne pouvait dissimuler son agitation dans les entretiens qu'il avait avec Vincent ; il répétait souvent que l'on avait juré sa perte, mais *qu'il n'était pas encore la proie acquise de ses ennemis*. Le vieux noir, toujours si maître de ses mouvements, ne put se contenir dans la dernière entrevue qu'il eut avec Vincent. Il se laissa aller à un emportement, et dans le but de cacher son trouble, il sortit précipitamment, monta à cheval, et disparut au galop, au grand étonnement des personnes présentes et de ses gardes. Avant son départ, Vincent eut un long entretien avec

Christophe, qui lui fit part de ses craintes. Il était évident que Toussaint et ses lieutenants commençaient à se troubler et à considérer l'avenir avec appréhension.

Malgré ses inquiétudes, Toussaint conservait un calme apparent et déployait la plus grande activité. Sur sa proposition, l'assemblée centrale vota différentes lois sur l'organisation départementale (loi du 13 juillet 1801) ; sur l'organisation municipale (loi du 28 juillet 1801) ; sur l'organisation judiciaire (loi du 23 juillet 1801) ; sur l'organisation ecclésiastique (loi du 15 juillet 1801) ; et sur l'organisation financière (loi du 3 août 1801). Toutes ces lois ne donnèrent lieu à aucune discussion ; elles étaient dues en grande partie à Borgella.

L'île de Saint-Domingue était divisée en six départements, au lieu de cinq qui existaient déjà. La partie française formait quatre départements, le Nord, l'Ouest, le Sud et un nouveau département auquel on donna le nom de Louverture, en l'honneur du gouverneur. Il est devenu depuis, celui de l'Artibonite. Le Nord comptait six arrondissements et vint-quatre paroisses, l'Ouest six arrondissements et quatorze paroisses, le Sud cinq arrondissements et quatorze paroisses, Louverture quatre arrondissements et quinze paroisses. La partie espagnole comptait, comme par le passé, deux départements ; mais leurs dénominations avaient été changées. Celui de Samana s'appelait le Cibao, du nom du massif de montagnes, qui se trouvait sur son territoire. L'Engaño, qui avait emprunté son appellation à la petite rivière, qui se jette dans la mer près de Santo-Domingo, devenait l'Ozama [1]. Le Cibao formait quatre arrondissements et cinq paroisses ; l'Ozama trois arrondissements et treize paroisses. Chaque paroisse avait une municipalité, qui se composait d'un maire et de quatre administrateurs nommés par le gouverneur. Les attributions des municipalités clairement définies, consistaient surtout à maintenir l'ordre et la sécurité. Les maires avaient bien la connaissance des contraventions, en matière de simple police ; mais ils ne pouvaient rendre leurs jugements que conformément aux conclusions des commissaires du gouvernement ou de leurs substituts. De plus, aucune fonction municipale n'était élective. Aussi, la paroisse était incapable de faire de l'opposition au pouvoir central, ou même de manifester quelque velléité d'indépendance ; elle n'était qu'une simple circonscription administrative.

La justice était rendue *au nom de la colonie française de Saint-Domingue*. Seize tribunaux de première instance, composés chacun d'un juge, d'un lieutenant de police, d'un commissaire du gouvernement et d'un greffier étaient répartis dans les différents départements. Ces tribunaux réunissaient les attributions civiles, commerciales et criminelles. Dans chaque paroisse, il y avait un substitut du commissaire du gouvernement investi d'attributions judiciaires et de police. Les tribunaux d'appel, au nombre de deux, siégeaient l'un à Saint-Marc pour la partie française, l'autre à Santo-

---

[1] L'Ozama est une rivière sur la rive de laquelle est bâti Santo-Domingo.

Domingo pour la partie espagnole. Ils étaient composés d'un président, de quatre juges, de deux assesseurs, d'un commissaire du gouvernement, d'un substitut et d'un greffier. Le tribunal de cassation, qui comprenait un président, huit juges, un commissaire du gouvernement et un greffier, avait pour siège la ville où résidait le gouverneur. La constitution donnait à ce dernier le droit d'organiser, en dehors de la juridiction ordinaire, des conseils de guerre, et la connaissance de nombreux délits leur était réservée. Dans de semblables conditions, le pouvoir judiciaire ne pouvait être qu'un instrument docile aux mains de Toussaint. La législation des anciennes ordonnances royales avait été maintenue, sauf quelques modifications. C'est ainsi que les substitutions et les exhérédations par testament avaient été abolies. La procédure civile et criminelle avait été améliorée. Le notariat était réglementé, les médecins et pharmaciens soumis à une surveillance rigoureuse. Une loi sur les délits et les peines tenant lieu de code pénal avait été promulguée. Les peines qu'elle édictait étaient généralement sévères. C'est ainsi que le vol en diverses circonstances était puni de mort.

Le Catholicisme avait été reconnu comme religion d'État. Les dimanches et neuf fêtes solennelles parmi lesquelles était comprise celle de saint Dominique, patron de l'île et du gouverneur, avaient été déclarés jours de repos, et l'on était tenu de les observer. Les offices étaient obligatoires pour les fonctionnaires ainsi que pour les troupes, qui de plus, matin et soir, étaient astreintes à chanter dans leurs casernes des cantiques à *la gloire du Tout-Puissant et en l'honneur du gouverneur*. Les biens ecclésiastiques avaient été réunis au domaine de l'état, et le clergé recevait un traitement fixe. La nomination des curés et des vicaires appartenait au gouverneur dont l'autorisation était nécessaire pour publier un ordre, décret ou décision, même en matière purement religieuse. Un évêque constitutionnel, de Mauvielle, avait été chargé de l'administration spirituelle de la colonie.

L'organisation financière fut régularisée et reçut une certaine unité. Il fut établi ou maintenu un administrateur général des finances et un trésorier général, ayant sous leurs ordres des trésoriers particuliers, dans chaque département, et dans chaque port ouvert au commerce. Les dépenses pour l'armée, les hôpitaux, les arsenaux, les travaux publics, les fortifications étaient réglées par le gouverneur seul; il en était de même pour la reddition des comptes. Les fonctionnaires de tout ordre étaient tenus de veiller à la rentrée de l'impôt, et les fermiers des biens domaniaux obligés de payer régulièrement leurs fermages; beaucoup avaient cru pouvoir s'en dispenser à la faveur des troubles. En somme, la situation financière de Saint-Domingue s'améliorait, et l'on pouvait espérer qu'elle continuerait de progresser, pourvu que la tranquillité durât encore quelques années. Mais il ne pouvait en être ainsi.

La lutte avec la France était certaine, et cette perspective hantait continuellement l'esprit de Toussaint. Il voulait former une armée de réserve, et une loi du 30 juillet 1801 avait organisé la garde nationale. Tout homme valide de quatorze ans à cinquante-cinq ans était tenu d'en faire partie, et astreint à de fréquents exercices. D'autres préoccupations harcelaient encore Toussaint. Le vagabondage prenait depuis peu des proportions inquiétantes, et les campagnes, surtout celles du Nord, étaient parcourues par de nombreux nègres, qui vivaient de rapines et pillaient les plantations, pendant la nuit. C'est en vain que Toussaint redoublait de sévérité ; il n'y pouvait rien. Il se voyait également impuissant à lutter contre la révolution économique qui s'opérait à Saint-Domingue. Tous ses efforts échouaient, et il était permis de douter de la solidité de l'édifice qu'il avait élevé.

Jusqu'au moment de la révolution, le sucre avait été l'une des grandes richesses de la colonie, et son exportation donnait lieu à des bénéfices considérables. Cette production venant à diminuer, la prospérité de Saint-Domingue devait être forcément atteinte. C'est ce qui arriva. Les noirs abandonnèrent les cultures, demandant beaucoup de travail, pour s'adonner à celles qui exigeaient moins de labeur. La plupart des sucrières furent ainsi délaissées. En 1788, Saint-Domingue produisait annuellement 1,400,000 quintaux de sucre, se divisant également en sucre brut et en sucre blanc, représentant une valeur numéraire de 115,000,000 de livres. En 1801, la production du sucre avait baissé dans des proportions incroyables. La partie française de Saint-Domingue ne donnait plus que 150 à 160 quintaux de sucre blanc ; le sucre brut ne représentait plus qu'une valeur de 18 à 19 millions de livres. Encore pour obtenir ce résultat, avait-il fallu user de contrainte envers les cultivateurs. La récolte de l'indigo était nulle et réduite à 800 livres. Le coton devenait de plus en plus rare. Le café seul, qui réclamait moins de soins et de peines, donnait alors un produit relativement moins inférieur, qu'au temps de la domination française. De plus, tout annonçait que le régime de la propriété allait se modifier. Les grandes exploitations étaient menacées. Plusieurs domaines avaient déjà été vendus en détail et morcelés ; souvent des cultivateurs nègres s'associaient ensemble pour acquérir un lopin de terre. Il y avait là une tendance, qui progressait de plus en plus. La petite propriété se créait peu à peu. La situation agricole de Saint-Domingue subissait une transformation complète.

Il n'y avait pas lieu de s'en étonner. Du moment que l'esclavage était aboli, l'ancien régime colonial ne pouvait plus durer. C'est ce que Toussaint ne voulait pas comprendre. Il pensait que du moment qu'il était arrivé au pouvoir, la révolution devait être terminée. Il croyait que les grandes exploitations pouvaient exister comme par le passé, et pour mettre obstacle au développement de la petite propriété, il avait rendu, le 7 février 1801, un arrêté interdisant le morcellement des grands domaines. Toussaint se flattait de pouvoir imposer à sa race un régime contraire à sa nature, et là était son erreur. Le nègre se plie difficilement à l'exploitation de la grande propriété. Sachant se contenter de peu, il lui suffit d'une cabane et de quelques champs, où il vit avec sa famille. L'expérience de Libéria à ce sujet est probante. Aussi le système social que Toussaint avait imposé à Saint-Domingue ne pouvait s'y établir, et n'était que passager. Il est probable que son auteur aurait été obligé de l'abandonner, après quelques années.

Le régime de fer adopté par Toussaint n'avait pas l'approbation de tous ses généraux. Dessalines s'en plaignait ; mais il avait la prudence de ne faire ses critiques que devant ses partisans les plus dévoués. Il n'en était pas de même de Moyses, qui manifestait publiquement son mécontentement, et ne cessait de montrer son hostilité à l'ordre de choses établi. Moyses était le neveu de Toussaint, et l'on a dit que ce dernier avait songé à lui pour en faire son successeur. Il avait été chargé du commandement du Nord, et dans ce département, la culture laissait beaucoup à désirer. Les noirs avaient tendance au vagabondage, et souvent des plantations étaient abandonnées. Aux reproches que lui adressait Toussaint, Moyses laissait percer sa mauvaise humeur, et répétait, à qui voulait l'entendre, qu'il ne pouvait se résoudre, suivant le désir de son oncle, à devenir le bourreau des gens de sa couleur. Ces récriminations revinrent à Toussaint, qui comprit le danger ; l'un de ses généraux devenait le chef des mécontents. Il se rendit immédiatement près de Moyses, et malgré l'amitié qu'il avait pour lui, il le réprimanda durement, et alla même jusqu'à lui témoigner sa colère en termes menaçants.

Au lieu de changer d'attitude, Moyses résolut de secouer un joug qui lui pesait, et tenta un mouvement. Depuis quelque temps, l'on remarquait dans le Nord, principalement à Limbé, à la Marmelade, au Dondon, une agitation inaccoutumée parmi les noirs. Le bruit courait que l'esclavage allait être prochainement rétabli, et que les généraux Dessalines et Christophe, devenus les partisans des blancs, y avaient consenti. Ces rumeurs prenaient chaque jour de la consistance, et il fallait s'attendre à une révolte. L'on a dit que Moyses organisa lui-même l'insurrection, qui éclata dans la nuit du 29 au 30 octobre 1801, en parcourant la plaine du Cap avec plusieurs centaines de cavaliers. Des troubles eurent lieu dans presque tout le département du Nord, mais principalement dans la plaine du Limbé où les noirs égorgèrent 300 blancs. Des bandes vinrent même jusqu'aux portes du Cap. Il était bien évident que cette sédition ne pouvait avoir de suites sérieuses. Elle manquait d'unité, et n'avait à sa tête aucun chef réel et visible ; le gouvernement de Toussaint était d'ailleurs encore trop solide, pour être renversé par une émeute locale. Du reste, le général Christophe, qui commandait au Cap, en l'absence de Moyses, alors à la Marmelade, avait agi avec vigueur, et un officier blanc, le major Barada, l'avait énergiquement secondé. Tous deux s'étaient portés à la rencontre des révoltés, avec la garnison, et les avaient contraints à se retirer. L'insurrection, n'ayant pu s'emparer de la capitale de la province, était réduite à des bandes isolées, incapables de soutenir une lutte prolongée.

En apprenant la révolte, Toussaint était accouru dans le Nord, et sur son ordre, Dessalines s'y était porté avec des troupes. Les insurgés effrayés rentrèrent dans le devoir. Ceux, qui n'avaient pas eu le temps de regagner leurs plantations, furent fusillés ou bayonnettés. L'agitation disparut, comme par enchantement. Pour expliquer leur conduite, les noirs déclaraient qu'on les avait poussés à se soulever, en leur disant qu'ils allaient de nouveau être les esclaves des blancs, et que les généraux Dessalines et Christophe y avaient consenti, tandis que le général Moyses s'y était refusé. Ces dénonciations convainquirent Toussaint qu'il avait un rival dans son neveu, ou tout au moins qu'il ne pouvait pas compter sur sa fidélité. Moyses fut arrêté immédiatement, et conduit à Port-de-Paix. Traduit devant un conseil de guerre, présidé par un blanc, le général Pajeot, il fut acquitté. Cet acquittement ne convenait pas à Toussaint, qui se rendit à Port-de-Paix, fit casser le jugement, et convoqua un nouveau conseil de guerre qu'il présida en personne. Moyses fut condamné à mort, comme coupable de négligence dans l'exercice de ses fonctions, et fusillé le même jour. Toussaint pensait que l'exécution de son neveu ne suffisait pas pour raffermir son autorité. Il se rendit successivement au Cap, à Fort-Dauphin, à Limbé, et y convoqua la population, en présence de la garnison sous les armes. Le dictateur se montrait partout irrité ; sur la mine ou sur des réponses équivoques, il ordonnait individuellement à des noirs d'aller se faire fusiller. Les victimes qu'il désignait, au lieu de murmurer, joignaient les mains, baissaient la tête, et allaient avec soumission recevoir la mort. Par sa seule présence, Toussaint terrorisait et fascinait les masses. La répression fut terrible. Elle coûta la vie à un millier d'individus.

Désormais, l'on ne pouvait plus se faire illusion. Toussaint n'était pas disposé à abandonner le pouvoir, et pour s'y maintenir, il montrait qu'il ne reculerait devant rien. Le 25 novembre 1801, il lançait une proclamation où il ne cachait pas son irritation. Il rappelait *son dévouement aux intérêts de la colonie et au bonheur de ses concitoyens, se plaignait du luxe, de la paresse, de la tendance qu'on avait à suivre les mauvais conseils*, et disait que le sort de Moyses était réservé à tous ceux qui voudraient l'imiter. Il terminait son manifeste, en parlant en termes emphatiques *des vertus domestiques, et en déplorant que de nombreuses femmes, au lieu de vivre honnêtement, préféraient passer leur vie dans le désordre*. Cette proclamation était accompagnée d'un décret dont les dispositions étaient draconiennes. La peine de mort était édictée contre les commandants militaires, coupables de négligence, et les personnes, quel que fût leur sexe et leur couleur, convaincues d'avoir tenu des propos graves, tendant à exciter une sédition. *Tous les citoyens et toutes les citoyennes* étaient obligés de se munir de cartes de sûreté, renouvelables tous les six mois. La liberté de circuler était restreinte, et soumise à une autorisation préalable. Les étrangers étaient signalés comme suspects ; la déportation pouvait être prononcée contre eux. C'était le régime de la terreur. Quoique plus redoutable que jamais, Toussaint se montrait de plus en plus inquiet, surtout depuis la nouvelle de la signature des préliminaires de paix entre la France et l'Angleterre. A ce moment, le dictateur venait de conclure une convention avec le général Nugent, gouverneur de la Jamaïque. Les Anglais s'engageaient à lui fournir plusieurs milliers de noirs, enlevés à la côte d'Afrique. Le général Nugent fit dire aux agents de Toussaint que la paix, dont il venait d'être instruit, réduisait à néant la convention qu'il avait contractée ;

en conséquence, il les priait de quitter immédiatement la Jamaïque, comme lui, de son côté, allait rappeler du Cap-Français, le résident britannique, dont le caractère officiel n'avait, du reste, jamais été reconnu.

L'avenir s'assombrissait. Aussi Toussaint ne pouvait plus dissimuler son agitation. Par moment, il éclatait et accusait les Anglais de lui manquer de parole, et de s'entendre avec les Français, pour le perdre. La nouvelle de la paix avait eu son contre-coup à Saint-Domingue. Fatigués du régime de fer que leur imposait leur chef, les nègres n'avaient plus pour son autorité le respect religieux d'autrefois. Les blancs et les hommes de couleur manifestaient leurs sympathies en faveur de la métropole, et plusieurs d'entre eux, qui avaient trop ouvertement montré leurs opinions, avaient été expulsés de la colonie. Ces mesures de rigueur pouvaient momentanément étouffer un soulèvement ; mais le gouvernement de Toussaint n'en était pas moins ébranlé. Il existait dans l'île un parti français.

Le bruit d'une prochaine expédition devenait de plus en plus sérieux. Toussaint voyait avec anxiété s'approcher le moment de sa chute. Un planteur de Port-au-Prince, qui, avant de partir pour la France, était allé le voir, avait pu juger du trouble de son esprit. Toussaint essaya de se disculper, en affirmant qu'il n'avait jamais été hostile à la France, et que toujours, il avait repoussé les propositions des Anglais. Il se plaignit amèrement de Bonaparte, et pria son interlocuteur de le faire connaître, ainsi que ses œuvres, au premier consul, déclarant qu'il n'avait qu'un seul désir, *être jugé par lui*. Ce langage hypocrite ne pouvait tromper personne.

Le 27 décembre 1801, Toussaint lançait une proclamation dans le but de rassurer les esprits. Cette proclamation semblait d'abord n'exprimer que des sentiments de soumission et d'obéissance, en disant qu'il fallait recevoir les ordres et les envoyés de la métropole avec le respect de la piété filiale. Mais un paragraphe incohérent, où un appel était fait aux soldats, indiquait que Toussaint songeait à soutenir la lutte. En semblant disposé pour le moment à traiter avec le premier consul, il cherchait à gagner du temps. Il avait même chargé un colon qui se rendait en Europe, d'aller voir Bonaparte. Celui-ci accepta ; mais le bâtiment sur lequel il s'était embarqué fit naufrage. S'il échappa par miracle à la mort, il ne put néanmoins accomplir sa mission. Elle eût été, du reste, inutile. A ce moment, l'expédition de Saint-Domingue était en mer. L'heure fatale avait sonné pour Toussaint.

CHAPITRE VIII

L'expédition de Saint-Domingue. — Le général Leclerc. — Rétablissement de la domination française. — Soumission de Toussaint-Louverture.

Du moment que la paix d'Amiens mettait fin à la guerre en Europe, il était évident que la France allait songer à reprendre son ancienne colonie, naguère pour elle, la source de nombreuses richesses. L'expédition de Saint-Domingue a été l'objet de nombreuses attaques. Ces récriminations dictées par l'esprit de parti sont injustes. Au moment de la Révolution, la France possédait la plus florissante des Grandes Antilles. Les troubles, qui y avaient éclaté, avaient amené la chute de sa domination. Du moment qu'elle n'avait plus à soutenir la lutte en Europe, et qu'elle se trouvait libre de ses mouvements, il était naturel qu'elle cherchât à reprendre son ancienne possession. L'expédition de Saint-Domingue s'imposait, et en l'entreprenant, le premier consul ne cédait pas *aux criailleries de la faction coloniale*, comme on le lui a reproché ; il accomplissait une œuvre nationale.

Une autre raison en faveur de l'expédition de Saint-Domingue était le mouvement qui se produisait alors en France. La *politique coloniale* était à l'ordre du jour. Nous avions été obligés d'évacuer l'Égypte ; mais l'on nous avait restitué Pondichéry, la Guyane et cédé la Louisiane. Le général Decaën avait été envoyé dans l'Inde. Le premier consul songeait à charger Pichegru de fonder une grande colonie dans la Guyane, et à confier la Louisiane à Bernadotte [1]. Il négociait avec l'Espagne la cession de la Floride, en échange du duché de Parme. La reprise de Saint-Domingue s'imposait. La France jouissait de la paix, et avait réuni à son territoire la Belgique, la rive gauche du Rhin et le Piémont. Son nouveau gouvernement, désireux de relever son commerce maritime, voulait lui rendre son ancienne prospérité coloniale. Saint-Domingue était la première terre où il devait porter ses efforts.

Nous nous rappelons que l'agent du Directoire, le général Hédouville, avait été obligé, en présence des menaces de Toussaint, de quitter la colonie ; il était arrivé en France à la fin de 1798. Le Directoire, qui se préparait à résister à une coalition, ne pouvait alors s'occuper de Saint-Domingue. Peu après le 18 brumaire,

---

[1] En présence des conditions de Bernadotte qui voulait une sorte de vice-royauté, le premier consul s'adressa au général Victor, le futur duc de Bellune.

le chef de brigade Vincent, qui se trouvait alors à Paris, repartait pour Saint-Domingue, porteur d'une proclamation des consuls, déclarant aux noirs que *les principes sacrés de la liberté et de l'égalité n'éprouveraient jamais aucune atteinte, ni de modification*. Toussaint était, en même temps, confirmé dans son grade de général de division. En agissant ainsi, le premier consul espérait flatter la vanité de Toussaint, et l'empêcher de se jeter dans les bras de l'Angleterre. Mais dès ce moment, l'expédition de Saint-Domingue était chose décidée en son esprit.

Le 9 février 1801 le traité de Lunéville était signé, et l'on prévoyait le moment où l'Angleterre serait obligée de traiter. La question de Saint-Domingue était à l'ordre du jour, et diverses publications avaient eu lieu à son sujet. Nous nous bornerons à citer une brochure qui parut dans le courant de 1801. Son auteur, Esmangart, un colon de Saint-Domingue, concluait *au maintien de la liberté des noirs, quoiqu'elle eût été faite avec précipitation*. Il était d'avis d'établir un gouvernement *très fort* à Saint-Domingue, et demandait que les colons fussent rétablis dans leurs biens. Pour les besoins de la culture, l'on se serait, au moyen de la traite, procuré de nouveaux noirs, qui auraient été astreints à servir, durant sept ans, ceux qui s'en seraient rendus acquéreurs. Au bout de ce délai, ils auraient été libres. Cette brochure pouvait être considérée comme l'écho des idées du premier consul, d'autant plus que le *Moniteur*, alors journal officiel, en avait publié une analyse le 4 octobre 1801. Ce langage modéré trouvait malheureusement peu de partisans chez les colons réfugiés en

France qui, pour la plupart, désiraient le rétablissement de l'ancien ordre de choses. Ils semblaient ignorer les évènements accomplis depuis dix ans.

Le général Kerverseau, revenu depuis quelques mois de Saint-Domingue où il était resté plusieurs années, avait présenté un rapport au ministre de la marine, au mois de septembre 1801, sur la situation de la colonie. Il était partisan d'une expédition et, selon lui, les nègres, fatigués de la tyrannie de Toussaint, se prononceraient en majorité en notre faveur, si l'on voulait les assurer de *la liberté et de l'oubli du passé*. Pour établir notre autorité à Saint-Domingue, il fallait expulser les généraux noirs, licencier leurs troupes, et rendre la prépondérance aux blancs. L'expédition devait être importante, afin de frapper un grand coup, et menée vigoureusement. Tels étaient les conseils que donnait Kerverseau.

Sur ces entrefaites, arrivait à Paris, le chef de brigade Vincent, porteur de la constitution de Toussaint. Il se prononça contre l'expédition, en insistant sur l'insalubrité du climat. A ce moment, le ministre avait reçu un mémoire rédigé par deux officiers de marine, qui allaient jusqu'à dire que, pour réduire Toussaint, il fallait une flotte de cent vaisseaux de ligne et une armée de cent mille hommes. Craignant que Vincent ne se fît le chef d'une opposition, ou que son langage ne trouvât de l'écho, le premier consul le chargea d'aller gouverner l'île d'Elbe, avec le titre de commissaire général. Il devait l'y retrouver en 1814, après son abdication.

Le premier consul avait toujours été partisan d'une

expédition à Saint-Domingue, et le langage qu'il tint au Conseil d'Etat, à la séance du 12 mars 1803, le prouve. Cette idée ne lui était pas personnelle. Toute la France se prononçait énergiquement pour la reprise de notre ancienne colonie. Les colons réclamaient leurs propriétés. Dans les ports, les armateurs se rappelaient le commerce qu'ils faisaient naguère avec Saint-Domingue. Dans les villes de l'intérieur, beaucoup de bourgeois y voyaient un débouché ouvert à l'activité de leurs enfants. Partout l'on répétait que du moment que nous aurions repris Saint-Domingue, nous serions assurés de ne plus manquer des produits tropicaux, le sucre et le café, dont la consommation augmentait de plus en plus. Nous avions de nombreuses troupes disponibles, et quantité d'officiers, déjà fatigués des loisirs de la paix, demandaient à faire partie du corps expéditionnaire, afin de se procurer des titres à l'avancement. Plusieurs d'entre eux espéraient pouvoir trouver à Saint-Domingue l'occasion d'épouser quelque veuve ou fille de riche colon, et finir leurs jours en menant l'existence plus ou moins opulente de planteur. Les hommes de couleur, réfugiés en France depuis la victoire de Toussaint, demandaient l'expédition avec instance. L'expédition était réclamée par l'opinion publique, et jamais une entreprise n'eut lieu avec un assentiment aussi unanime que celui qu'elle rencontra dans le pays.

Depuis plusieurs mois, l'on remarquait une grande activité dans les ports de Brest, de Rochefort, de Lorient, de Toulon, de Cadix, pour armer des bâtiments, en construire de nouveaux, et recruter des équipages.

Personne ne pensait qu'il s'agissait d'une expédition autre que celle de Saint-Domingue. Aussi le conseiller d'État Thibeaudeau, n'apprit-il rien en disant, dans un rapport présenté au Corps législatif, le 23 novembre 1801, « *qu'une flotte et une armée s'apprêtaient à partir des ports d'Europe et que bientôt Saint-Domingue rentrerait sous les lois de la république* ». Le premier consul avait négocié avec les puissances européennes, afin de ne pas avoir à craindre de leur part une hostilité plus ou moins sourde. Toutes voyaient avec plaisir que nous allions reprendre une colonie, dont l'émancipation était d'un mauvais exemple. L'Espagne et la Hollande, alors nos alliées, nous promettaient leur concours. L'Angleterre seule montrait quelque dépit. Mais notre ministre des affaires étrangères, M. de Talleyrand, s'était rendu à Londres, et avait persuadé au cabinet de Saint-James, en lui rappelant l'insurrection des nègres de la Jamaïque, que l'expédition de Saint-Domingue était conforme à ses intérêts. Le premier consul ne se faisait aucune illusion sur la perfidie des Anglais ; mais il pensait pouvoir interrompre momentanément leurs manœuvres déloyales et, de sa part, c'était un acte de bonne politique.

Sitôt la paix d'Amiens, l'on s'attendait au prochain départ de l'expédition. Un arrêté consulaire du 24 août 1801 avait nommé le gouverneur de la colonie. Ce fonctionnaire, investi d'attributions fort étendues, portait le titre de capitaine général. Bonaparte avait confié ce poste important au général Leclerc, devenu son beau-frère en 1797. Leclerc avait une nature sympathique et s'était distingué en Italie et en Allemagne.

Néanmoins, son caractère hésitant et son ignorance des affaires coloniales le rendaient peu propre à administrer une possession, située à plusieurs centaines de lieues de la mère patrie. Aussi, quoiqu'il fût animé des meilleures intentions, il devait forcément commettre des fautes. On lui avait bien adjoint un fonctionnaire civil, Bénézech, qui sous le titre de préfet colonial était chargé de tous les détails de l'administration. Bénézech avait une valeur réelle ; malheureusement, il ne devait pas tarder à succomber, victime du climat. Du reste, son action fut toujours assez limitée.

Il eût été indispensable d'arrêter un plan, et de savoir ce que nous allions faire, une fois maîtres de Saint-Domingue. Les événements, qui s'étaient accomplis depuis dix ans, avaient bouleversé la colonie, et l'ancien régime ne pouvait renaître de ses ruines. Les planteurs réfugiés en France étaient seuls à le désirer. Gens à courte vue et vaniteux, ils avaient conservé tous leurs préjugés, et de plus ils vivaient dans une ignorance complète. L'esclavage ne pouvait être rétabli à Saint-Domingue, et y songer eût été à la fois criminel et insensé. Le premier consul n'avait jamais eu cette pensée. En parlant au Corps législatif, au nom de son gouvernement, Thibeaudeau avait dit à propos de l'expédition : « *A Saint-Domingue il n'y a plus d'esclaves. Tout y est libre, tout y restera libre. Le temps et la sagesse y ramèneront l'ordre et y rétabliront la culture et les travaux* ». Le gouvernement français voulait faire rentrer la principale de ses colonies sous sa domination. L'expédition n'avait pas d'autre but.

Cette fois, il ne s'agissait pas de faire une conquête.

L'on s'attendait bien à trouver une certaine résistance de la part des nègres. Dans l'espoir de gagner, en flattant leur vanité, ceux qu'il appelait les *noirs dorés*, le premier consul avait confirmé tous les grades qu'ils s'étaient attribués, et fait de Toussaint, un lieutenant général à Saint-Domingue, le second du général Leclerc. Mais ce dernier avait reçu comme instructions de ne pas se fier complètement aux généraux nègres, après leur soumission et, au moindre soupçon, de leur enlever leurs commandements, et de s'assurer de leurs personnes. Il en était de même des troupes indigènes, qui devaient être licenciées, au premier symptôme d'insubordination. Le premier consul voulait avec raison que l'autorité de la France à Saint-Domingue fût complète et sérieuse. La question militaire avait donc été minutieusement réglée ; mais elle était à peu près la seule dont on se fût occupé. Rien n'avait été arrêté pour l'administration de la colonie, les rapports à établir entre les blancs, les mulâtres et les noirs, la culture et le commerce. L'on s'en remettait en quelque sorte aux événements et aux circonstances. Nous ne saurions ici trop blâmer le gouvernement consulaire, tout en tenant compte de la précipitation, avec laquelle il avait été obligé d'agir. Dans toutes les expéditions d'outre-mer, il ne faut rien laisser à l'imprévu. C'est la condition indispensable, si l'on veut réussir.

Nous avions réuni des forces imposantes. Notre flotte formait six escadres, et comptait trente-cinq vaisseaux de ligne, vingt-six frégates et quinze corvettes, avisos et transports. L'Espagne et la Hollande s'étaient associées à notre expédition et avaient envoyé, la première quatre vaisseaux de ligue, une frégate et un brick, la seconde trois vaisseaux et une frégate. La flotte était placée sous le commandement supérieur de l'amiral Villaret-Joyeuse qui avait sous ses ordres les contre-amiraux Latouche-Tréville, Gantheaume, Linois, Delmoche, Gravina et Hartzinch. Ces deux derniers étaient, l'un Espagnol et l'autre Hollandais. L'armée, qui avait été embarquée, comptait près de vingt-deux mille hommes. Le commandant en chef était le général Leclerc et les généraux de division, Boudet, Hardy, Rochambeau, Desfourneaux et Clauzel. Parmi les généraux de brigade nous citerons Devaux, Salme, Fressinet, Humbert et Pamphile de Lacroix. L'ancien chef des mulâtres, Rigaud, prenait part à l'expédition, en qualité de général de brigade. Jamais en France une expédition d'outre-mer n'avait été encore entreprise avec des forces aussi considérables [1].

Nous aurions dû agir sans perdre de temps, arriver à l'improviste à Saint-Domingue, et profiter des avantages que donnent la surprise et la spontanéité. On fit malheureusement le contraire, et les rendez-vous ne semblaient avoir été donnés aux escadres, que pour retarder l'expédition. L'amiral Villaret-Joyeuse appa-

---

[1] Le corps expéditionnaire comprenait 21,880 hommes. La plus grande partie de l'infanterie avait été formée par des détachements tirés de 16 demi-brigades appartenant à l'armée du Rhin. La légion de Saint-Domingue, composée de volontaires la plupart originaires de la colonie, présentait un effectif de 6 à 700 hommes. La légion de la Loire, formée en majorité par des volontaires, en avait 1,100. La cavalerie ne comptait que 600 hommes, chasseurs et dragons, et l'artillerie 900. Il y avait 200 Allemands qui formaient un bataillon de chasseurs à pied.

reilla de Brest, dans les premiers jours de décembre 1801, avec l'amiral Gavina, et se rendit à Belle-Ile-en-Mer où il fut rejoint par la division de Lorient, que commandait le contre-amiral Delmothe. Il se trouvait à la tête de seize vaisseaux et d'une force de sept à huit mille hommes. Conformément à ses instructions, il croisa quelque temps dans le golfe de Gascogne, pour essayer d'y rencontrer l'amiral Latouche-Tréville, qui devait sortir de Rochefort avec six vaisseaux et six frégates. N'ayant pu le rallier, Villaret-Joyeuse passa aux Canaries, pour voir s'il n'y trouverait pas la division Linois, venant de Cadix, et la division Gantheaume venant de Toulon. Ne les ayant pas rencontrées, il prit la route de Samana, le rendez-vous commun, et y parut le 29 janvier 1802. Latouche-Tréville le suivit de près. Quant aux divisions de Cadix et de Toulon, elles ne touchèrent à Saint-Domingue, que beaucoup plus tard. Néanmoins, avec les escadres de Brest, de Lorient et de Rochefort, l'on réunissait 11 à 12,000 hommes de troupes. Aussi Villaret-Joyeuse et Leclerc étaient-ils d'accord pour agir immédiatement, et paraître à la fois devant tous les ports de la colonie, et s'en saisir, avant d'avoir donné à Toussaint le temps de se reconnaître.

Toussaint avait dû être informé de l'expédition par la voie de l'Angleterre, des États-Unis ou de la Jamaïque, peut-être même par les agents qu'il avait en France. Averti de la présence d'un grand nombre de voiles à Samana, il y était accouru de sa personne, pour juger de ses propres yeux le danger dont il était menacé. Ne doutant plus à la vue de l'escadre française du sort qui l'attendait, il prit le parti de recourir aux dernières extrémités plutôt que de subir l'autorité de la métropole. Dans le but de ramener les noirs de la culture à la guerre, et de les décider à soutenir la lutte, il résolut de leur persuader que leur liberté était en péril ; son plan consistait à ravager les villes maritimes, à brûler les habitations, à massacrer les blancs, à se retirer ensuite dans les mornes, et à attendre dans ces retraites que le climat dévorant les blancs, l'on pût se jeter sur eux pour achever leur extermination. Il prescrivit à ses officiers de répondre aux premières sommations de l'escadre, qu'ils n'avaient pas d'ordres pour la recevoir, et dans le cas où le débarquement s'exécuterait, de tout détruire, de tout massacrer, en se retirant dans l'intérieur de l'île. Tels furent les ordres donnés à Christophe, à Dessalines, à Laplume qui commandaient dans le Nord, l'Ouest et le Sud. Le mulâtre Clerveaux, chargé d'administrer l'ancienne partie espagnole, fut laissé sans instructions. Toussaint avait en quelque sorte renoncé à ce territoire, dont les habitants, naguère encore sujets de la cour de Madrid, subissaient à regret la domination des nègres, et allaient naturellement se déclarer pour les Français.

Après avoir détaché sur Santo-Domingo, deux frégates avec un corps de cinq cents hommes commandés par Kerverseau, Villaret-Joyeuse reprit la mer et se porta jusqu'à Montéchrist où il eut beaucoup de peine à se procurer des pilotes, pour se diriger dans les rades de Fort-Dauphin et du Cap. Leclerc avait partagé son armée en trois divisions. La première, sous les ordres de Rochambeau, forte de deux mille hommes, devait se porter à Fort-Dauphin ; la seconde, sous les ordres du général Boudet, forte de trois mille hommes, à Port-au-Prince, et la troisième, sous les ordres du général Hardy, forte de quatre mille cinq cents hommes, était destinée à agir sur le Cap. Sans un contre-ordre, qui fut la cause d'un retard déplorable et amena entre Villaret-Joyeuse et Leclerc une discussion si violente, que ce dernier fut sur le point de faire arrêter l'amiral, l'on aurait pu surprendre le Cap. Christophe livré à lui-même semblait disposé à recevoir l'expédition. L'arrivée secrète de Toussaint changea ses sentiments à notre égard.

Le 3 février, notre flotte était devant le Cap. L'on put se convaincre de l'hostilité que nous allions y rencontrer. Toutes les balises étaient enlevées, les forts armés, et la disposition à la résistance évidente. La présence de Toussaint dans la ville avait déterminé une partie de la population à soutenir la lutte. Le 4 février, un aide de camp de l'amiral Villaret-Joyeuse, nommé Lebrun, se jeta dans une barge de noirs, qui s'était approchée de l'escadre, et prit terre au fort Picolet où se trouvait Christophe. En lui remettant les papiers dont il était porteur, il demanda à parler au général Toussaint-Louverture. Christophe l'engagea à venir en ville, et tous deux se rendirent au Cap, entourés de nombreux officiers mulâtres ou nègres dont l'attitude était méfiante. Les quelques blancs, qui se trouvaient là, paraissaient très exaltés, et deux d'entre eux engagèrent même à haute voix Christophe à ne pas écouter les propositions des Français et à *repousser la force par la force*. Au palais du gouvernement, Christophe laissa seul Lebrun, passa dans une pièce voisine où se trouvait très probablement Toussaint [1], et revint une heure après. Il répondit que le gouverneur était dans la partie espagnole, qu'il fallait attendre ses ordres, et qu'il ne pouvait recevoir l'escadre. Il ajouta qu'il résisterait par l'incendie et le massacre à toute tentative de débarquement. Comme la flotte n'était plus en vue, il dit à Lebrun, qu'en attendant le lendemain matin, où alors il pourrait la rejoindre, il resterait dans l'appartement où il se trouvait. On servit à souper à Lebrun sur de la vaisselle plate. Ce dernier fut frappé du décor élégant des appartements. Quatre domestiques en livrée, de couleur d'ébène, le servaient, sans proférer une seule parole, et aucun officier noir ne se présenta pour lui tenir compagnie. Notre parlementaire put voir que sa mission avait été complètement inutile.

La municipalité du Cap, composée de notables, en majorité blancs et mulâtres, vint trouver Christophe, et le conjura de ne pas mettre ses menaces à exécution. Le général noir fut inexorable, et leur déclara *que la terre brûlerait* avant que l'escadre mouillât dans la rade. Il permit néanmoins à une députation de se rendre à bord de la flotte, pour demander au général Leclerc de suspendre son entrée, pendant quarante-huit heures, afin de solliciter de nouveaux ordres de Toussaint. Cette députation, qui avait à sa tête le maire de la ville, un nègre nommé Thélémaque, partisan de la France,

---

[1] Ce qui persuada à Lebrun que Toussaint se trouvait dans la pièce voisine, c'est que toutes les fois que Christophe lui parlait, il se tournait du côté de la cloison et élevait la voix de manière que ses réponses pussent être entendues.

exprima ses angoisses au général Leclerc. Elle était à la fois, joyeuse de voir arriver les soldats de la mère-patrie, et remplie d'épouvante en songeant aux menaces affreuses de Christophe. Ses agitations passèrent dans l'âme de Leclerc, qui se trouvait entre l'obligation de remplir sa mission et la crainte d'exposer une population aux fureurs de Christophe. Il fallait néanmoins qu'il débarquât. Il promit aux habitants d'agir avec promptitude de manière à surprendre le lieutenant de Toussaint, et de ne pas lui donner le temps d'accomplir son œuvre de destruction. Il les exhorta vivement à s'armer pour défendre leurs personnes et leurs biens, et leur remit une proclamation du premier consul, destinée à rassurer les noirs sur le but de l'expédition. Il leur donnait en même temps une lettre pour Christophe où il lui témoignait toute l'indignation que lui causait sa conduite.

L'escadre fut obligée de regagner le large pour obéir à une condition des vents. Une fois en mer, Leclerc se concerta avec Villaret-Joyeuse pour un plan de débarquement. Il fut décidé que les troupes débarqueraient dans les environs du Cap, au delà des hauteurs qui dominent la ville, et pendant qu'elles essaieraient de la tourner, l'escadre pénétrerait dans les passes. L'on espérait ainsi par une double attaque par terre et par mer, enlever la ville, avant que Christophe eût pu réaliser ses sinistres menaces. Le lendemain, on mit les troupes à terre, près de l'embarcadère du Limbé ; cette opération prit toute la journée. Le jour suivant, nos soldats se mettaient en marche pour tourner la ville, et l'escadre s'engageait dans les passes. Deux vaisseaux, le *Patriote* et le *Scipion*, s'embossèrent devant le fort Picolet, qui tirait à boulets rouges, et l'eurent bientôt réduit au silence. Dans la soirée, la brise de terre obligea la flotte à s'éloigner pour n'aborder que le lendemain. Tandis qu'on gagnait la pleine mer, on eut la douleur de voir une lueur rougeâtre s'élever sur les flots et bientôt les flammes dévorer la ville du Cap. Voici ce qui s'était passé.

Sitôt le retour des députés du Cap, Christophe avait fait jurer à ses troupes de vaincre ou mourir, et fait tous les préparatifs pour incendier la ville, malgré les supplications de la municipalité. Des bandes de nègres armés de torches s'étaient répandues dans les différents quartiers, et l'église, le palais du gouvernement, les bureaux de la marine, les casernes, l'arsenal devinrent en quelques instants la proie du feu. Il en était de même des maisons ; l'on forçait celles qui n'étaient pas ouvertes. Vers onze heures du soir, les flammes se propagèrent sur une telle étendue, qu'il n'y eut plus moyen de tenir dans la ville. Après avoir procédé au massacre de quelques blancs, et forcé les autres à le suivre dans les mornes, Christophe avait évacué le Cap. Pendant qu'une partie de ces malheureux blancs expirait sous le fer des nègres ou était emmenée avec eux, environ quinze cents personnes, blancs ou mulâtres, suivant en troupe la municipalité, sous la conduite du maire Thélémaque, échappaient aux fureurs de Christophe, et erraient sur le rivage. Ces infortunés cherchaient à se sauver en se jetant dans les bras de l'armée française. Durant toute la nuit, leur anxiété fut grande. Tremblant pour leur vie, ils attendaient avec une impatience fiévreuse le débarquement de nos troupes, et à chaque instant, les explosions successives des magasins de poudre, qui faisaient trembler la terre, augmentaient leurs craintes. De leur côté, nos marins, qui voyaient l'incendie de la ville, et connaissaient l'affreuse situation de leurs compatriotes, souffraient de ne pouvoir leur porter secours.

Le lendemain, 6 février, tandis que le général Leclerc se hâtait d'arriver au Cap, en tournant les hauteurs, Villaret-Joyeuse entrait dans le port et y jetait l'ancre, sans y trouver aucune résistance. Douze cents marins furent immédiatement débarqués, sous le commandement du général Humbert, pour courir au secours de la ville et en arracher les débris à la fureur des nègres. De son côté, le général Leclerc arrivait ; malheureusement, il n'avait pu atteindre Christophe qui avait déjà pris la fuite. On recueillit les habitants, qui avaient suivi la municipalité, et étaient rendus à la joie, en se voyant définitivement soustraits au péril. Ils coururent à leurs maisons incendiées, et éteignirent le feu avec l'aide des marins. Les troupes de terre se mirent à poursuivre Christophe, dans la campagne, et furent assez heureuses pour empêcher les noirs de détruire les riches habitations de la plaine du Cap, et leur enlever une quantité de blancs qu'ils n'eurent pas le temps d'emmener avec eux dans les mornes.

Le général Leclerc s'établit dans la ville du Cap, après avoir fait éteindre l'incendie. Les bâtiments publics avaient été détruits en partie et les riches magasins pillées par les hordes noires. Les maisons avaient moins souffert ; dans la plupart, le faîte seul avait brûlé. Le nombre des blancs égorgés n'était pas aussi grand qu'on l'avait cru d'abord. Beaucoup d'entre eux revenaient successivement, accompagnés de leurs serviteurs restés fidèles. Les troupes et la population s'employaient de leur mieux à effacer les traces de l'incendie. On fit appel aux nègres cultivateurs, et l'on en vit beaucoup, fatigués de la vie sauvage à laquelle on voulait de nouveau les entraîner, revenir à leurs travaux. En peu de jours, la ville reprit un certain aspect d'ordre et d'activité, et l'on pouvait espérer la voir tôt ou tard recouvrer son ancienne prospérité.

Pendant que ces événements se passaient au Cap, le capitaine de vaisseau Magon avait débarqué Rochambeau avec son corps expéditionnaire à l'entrée de la baie de Mancelline ; puis, il avait pénétré dans la baie avec ses bâtiments, pour seconder le mouvement des troupes, après avoir chassé à coups de fusil, les noirs qui occupaient le fort Labouque. Rochambeau avait précipité sa marche sur Fort-Dauphin qu'il enleva avec l'appui du canon des vaisseaux. Cette affaire sans importance ne nous avait coûté que quatorze hommes parmi lesquels se trouvait le fils du duc de la Châtre, aide de camp de Rochambeau.

Pendant que Leclerc et Villaret-Joyeuse reprenaient le Cap, l'escadre de Rochefort, commandée par le contre-amiral Latouche-Tréville, se rendait avec la division Boudet devant la baie de Port-au-Prince, et y arrivait, dans la soirée du 3 février. Un blanc, nommé Agé, au service de Toussaint, en qualité de chef d'état-major général, commandait la place, en l'absence de Dessalines, résidant à Saint-Marc. Cet officier plein de bons sentiments avait la plus grande répugnance à exécuter les ordres qu'il avait reçus. Il fit bon accueil au parlementaire français Sabès, et écrivit au général Boudet qu'il allait attendre les instructions du général Dessalines. En même temps, il l'informait que son autorité était méconnue des troupes, parce qu'il était blanc, et que, malgré sa bonne volonté, il ne pouvait plus agir que du consentement des chefs de couleur de la garnison.

Cet avis semblait annoncer de la résistance. L'amiral Latouche-Tréville et le général Boudet, chargé de commander les troupes de terre, étaient d'avis d'agir avec vigueur et promptitude. Quelques officiers mulâtres et noirs avaient fait savoir que du moment que les Français toucheraient le rivage, trois coups de canon seraient le signal de l'incendie de la ville et du massacre des blancs. L'alternative était cruelle : cependant les chefs de l'expédition n'hésitèrent pas un seul instant. L'amiral Latouche-Tréville fit construire des radeaux armés d'artillerie. Le lendemain, à dix heures du matin, il débarquait les troupes à la pointe de Lamentin, puis il fit voile en toute hâte vers Port-au-Prince, afin d'appuyer les opérations.

Les troupes de débarquement présentaient un effectif de trois mille hommes. Le général Boudet les commandait, et il donna ordre de se porter rapidement sur Port-au Prince. A peine avait-il commencé à exécuter son mouvement que trois coups de canon étaient tirés du fort National, et après ce signal des tourbillons de fumée s'élevaient de tous les côtés; indignés et émus de cet acte de barbarie, nos soldats marchaient silencieusement, en serrant les rangs. A midi, la colonne arriva à une portée de canon du fort Bizoton, occupé par un bataillon indigène. L'on s'en approcha sans tirer. Un capitaine noir, nommé Séraphin, se présenta en parlementaire et déclara qu'on était disposé à défendre le fort contre toute attaque, Le général Boudet eut une idée des plus heureuses. Feignant de ne pas entendre ces paroles, il se tourna vers ses grenadiers et leur dit : « *Camarades, vous êtes ici sur le territoire de la France, vous n'y trouverez que des amis ; gardez vos armes sur l'épaule, et s'il le faut, laissons-nous tuer, afin que ceux qui nous suivent, soient en droit de venger notre mort et de venger la France.* » Puis, s'adressant au capitaine noir, il le pria de répéter à son bataillon ce qu'il venait d'entendre, et ajouta : « *Tirez sur nous si vous osez ; mais si vous le faites, vendez chèrement votre vie ; car vous êtes perdus.* » La colonne continua sa marche. La garnison noire du fort Bizoton, en voyant l'attitude amicale et résolue des troupes françaises, connaissant les paroles de son chef, se rendit, et vint prendre place dans nos rangs, en criant : « *Vive la France ! Vivent nos frères !* » L'on se remit en route, et l'on arriva à quelques centaines de mètres de Port au-Prince, au moment où l'amiral Latouche-Tréville entrait dans la rade avec ses vaisseaux.

La garnison de la ville comptait quatre mille noirs. Des hauteurs sur lesquelles cheminait l'armée, on voyait ces noirs répandus au milieu des principales places ou postés en avant des murs. Le général Boudet fit tourner la ville par deux bataillons, et marcha avec le reste de ses forces sur les redoutes qui la couvraient; la principale consistait en six canons de gros calibre. Tout à coup, les nègres se mirent à crier : « *Nous sommes amis, ne tirez pas, avancez.* » Confiants dans ces paroles, nos soldats s'avancèrent l'arme au bras ; une décharge de mousqueterie et de mitraille, exécutée presque à bout portant, en abattit trois cents, le tiers tué, les autres blessés. Au nombre de ces derniers, se trouvait le général Pamphile de Lacroix. On escalada la redoute en battant la charge, et l'on fondit à la baïonnette sur ces misérables noirs, en immolant tous ceux qui n'eurent pas le temps de s'enfuir. Sur ces entrefaites, Latouche-Tréville, qui avait fait prendre à son escadre une ligne d'embossage, fit pleuvoir une grêle de boulets sur les batteries ennemies, et réussit, en peu d'instants, à les éteindre. Canonnés de si près, assaillis dans les rues par nos soldats, qui les traquaient la baïonnette dans les reins, sans leur donner le temps de se reconnaître, les nègres fuyaient en désordre sans mettre le feu. L'effroi les avait saisis, et sauf dans la défense de la trésorerie, ils se sauvèrent, presque sans résistance, laissant les caisses publiques pleines d'argent et les magasins remplis d'une immense quantité de denrées coloniales. En peu de temps, la ville fut entièrement occupée par nos troupes. Toute en bois, elle n'avait dû sa conservation qu'à la promptitude et à la vigueur de notre attaque.

La joie que pouvait nous causer notre succès, fut malheureusement troublée, quand on apprit qu'une partie de la population blanche avait été traînée par les nègres dans les mornes et exposée à toutes sortes de mauvais traitements de leur part. Plusieurs blancs avaient été massacrés dans la ville pour n'avoir pas voulu prendre part à la résistance et entre autres, le capitaine d'artillerie, Lacombe. Le général Agé, le chef de brigade d'Alban et les blancs qui avaient pu se soustraire à la vengeance des noirs, vinrent témoigner toute leur reconnaissance. Le chef de brigade Sabès, que son titre de parlementaire aurait dû faire respecter, avait été emmené avec les matelots qui l'accompagnaient, et l'on était fort inquiet sur leur sort. Les colonnes de fumée que l'on signalait dans les campagnes indiquaient la marche de nos ennemis, et en même temps leur rage de destruction.

En apprenant le débarquement des Français, Dessalines avait quitté Saint-Marc, et était venu prendre position à la Croix-des-Bouquets, où les fuyards de Port-au-Prince le rejoignirent. Il ne jugea pas prudent d'attendre le général Boudet, qui était sorti de la ville avec un fort détachement, et ordonna la retraite sur Léogane. Mais auparavant, il fit mettre le feu aux plantations, et particulièrement aux cases des cultivateurs, pour les forcer à le suivre. L'apparition spontanée de nos troupes sauva une partie de la plaine. Nos soldats s'occupèrent d'éteindre les flammes, et furent aidés par un grand nombre de nègres fatigués de la tyrannie de Dessalines. En même temps, plusieurs blancs, qui étaient parvenus à s'échapper, nous rejoignirent. Le 10 février, Dessalines arrivait à Léogane ; le lendemain, il l'évacuait à l'approche des Français et se retirait dans les mornes. Léogane fut occupée sans coup férir. Malheureusement, les nègres y avaient mis le feu et quoique nous parvînmes à l'éteindre assez rapidement, les dégâts ne laissaient pas d'être assez considérables.

Le général Boudet s'était appliqué à gagner les sympathies des officiers de couleur restés à Port-au-Prince ; il y réussit. Il fut bientôt informé que le général Laplume, moins barbare que ses pareils, était disposé à reconnaître l'autorité de la France. Le général Boudet lui envoya comme émissaire un officier de couleur, le capitaine Célestin. Ce dernier, profitant des bonnes dispositions de Laplume, le décida à se rallier aux Français, ainsi que la plupart des chefs militaires placés sous ses ordres. C'était un résultat des plus importants. Laplume nous remit intact le riche département du Sud, et près de quatre mille hommes de l'armée de Toussaint qu'il commandait devenaient nos auxiliaires.

Pendant que les événements se précipitaient dans la partie française, la partie espagnole était placée, sans beaucoup d'efforts, sous notre autorité. Le 2 février, les frégates portant le petit corps de troupes du général Kerverseau s'étaient présentées devant Santo-Domingo. Le général Paul Louverture, qui y commandait, répondit à la sommation qui lui fut faite, qu'il ne pouvait remettre la place que d'après les ordres du gouverneur général, son frère. Sur ces entrefaites, les habitants, fatigués de la domination des nègres, prirent les armes dans la nuit du 9 février, et s'emparèrent d'un des forts de la ville, pour le remettre aux Français. Malheureusement, nos troupes ne pouvaient débarquer vu l'état de la mer, et le général Kerverseau allait donner l'ordre de s'éloigner en louvoyant pour attendre des renforts, quand il se vit tout à coup appelé dans Santo-Domingo. En apprenant l'arrivée des Français, l'évêque constitutionnel de cette ville, de Mauvielle, s'était rendu à Santiago, le chef-lieu du département du Cibao, près du général Clervaux, et l'avait décidé à reconnaître l'autorité de Leclerc. Le général Paul Louverture avait suivi son exemple et, le 20 février, il avait envoyé un de ses officiers trouver le général Kerverseau. Toute l'ancienne partie espagnole était en notre pouvoir, sans que nous eussions été obligés de tirer un seul coup de fusil.

Il n'en était pas de même dans la partie française. Le 10 février, le général Humbert était arrivé devant Port-de-Paix avec un vaisseau, deux frégates et plusieurs transports, portant douze cents hommes. Maurepas, le plus capable des généraux noirs, commandait cette place et, sans vouloir rien écouter, il avait repoussé à coups de canon, une goëlette parlementaire. Il avait fallu l'emploi de la force pour prendre terre. Après une assez vive résistance, les nègres s'étaient retirés en incendiant la ville; le 15 février, ils étaient revenus nous attaquer, et le général Humbert n'était parvenu à les repousser qu'avec le secours de quatre cents marins du *Jean-Bart*. Maurepas s'était cantonné à trois lieues de la ville, et pour le moment, il fallait renoncer à le débusquer de sa position.

Néanmoins, les débuts de l'expédition avaient été heureux. Dans les quinze premiers jours de février, nos troupes avaient occupé la partie espagnole, la plus grande partie du département du Sud; dans le Nord, le Cap, Fort-Dauphin; dans l'Ouest, Port-au-Prince, Léogane, Port-de-Paix, et nos vaisseaux dominaient tout le littoral. Il ne restait à Toussaint que quelques villes du rivage, qui allaient forcément tomber en notre pouvoir. Son armée, réduite de près de moitié, depuis les défections de Clervaux et de Laplume, ne pouvait tenir contre nos troupes, en bataille rangée. Aussi le général Leclerc voulait agir avec vigueur, et profiter des mois de février, mars et avril, pour achever l'occupation, parce que plus tard les chaleurs et les pluies rendaient les opérations militaires impossibles. Les divisions de Toulon et de Cadix, commandées par Ganteaume et Linois, étaient arrivées, et l'armée de débarquement au complet se trouvait portée à vingt-deux mille hommes; défalcation des morts et des malades, il en restait au moins dix-huit mille valides. Malheureusement, les services administratifs dont l'organisation était défectueuse, étaient loin de suffire aux besoins. Le service des vivres n'était pas suffisamment assuré, et les soins médicaux à peu près nuls. Aucune précaution hygiénique n'avait été prise, en prévision du climat, et il semblait que l'expédition de Saint-Domingue dût s'accomplir dans des conditions analogues à celles d'une campagne sur les bords du Rhin. Cette incurie devait nous être fatale.

La région montagneuse, dans laquelle Toussaint s'était réfugié, était située entre la mer et le mont Cibao et versait ses rares eaux, par plusieurs affluents, dans la rivière de l'Artibonite, laquelle se jette dans l'Océan, tout près de Saint-Marc. Si l'on voulait y cerner les noirs, il fallait y marcher de tous les côtés à la fois, du Cap, de Port-de-Paix et de Saint-Marc. Mais pour pénétrer dans ces mornes, on avait à franchir des gorges étroites, rendues presque impénétrables par la végétation des tropiques et dans le fond desquelles, les nègres, blottis en tirailleurs, présentaient une résistance difficile à surmonter. Aussi, avant d'ouvrir la campagne, le général Leclerc voulut, conformément à ses instructions, user de tous les moyens pour amener Toussaint à se soumettre. Il lui fit parvenir une lettre du premier consul, et conduire ses deux fils, qui envoyés en France, sous le Directoire, y avaient été élevés. Leur précepteur Coisnon, qui avait été chargé de leur éducation, les accompagnait. L'on savait que le vieux noir, capable des plus grandes atrocités, était néanmoins sensible aux affections de la nature. L'on espérait que les prières de ses enfants pourraient influencer sa résolution et le déterminer à ne pas soutenir la guerre.

Dans la matinée du 9 février, Toussaint recevait ses deux fils et leur précepteur sur l'habitation d'Ennery, sa retraite ordinaire. Il les serra longtemps dans ses bras, et quoique dévoré d'ambition, il fut ébranlé. Ses fils et Coisnon lui dépeignirent la puissance et l'humanité de la nation française, les avantages attachés à une soumission, qui laisserait bien grande encore sa situation à Saint-Domingue, assurerait un avenir brillant à ses enfants; le danger, au contraire, d'une ruine presque complète, en s'obstinant à combattre. La mère des deux jeunes gens se joignit à eux pour essayer de vaincre Toussaint. Touché de ces instances, ce dernier voulut prendre quelques jours pour réfléchir. L'ambition l'emporta sur la tendresse paternelle. Il fit appeler de nouveau ses deux fils, leur laissa le choix entre la France qui en avait fait des hommes civilisés et lui qui leur avait donné le jour, et leur déclara qu'il continuerait de les chérir, fussent-ils dans les rangs de ses ennemis. Ces malheureux enfants, agités comme leur père, hésitèrent tout d'abord. L'un d'eux, néanmoins, se jetant à son cou, déclara qu'il mourrait en noir libre, à ses côtés. L'autre lui dit : « *Voyez en moi un serviteur de la France, qui ne pourra jamais se résoudre à porter les armes contre elle.* » Il le quitta sur-le-champ et suivit sa mère dans l'une des terres du dictateur.

Il n'y avait plus d'illusions à se faire ; la guerre allait continuer. La région, où s'était retiré Toussaint avec ses généraux, était fourrée et presque inextricable. Maurepas occupait la gorge étroite des Trois-Rivières, qui débouche vers la mer à Port-de-Paix. Christophe s'était établi sur les versants des mornes qui regardent la plaine du Nord. Dessalines se trouvait à Saint-Marc, et avait pour appui, un fort bien construit, la Crête-à-Pierrot, placé dans un pays plat que l'Artibonite traverse et arrose, en formant de nombreux détours. C'est dans ce fort que Toussaint avait amassé ses munitions; il se tenait au centre de cette région, entre Christophe, Maurepas et Dessalines, avec une troupe d'élite.

Leclerc se proposait d'attaquer les mornes, à la fois, par le Nord et par le Sud. Son plan était excellent, du moment que l'on avait affaire à un ennemi qu'il fallait envelopper et chasser devant soi, plutôt que le combattre en règle. Assaillis de tous les côtés, les noirs n'avaient d'autre asile que les Gonaïves où l'on avait l'espoir de les enfermer.

Le 17 février, le général Leclerc avait adressé une proclamation aux habitants de Saint-Domingue ; il leur garantissait la liberté et mettait Toussaint hors la loi. Il avait divisé l'armée en trois divisions, qui se mirent immédiatement en marche.

La division Rochambeau, sortie de Fort-Dauphin, enleva, à la bayonnette, la position de la Mare à la Roche, défendue par 400 noirs et de l'artillerie, et vint s'établir à Saint-Michel. La division Hardy, qui était partie du Cap, escalada la position formidable du Morne à Boispin, et pénétra de vive force dans le bourg de la Marmelade, où elle culbutait Christophe, qui s'y trouvait avec 2,400 hommes, moitié troupes de ligne, moitié cultivateurs soulevés. La division Desfourneaux arrivait à gagner, sans obstacles, le canton de Plaisance, qui lui fut remis intact par son commandant, le nègre Jean Pierre Dumesnil. Ce brave homme avait eu le courage de résister aux ordres de Toussaint, qui portaient de tout saccager et de tout brûler. Non seulement il se rendit, mais il se joignit à nos soldats avec sa troupe forte de 500 hommes. Ces diverses opérations n'avaient duré que deux jours, malgré les difficultés qu'elles présentaient. Nos soldats avaient eu à escalader des hauteurs effrayantes, à traverser des gorges étroites, des broussailles affreuses ; mais rien ne les avait arrêtés. Ils avaient stupéfait les nègres par leur audace à marcher, presque sans tirer sur un ennemi faisant feu sur lui de toutes parts.

Le général Humbert était moins heureux. Débarqué à Port-de-Paix, il avait peine à tenir tête aux efforts de Maurepas, qui couvrait la gorge aux Trois-Rivières avec 7,000 hommes, dont 2,000 de troupes régulières. Le général Debelle, venu avec 1,500 hommes pour porter secours au général Humbert, n'avait pu déloger Maurepas de ses positions, et s'était vu contraint de se replier sur Port-de-Paix.

Nous étions obligés de ce côté de rester sur la défensive. Il n'en était pas de même ailleurs. Le quartier de Jean-Rabel s'était soumis, sans résistance, à un détachement d'une centaine de canonniers de la marine. La frégate *La Furieuse* entrait dans le môle Saint-Nicolas, aux acclamations des habitants, et 300 hommes, qu'elle y débarquait, étaient reçus comme des libérateurs. Pressé sur ses flancs par les divisions Desfourneaux et Rochambeau, Christophe ne pouvait plus tenir à Ennery, et était obligé de reculer, en voyant ses troupes s'éparpiller dans les mornes. Le 23 février, la division Desfourneaux entrait dans la ville des Gonaïves. Le même jour, la division Rochambeau infligeait à la Ravine-aux-Couleuvres, une défaite à Toussaint. La Ravine-aux-Couleuvres est une gorge étroite, resserrée entre des mornes escarpés et couverts de bois où fourmillaient des nuées de nègres armés. Toussaint occupait le plateau de la ravine avec 3,000 hommes de troupes régulières. Ses approches étaient couvertes d'abatis considérables, et l'on pouvait considérer sa position comme formidable. Sitôt que le signal fut donné, nos soldats pénétrèrent hardiment dans la gorge, sans se laisser arrêter par le feu des tirailleurs placés sur des hauteurs escarpées, derrière des buissons épineux ou sur des arbres gigantesques. Ils escaladèrent les berges, tuant à coups de bayonnette, les noirs trop lents à se retirer, et débouchèrent sur le plateau. Arrivés là, ils en finirent avec une seule charge. 800 nègres restèrent sur le carreau. Toute l'artillerie de Toussaint fut prise.

Sur ces entrefaites, le général Leclerc résolut d'en finir avec Maurepas, qui résistait vigoureusement. Il donna l'ordre à la division Desfourneaux d'aller le prendre par derrière, en se rabattant sur le Gros-Morne où aboutit la gorge des Trois-Rivières, tandis que les généraux Humbert et Debelle viendraient l'assaillir du côté de Port-de-Paix. Enveloppé par des forces supérieures, ayant connaissance de la défaite de Toussaint à la Ravine-aux-Couleuvres, Maurepas vit qu'il était perdu, et offrit de se soumettre, à condition que lui et ses officiers conserveraient leurs grades. Ses offres furent acceptées, et il rejoignit le général Leclerc à la tête de ses troupes, qui comptaient 2,000 noirs. Ce fut là le coup le plus rude porté à la puissance morale de Toussaint. Son armée commençait à l'abandonner, et plusieurs de ses lettres, qu'on intercepta, montraient son découragement. Tout faisait supposer que la lutte ne pouvait longtemps se prolonger.

De son côté, le général Boudet, après avoir laissé Port-au-Prince, à la garde du général Pamphile de Lacroix avec 6 à 700 hommes, sortait avec le gros de ses forces, se rendait aux Arcahayes, et de là marchait sur Saint-Marc, le seul point important de la côte, qui ne fût pas en notre pouvoir. Chemin faisant, il eut à enlever plusieurs embuscades, et le 24 février, il arrivait devant Saint-Marc avec des troupes harassées de fatigue. Dessalines était dans cette ville, prêt à recevoir les Français, et à y commettre les plus grandes atrocités. Il avait fait faire dans toutes les maisons des dépôts de combustibles, et sur son ordre, la cité de Saint-Marc, encore si florissante, fut livrée aux flammes. En un instant, l'incendie fut général. Dessalines donna le premier l'exemple, et lui-même armé d'une torche, vint mettre le feu à son habitation; les siens l'imitèrent. Il se retira ensuite après avoir égorgé plus de 200 blancs, et traîné le reste à sa suite, dans les mornes. Nos troupes n'occupèrent que des ruines arrosées de sang humain.

Dessalines s'attendait à être poursuivi par le général Boudet ; mais auparavant, il voulait par une marche rapide se porter sur Port-au-Prince, et s'en emparer, grâce à la faiblesse de sa garnison. Le général Pamphile de Lacroix fit face au danger. Il venait de recevoir la soumission de deux chefs nègres, Lamour de la Rance et Lafortune, qui battaient la campagne avec leurs bandes. En réveillant chez ces bandits l'amour du pillage, il les décida à combattre une demi-brigade, qui accourait des sources de la Grande-Rivière, pour se joindre à Dessalines. Nos nouveaux alliés acceptèrent, et après un combat meurtrier, ils revenaient à Port-au-Prince, avec un millier de prisonniers, c'est-à-dire la presque totalité de cette demi-brigade. Les prisonniers furent conduits immédiatement à bord des vaisseaux. Le général Pamphile se mit en mesure de résister à Dessalines. Il réunit la garnison et la harangua chaudement. En apprenant le péril qui menaçait la ville, l'amiral Latouche-Tréville était descendu à terre avec les deux tiers de ses équipages. Dans la nuit du 27 février, Dessalines parut ; mais il fut repoussé, et obligé de se jeter dans les mornes, après avoir incendié quelques cases des environs. Le général Boudet, qui se doutait de son projet, arriva peu après à Port-au-Prince, qu'il trouva sauvé. Mais au milieu de ces marches et de ces contre-marches, il lui avait été impossible de seconder les mouvements du général en chef. Les noirs n'avaient pu être enveloppés et poussés sur les Gonaïves.

Nous étions victorieux, mais néanmoins nous n'avions obtenu aucun résultat décisif. A chaque instant, paraissaient des bandes de nègres, qui promenaient le massacre et l'incendie. Cette guerre devenait pour nous meurtrière. Si, grâce au concours du général noir Maurepas, nous empêchions un nouveau soulèvement dans le Nord, cependant nous n'avions rien fait, tant que les mornes du Chaos ne seraient pas en notre pouvoir. C'était le foyer de l'insurrection ; c'était là que se trouvait le fort de la Crête-à-Pierrot, l'arsenal de Toussaint. Ce fort construit par les Anglais, lors de leur séjour dans la colonie, au début, n'était qu'une redoute. Peu à peu, l'on avait augmenté ses travaux de défense, et il était devenu une véritable forteresse, bien pourvue d'artillerie, et défendue par 2,000 noirs, bons soldats, ayant à leur tête des officiers moins ignorants que les autres. Le général Leclerc pensait avec raison que la prise de la Crête-à-Pierrot s'imposait le plus tôt possible. Les généraux Hardy, Rochambeau et Boudet reçurent l'ordre de se porter de ce côté avec leurs divisions, pendant que le général Desfourneaux était chargé de surveiller le Nord, avec sa division renforcée de 1,200 matelots débarqués.

Le 2 mars, les divisions Hardy et Rochambeau se mettaient en marche. La première cerna, sur la Coupe-à-l'Inde, 600 nègres, qui ne reçurent pas de quartier, parce qu'ils avaient encore leurs baïonnettes teintes du sang d'une centaine de blancs qu'ils venaient d'égorger. La seconde division fut assez heureuse pour délivrer dans le morne à Pipe une quantité de blancs, qui s'y tenaient cachés. Dans le même temps, le général Debelle sortait de Port-au-Prince avec 2,000 hommes, allait aux Gonaïves, se portait sur l'Artibonite, et mettait en déroute, en arrière du bourg de la Petite-Rivière, les bandes de Dessalines. Il arriva jusqu'aux glacis de la Crête-à-Pierrot qu'il espérait enlever par un coup de main. Il fut repoussé dans son attaque avec une perte de 3 à 400 hommes. Lui-même avait été grièvement blessé, en marchant à la tête de ses colonnes.

De son côté, le général Boudet sortait de Port-au-Prince, balayait les mornes du Pensez-y-bien, parcourait les hauteurs du Terrier-Rouge et entrait dans le Mirebalais. Ce bourg avait été incendié ainsi que les campagnes environnantes, et Dessalines avait fait massacrer près de trois cents blancs sur l'habitation Chirry. Boudet continua sa marche, et le 29 mars, il arrivait aux Verrettes. Là, l'armée fut témoin d'un spectacle horrible. Depuis longtemps, les nègres conduisaient des troupes de blancs qu'ils forçaient, en les battant, à marcher aussi vite qu'eux. N'espérant plus les soustraire aux Français, qui les suivaient de trop près, ils en égorgèrent huit cents, hommes, femmes, enfants et vieillards. Dessalines avait été l'auteur de cette hécatombe, dont la place du bourg, réduit en cendres, était encore couverte. Nos soldats, qui avaient combattu dans toutes les parties du monde, et assisté à tant de scènes de carnage, furent saisis d'une horreur profonde et d'une colère d'humanité, qui devint fatale aux noirs qu'ils pouvaient saisir. Ils les poursuivaient à outrance, ne faisant de quartier à aucun de ceux qu'ils rencontraient. La division Boudet se remit en route : dans ses rangs se trouvait une demi-brigade coloniale, composée de mulâtres et de noirs, et dont le commandement avait été donné à Pétion. Le 11, elle arrivait, aux premières lueurs du jour, à une portée de canon de la Crète-à-Pierrot, et tombait à l'improviste sur un gros de nègres qu'elle mettait en déroute. Renouvelant la faute de Debelle, le général Boudet crut pouvoir entrer dans le fort à la suite des fuyards. Il fut reçu par un feu des plus vifs, et obligé de reculer avec une perte de plus de sept cents hommes, tant tués que blessés. Notre échec enhardit les noirs qui, à chaque instant, venaient tirailler avec nos postes isolés, attaquer et enlever nos convois, lorsqu'ils n'avaient pas une escorte assez nombreuse. La guerre menaçait de s'éterniser.

Sur ces entrefaites arrivèrent les divisions Hardy et Rochambeau. Le général Hardy avait exploré les mornes du Chaos, dans leur versant du Nord, repoussé, en lui faisant perdre une centaine d'hommes, Dessalines au delà du morne Nolo et coupé ses communications avec la Crète-à Pierrot. De son côté, le général Rochambeau avait franchi la chaîne entière du Chaos, passé par le Mirebalais, et nettoyé la rive droite de l'Artibonite. L'investissement de la Crête-à-Pierrot ne tarda pas à être complet ; nos batteries éteignirent en grande partie le feu de la place. Au lieu de resserrer le blocus, l'on voulut encore tenter un coup de main. Rochambeau, qui se flattait d'enlever la place, ne fut pas plus heureux que Debelle et Boudet, et perdit trois cents hommes dans son attaque infructueuse. L'on résolut de réduire l'ennemi par le feu de notre artillerie. Du 22 au 24 mars, le fort fut arrosé de bombes. Dans la nuit du 24, la garnison, commandée par le quarteron Lamartinière, parvint à s'échapper, en franchissant nos lignes. La Crête-à-Pierrot était à nous ; nous n'y trouvâmes que quelques canonniers blancs que les noirs retenaient de force avec eux, des blessés, un magasin de poudre, une grande quantité de fusils et quinze pièces de canon de gros calibre. Notre conquête nous coûtait près de deux mille hommes, sacrifiés inutilement par l'incapacité de nos généraux. Leclerc en fut si affecté qu'il engagea tous ses officiers à garder le silence à ce sujet, et lui-même eut soin de dissimuler dans ses rapports officiels. Mais, malgré tout, la vérité ne tarda pas à se savoir.

La prise de la Crête-à-Pierrot portait un coup terrible à l'insurrection. Pendant que nous en poursuivions le siège, le général Desfourneaux, vigoureusement secondé par le général noir Maurepas, avait repoussé une attaque de Toussaint. En revenant au Cap, le général Hardy avait défait, en plusieurs rencontres, les bandes commandées par Christophe. Le général Rochambeau faisait une nouvelle battue dans le Chaos, et y délivrait un millier de blancs. Le général Pamphile de Lacroix occupait les hauteurs des Matheux, que Belair, l'un des meilleurs officiers de Toussaint, s'empressa d'évacuer à son approche. Les nègres n'avaient plus de ressources, du moins, pour le présent. Le découragement était profond parmi eux, et la désertion affaiblissait de plus en plus l'armée de Toussaint. Au mois d'avril 1802, arrivèrent dans la colonie les escadres du Havre et de Flessingue, avec quatre mille hommes de troupes fraîches. Il fallait s'attendre à voir les Français reprendre une vigoureuse offensive et en finir une dernière fois avec l'insurrection.

Les généraux noirs avaient été frappés des bons procédés du général Leclerc envers ceux d'entre eux, qui s'étaient rendus, et auxquels il avait laissé leurs grades et leurs terres. Fatigués de la vie de brigandage, ils songeaient à poser les armes. Parmi ces derniers, Christophe était tout disposé à se soumettre. Aimant le luxe et ses douceurs, il regrettait le temps où il menait une existence facile et agréable. Aussi, il chargea bientôt un officier mulâtre, nommé Villon, qui s'était rallié immédiatement aux Français, d'offrir sa soumission au général Leclerc, si on lui promettait les mêmes traitements qu'aux généraux Laplume, Clervaux et Maurepas. Leclerc ne se dissimulait pas les dangers de sa situation. Son armée était considérablement réduite; cinq mille hommes étaient morts de maladie ou avaient péri par le feu ; cinq mille étaient malades ou convalescents dans les hôpitaux [1]. La sou-

---

[1] Aux mois d'août et de septembre 1802, Leclerc reçut des renforts assez importants ; leur effectif s'élevait à 9,009 hommes (9,023). Ces troupes formaient ce qu'on a appelé la *seconde expédition* de Saint-Domingue ; elles comprenaient de l'infanterie

mission de Christophe enlevait une force considérable à Toussaint, et de plus établissait le calme dans la plus grande partie de la province du Nord. Aussi Leclerc fit-il dire à Christophe *qu'il y avait toujours avec le peuple Français une porte ouverte au repentir*. En même temps, il l'engageait à être confiant et à se rendre à discrétion, en l'assurant qu'il aurait lieu d'être content. Christophe lui répondit qu'il n'avait qu'à donner ses ordres. Il reçut celui de se rendre au Haut-du-Cap, avec ses troupes, et de renvoyer à leurs habitations les cultivateurs qu'il avait avec lui. Il obéit et le 26 avril, il arrivait au poste qui lui avait été assigné avec douze cents hommes de troupes de ligne. Le général Leclerc lui fit le meilleur accueil et le maintint dans son commandement.

La soumission de Christophe avait pour nous les conséquences les plus heureuses. Abandonné de la plus grande partie de son armée, Toussaint était désormais réduit à faire la guerre de partisans. Avec l'appui des troupes indigènes, qui s'étaient ralliées à notre cause, et que commandaient des généraux de leur couleur, Laplume, Clervaux, Maurepas et Christophe,

---

de ligne, de l'infanterie légère, un corps de cinq cents artilleurs, connus sous le nom de canonniers de la Méditerranée, et une légion polonaise, forte de 2,500 hommes, commandée par le général Jablonowski.

Plus tard, à la fin du gouvernement de Leclerc et sous celui de Rochambeau, de nouveaux renforts furent envoyés dans la colonie. C'est ce qu'on a appelé la *troisième expédition* de Saint-Domingue. Cette expédition comprenait plus de 12,000 hommes (12,238), dont une légion polonaise de 2,300 hommes et un bataillon *helvétique* de 700.

nous serions parvenus à capturer l'ancien dictateur. Il importait qu'il fût conduit en France, et il ne fallait à aucun prix lui permettre le séjour dans la colonie. C'est cependant ce que fit Leclerc, qui allait bientôt traiter avec lui de puissance à puissance. La conduite du général fut incompréhensible, et l'on est à se demander si, à ce moment, le général n'était pas déjà malade ou affaibli par le climat.

Toussaint ne pouvait plus garder d'illusions sur la situation présente ; tout ce qu'il voulait, c'était de gagner du temps, et attendre une occasion favorable, ponr recommencer la lutte. Parmi les blancs qu'il traînait à sa suite, se trouvait le chef de brigade Sabès que nous avions envoyé en parlementaire à notre arrivée à Port-au Prince. Toussaint se servit de lui comme intermédiaire, et le chargea de remettre au général Leclerc une lettre, où il faisait connaître la douleur qu'il éprouvait de continuer une guerre sans objet et sans but, et laissait entrevoir qu'il était encore possible d'entrer en pourparlers avec lui. Il terminait en disant, *que quelles que fussent les ressources de l'armée française, il serait toujours assez fort et assez puissant pour brûler. ravager, et vendre chèrement sa vie, qui avait été aussi quelquefois utile à la mère patrie.* A ces insolentes provocations, Leclerc répondit à Toussaint, que lui et ses généraux n'avaient rien à craindre pour leur conduite personnelle, *que l'oubli était jeté sur Saint-Domingue.* Il ajoutait que s'il voulait se soumettre à la république, il serait libre de se retirer sur telle de ses habitations, qui lui conviendrait le mieux, où il pourrait aider les Français de ses conseils. Le général Leclerc terminait sa lettre, en lui annonçant que l'arrêté du 17 février 1802, le mettant hors la loi, était rapporté. Il était impossible de pousser plus loin la naïveté. L'insurrection succombait, son chef avait perdu une grande partie de son prestige, et c'est ce moment que le général qui commandait l'armée française, choisissait pour traiter avec lui, et l'entourer de marques d'honneur et de considération. C'était de la folie.

Rien ne pouvait plus arrêter Toussaint, du moment que l'on était disposé à accepter ses conditions. Ses généraux, Dessalines lui-même, suivirent son exemple. Le 6 mai 1802, Toussaint partait de la Marmelade et arrivait au Cap avec ses officiers, et suivi de trois ou quatre cents guides à cheval, qui lui servaient d'escorte. Il fut reçu avec les honneurs militaires, salué par l'artillerie des forts et celle des vaisseaux, qui se trouvaient en rade. Le soir, la ville fut illuminée. L'entrée de Toussaint au Cap fut un véritable triomphe. L'ancien dictateur se montrait impassible : il descendit de cheval sur la place du Gouvernement, fit mettre sa garde en bataille, la passa en revue, et se rendit chez le général Leclerc. Pendant tout le temps qu'il fut en conférence avec lui, sa troupe resta immobile, le sabre nu à la main. Dans son entretien avec le général Leclerc, il se montra plus dissimulé et plus taciturne que jamais. Son attitude fut la même avec les officiers français. Il fit un froid accueil à son frère Paul Louverture et au général Clervaux, qui s'étaient empressés de reconnaître l'autorité de la France. Sa colère ne put se contenir à la vue du colonel noir Labelinais, jadis commandant de la Limonade sous ses ordres, et qui avait été l'un des premiers à se rallier aux Français. En voyant l'attitude de Toussaint, il n'était plus possible de se faire illusion sur ses sentiments ; sa soumission n'était qu'une feinte.

Le général Leclerc affecta de ne pas s'en apercevoir et invita Toussaint à dîner, pour le lendemain matin, avec son état-major, et nos officiers généraux de terre et de mer. Toussaint y vint le madras sur la tête ; il se dit malade, et se borna à manger un morceau de fromage et à boire un verre d'eau d'une carafe entamée, tant était grande sa crainte d'être empoisonné. Durant tout le repas, il garda le silence. Il n'en fut pas de même de son frère, de Christophe et de Dessalines qui se distinguèrent par leur loquacité, et firent autant qu'ils purent honneur au dîner du capitaine général.

Toussaint ne resta pas longtemps au Cap ; il déclara au général Leclerc qu'il voulait se fixer sur son habitation d'Ennery, près des Gonaïves. Avant de partir pour sa résidence, il passa en revue ses gardes, et les remercia du dévouement qu'ils lui avaient montré. La plupart le suivirent, et s'établirent, comme cultivateurs, aux environs de sa demeure. Toussaint se ménageait ainsi une troupe sûre, et l'avait sous la main. Leclerc ne mit aucun obstacle à cette fantaisie dont il aurait pu tirer de sérieux pronostics. L'on eût dit qu'il voulait être aveugle. Dessalines, un monstre tel que l'esclavage sait en former, l'auteur du massacre de plusieurs milliers de Français [1], était investi du commandement de

---

[1] Le général Pamphile de Lacroix déclare qu'il n'avait pu voir Dessalines, sans éprouver un profond sentiment de dégoût.

Saint-Marc ; il alla prendre possession de son poste, et son entrée dans cette ville, qu'il avait récemment incendiée, fut un véritable triomphe. Le quarteron Lamartinière, qui avait voulu brûler Port-au-Prince et assassiné en plein conseil un officier Français, le capitaine Lacombe, recevait le commandement d'une demi-brigade. Le noir Belair, qui aurait dû nous inspirer la plus grande défiance, était chargé de garder la position des Arcahayes, c'est-à-dire l'une des routes des mornes. Nous comblions de faveurs les partisans de Toussaint, et l'on eût dit que nous cherchions à accroître le prestige de ce chef et de ses lieutenants. En cette circonstance, la conduite de Leclerc tenait tant soit peu de la démence.

A Saint-Domingue, la plupart des hommes de couleur, tant par sympathie que par intérêt, tenaient pour la France. Quantité de mulâtres qui avaient fait partie de l'armée de Rigaud, s'étaient enrôlés dans nos troupes, et avaient pris part aux opérations; plusieurs s'étaient distingués. 400 officiers de couleur réfugiés à Cuba étaient revenus dans la colonie, pour servir sous nos drapeaux. Le général Rigaud était de retour, et sa demeure à Port-au-Prince était le rendez-vous de tous les gens de sa caste. Il fallait flatter l'ancien chef du Sud, lui donner un commandement, nous l'attacher, relever le parti des sang-mêlés, et nous appuyer sur lui pour lutter contre les noirs. Loin de là, les colons cherchaient constamment à froisser et à vexer les mulâtres, et beaucoup de nos officiers les imitaient. Le général Leclerc commit la maladresse de céder trop souvent à ces préjugés et aux conseils de Toussaint, qui

20

ne pouvait se faire à l'idée de voir son ancien rival dans la colonie. Il prit de l'ombrage de la popularité de Rigaud, et ordonna son embarquement pour la France. Cette mesure produisit un effet déplorable. La caste de couleur conçut pour nous de la défiance, et à partir de ce moment, elle cessa en partie d'identifier sa cause avec la nôtre.

Le général Leclerc avait voulu donner une organisation à la colonie, et dès le 25 avril 1802, il avait décidé qu'une assemblée composée de vingt-deux membres se réunirait au Cap.

Cette assemblée avait dans sa compétence la justice, l'administration, les impôts, l'agriculture et le commerce. Au lieu de la faire nommer par l'élection, Leclerc confia à l'autorité militaire le soin de la recruter. La partie française seule y était représentée, et l'ancienne partie espagnole, que nous aurions dû nous assimiler, était traitée en pays conquis. Cette constitution *provisoire*, c'est ainsi que Leclerc appelait son œuvre, était précédée d'une proclamation. Le général en chef y disait qu'il ne voulait pas d'assemblée délibérante, *sachant trop bien les maux des réunions de cette nature*. Ce langage méprisant et maladroit mécontenta toute la population, quelle que fût sa couleur.

Il eût été politique de laisser les généraux dans les départements où ils avaient exercé le commandement, dès leur arrivée. La plupart s'y étaient rendus fort sympathiques, et c'est ainsi que le général Boudet avait conquis une véritable popularité à Port-au-Prince, et dans tout l'Ouest. Leclerc commit la faute de déplacer plusieurs généraux, et envoya le général Boudet aider le général Richepanse à soumettre les insurgés de la Guadeloupe. Rochambeau fut nommé à sa place dans l'Ouest ; il était impossible de faire un choix plus désagréable aux hommes de couleur, et par conséquent plus impolitique. La santé des troupes aurait dû préoccuper le général en chef ; cependant il n'en était rien, et c'était en vain que le général Pamphile de Lacroix proposait d'établir un *sanitarium* pour nos malades et nos convalescents sur les plateaux des chaînes des Matheux, qui avaient un climat semblable à celui des campagnes de France, et les rappelaient par leur aspect.

Si le général Leclerc n'avait pas les qualités nécessaires pour administrer une colonie, il montrait une grande activité. Voulant alimenter les magasins destinés aux besoins de son armée, il s'était adressé aux gouvernements étrangers des colonies voisines. Les Espagnols s'étaient empressés de nous fournir des secours. Quant aux Anglais et aux Américains, ils nous les avaient refusés, et témoignaient ainsi leur mécontentement de voir Saint-Domingue rentrer sous notre domination. L'ordre se rétablissait dans la colonie. La ville du Cap se relevait de ses ruines ; les cultivateurs étaient, pour la plupart, rentrés sur leurs plantations, et le commerce reprenait. Le général Leclerc avait continué d'admettre les pavillons étrangers pour favoriser l'introduction des vivres. Il leur avait assigné les ports du Cap, de Port-au-Prince, des Cayes et de Santo-Domingo, avec défense de toucher ailleurs, afin d'empêcher l'introduction des armes le long des côtes. Les relations avec la métropole redevenaient actives, et il était arrivé une grande quantité de navires du Havre, de Nantes et de Bordeaux. L'on pouvait espérer que la prospérité de Saint-Domingue se rétablirait bientôt, tant était grande la vitalité de notre colonie.

CHAPITRE IX

Arrestation de Toussaint-Louverture. — Insurrection générale. — Mort de Leclerc. — Rochambeau. — Évacuation de Saint-Domingue par les Français.

Notre domination avait été rétablie dans toute la colonie. Néanmoins, plusieurs bandes de nègres continuaient à tenir la campagne. Une troupe assez nombreuse, aux ordres d'un nommé Scylla, s'était réfugiée dans les mornes de Plaisance. Aux environs de Port-au-Prince, un chef de brigands, Lamour de Rance, qui tout d'abord s'était rallié à notre cause, recommençait ses déprédations, et enfin dans le Sud, dans les mornes de Tiburon, le nègre Goman continuait de guerroyer avec un certain nombre de partisans. La pacification n'était pas complète; pour achever notre œuvre, il fallait faire parcourir le pays par des colonnes mobiles, qui auraient fini par avoir raison des derniers rebelles.

En se soumettant à la France, les troupes coloniales

avaient pris rang dans l'armée française. Mais il ne fallait se faire aucune illusion à leur sujet. La plupart des chefs de brigade restaient dévoués à Toussaint. Leclerc avait senti de bonne heure la nécessité de modifier l'organisation des troupes coloniales, et dans ce but, il avait ordonné leur incorporation dans les corps venus de France. Cet amalgame ne s'était pas réellement effectué, et malgré les avantages qu'il présentait aux soldats noirs, aucun d'eux n'en avait paru séduit. Quoique versés dans des demi-brigades européennes, tous consi déraient toujours leurs anciens numéros d'ordre comme conservés. Pour ne citer qu'un exemple, la 4e demi-brigade coloniale était devenue un bataillon de la 5e légère française. Néanmoins, ses officiers et ses soldats se disaient encore de la 4e. S'il était dangereux de laisser subsister des corps entiers de nègres, il l'eût été peut-être davantage de les licencier, tous à la fois. Le général Leclerc pensait qu'en les divisant, il les dominerait plus facilement. Aussi, dans l'emploi qu'il faisait journellement des troupes coloniales, il avait soin de ne les employer que par détachements. Il espérait qu'avec le temps, leur effectif deviendrait de moins en moins considérable, et voyait avec plaisir que la désertion commençait à les affaiblir.

Les troupes européennes, après avoir, au début de leur séjour dans la colonie, fait des pertes sensibles, paraissaient être acclimatées, quand à la fin du mois de mai, la fièvre jaune et le choléra éclatèrent en même temps, au Cap et à Port-au-Prince. Dans ces deux villes, se trouvaient réunis un plus grand nombre de troupes et d'Européens venus avec elles à Saint-Domingue.

Ces maladies prirent tout à coup un caractère effrayant. Leurs victimes devinrent de plus en plus nombreuses, si bien que pour dissimuler l'importance du fléau, ou tout au moins en atténuer les effets, il fallut renoncer à rendre les derniers honneurs aux morts. Des tombereaux faisaient pendant la nuit leur ronde lugubre, et ramassaient dans chaque rue les morts que l'on mettait aux portes des maisons. Les cas foudroyants se multipliaient, et si la métropole ne se hâtait pas d'envoyer des secours, il était à craindre de voir notre armée réduite à un effectif de quelques centaines d'hommes. Leclerc n'envisageait pas cette perspective sans effroi, d'autant plus que Toussaint avait toujours compté sur le climat, pour se débarrasser des Français. De sa résidence, il continuait d'entretenir des relations avec les chefs de bandes, qui tenaient encore la campagne, et son autorité, quoique occulte, contrebalançait celle du capitaine général.

Toussaint s'était retiré, après sa soumission, sur l'une de ses terres, à l'habitation d'Ennery, dans les environs des Gonaïves. Là, il n'attendait que le moment favorable pour recommencer la guerre. Des propos indiscrets, échappés aux cultivateurs des environs, ne laissaient aucun doute sur ses intentions. Il était décidé que l'insurrection éclaterait au mois d'août. Tous les noirs, qui composaient la garde d'honneur de l'ancien dictateur, étaient venus le rejoindre, et sous le prétexte de se livrer à la culture, s'étaient fixés dans le voisinage. L'on savait que leur nombre s'élevait à 1,800. Toussaint avait ainsi sous la main, une force assez imposante; il fallait s'attendre incessamment à le voir provoquer un soulèvement général. L'on en eut bientôt la certitude.

La police du général Leclerc fut assez habile pour intercepter deux lettres que Toussaint adressait à son aide de camp, Fontaine, resté au Cap, son agent secret. Dans la première, après s'être emporté en invectives contre Christophe, Dessalines et tous ceux qui l'avaient abandonné, Toussaint exprimait le plaisir qu'il éprouvait d'apprendre *que la Providence venait enfin à son secours*. (La Providence était le nom d'un des principaux hôpitaux du Cap.) Il demandait *combien l'on faisait la nuit de voyages à la Fossette* (la Fossette était le lieu où l'on portait les morts pour les brûler dans la chaux vive) et recommandait de le prévenir, aussitôt que le général Leclerc tomberait malade. La seconde lettre était plus explicite encore ; elle prouvait que Toussaint avait organisé un complot dont les ramifications s'étendaient, au loin, dans la plupart des paroisses. L'on ne pouvait plus avoir de doute sur ses intentions.

Avant de connaître ces deux lettres, les généraux Clervaux, Christophe et Maurepas, effrayés à l'idée que Toussaint pourrait peut-être redevenir le maître de Saint-Domingue, étaient venus solliciter du général Leclerc, la déportation de leur ancien chef, qui du fond de sa retraite, les faisait encore trembler. Ils savaient que si Toussaint parvenait à reprendre le pouvoir, ils auraient lieu de se repentir d'avoir traité, sans ses ordres, avec les Français. Ils demandaient son renvoi de la colonie, comme une mesure de sûreté pour tous et une grâce pour eux. Dessalines était venu exprès au Cap, pour joindre ses instances aux leurs. Pour eux, l'arrestation de Toussaint s'imposait comme une chose urgente. Le général Leclerc le sentait plus que tout autre. Les démarches des généraux de couleur, les lettres qu'on avait interceptées, les avis reçus de tous les côtés, le confirmaient de plus en plus dans cette idée. Un fait particulier le décida à agir au plus vite.

A la fin de mai, un chef noir, nommé Scylla, qui occupait les montagnes de Plaisance, et ne s'était jamais soumis, commençait à donner des inquiétudes. Le général Clauzel reçut l'ordre d'aller le réduire avec quelques troupes européennes et coloniales. Le général Leclerc s'adressa en même temps à Toussaint, pour se plaindre de ce qu'il n'avait pas ordonné à Scylla de déposer les armes. Toussaint prétendit le contraire, et proposa de se charger de négocier avec les insurgés. L'on eut bientôt la preuve que le mouvement, qui éclatait dans les montagnes de Plaisance, était son œuvre. Le général Leclerc songea à s'assurer de sa personne, le plus tôt possible. Malheureusement, la défiance de Toussaint rendait son arrestation difficile ; l'on eut alors une ruse qui fut couronnée de succès.

Le canton d'Ennery, où habitait l'ancien dictateur, fut surchargé de troupes européennes. Les habitants réclamèrent. Toussaint se fit l'écho de leurs plaintes. C'était justement ce qu'on voulait. Le général Brunet, à qui il s'adressa, lui répondit qu'arrivé récemment de France, il n'avait pas une connaissance assez précise des lieux, pour pouvoir répartir dans des quartiers salubres l'excédent des troupes. Il ajoutait, qu'au moment où les maladies commençaient à éclater, il avait besoin des lumières de l'ancien gouverneur de Saint-Domingue, pour déterminer le choix des nouveaux cantonnements qu'il convenait d'assigner aux troupes, dans le but de ménager leur santé, tout en n'épuisant pas les ressources du pays.

L'amour-propre de Toussaint, flatté de cette marque apparente de déférence, lui fit donner tête baissée dans le piège. Il s'écria en recevant la lettre du général Brunet : « *Voyez ces blancs, ils ne doutent de rien, ils savent tout, et pourtant ils sont obligés de venir consulter le vieux Toussaint.* » Il prévint le général Brunet qu'il se rendrait avec vingt hommes, à moitié chemin des Gonaïves, à l'habitation Georges. Le général Brunet se rendit au lieu de la conférence avec un pareil nombre d'hommes. Après les premiers compliments, les généraux s'entretinrent durant quelques instants, et les soldats se mêlèrent. Brunet s'excusa bientôt, et prit un prétexte pour sortir. C'était le signal convenu ; on sauta sur les noirs et on les désarma. En même temps, le chef d'escadron Ferrari, aide de camp du général Leclerc, paraissait devant Toussaint, avec une dizaine d'officiers, et lui disait : « *Général, le capitaine général m'a donné l'ordre de vous arrêter ; vos gardes sont enchaînés, nos troupes sont partout ; vous êtes mort, si vous faites résistance ; vous n'êtes plus rien à Saint-Domingue ; donnez-moi votre épée.* » Toussaint la remit sans se plaindre, paraissant plutôt confus qu'irrité ; on le mena aux Gonaïves, où il fut embarqué sur la frégate *la Créole* qui le conduisit au Cap où se trouvait le vaisseau *le Héros* ; on l'y fit monter aussitôt. En mettant le pied sur ce bâtiment, il prononça, en s'adressant au commandant Savari, les paroles suivantes qui montrent la confiance qu'il avait dans la cause de sa race : « *En me renversant, on n'a abattu à Saint-Domingue que le tronc de l'arbre de la liberté des noirs ; il poussera par les racines, parce qu'elles sont profondes et nombreuses.* »

Le général Leclerc accorda au prisonnier la faveur d'être réuni à sa famille. Le 15 juin, *le Héros* levait l'ancre, et le 12 juillet il entrait en rade de Brest. Toussaint fut conduit à Paris, et ensuite au fort de Joux qu'un arrêté consulaire du 26 juillet 1802 avait désigné comme devant être sa prison. Sa captivité ne devait pas être de longue durée. Habitué au soleil des Antilles, il ne put supporter notre climat. Crispé par le froid, rongé par les regrets, il mourut le 7 avril 1803, dix mois après son arrestation. Plusieurs versions ont circulé sur les circonstances de sa mort, et certains ont voulu l'attribuer à un empoisonnement. Il a été bien établi qu'il succomba à une attaque d'apoplexie. Le commandant Amiot, en entrant le matin, le 7 avril 1803, dans son cachot, le trouva sans vie, assis sur une chaise, près du feu, la tête appuyée contre la cheminée. Il fut inhumé dans un caveau de la forteresse [1]. Nous avons suffisamment parlé de Toussaint ; sa personnalité est loin de nous être sympathique. Pour arriver à son but, Toussaint ne reculait devant aucune atrocité ; aussi s'est-il rendu l'auteur de nombreux crimes, et plusieurs milliers de blancs et de mulâtres furent égorgés par ses

---

[1] Plus tard, son fils Isaac qui avait fixé sa résidence à Bordeaux le fit exhumer et transporter dans le cimetière de cette ville.

ordres[1]. C'est pourquoi nous considérons sa captivité comme le juste châtiment de ses crimes. En 1889, M. Schœlcher a publié une vie de Toussaint-Louverture; pour l'auteur, c'est un héros doué de toutes les vertus. Son jugement nous étonne.

L'enlèvement de Toussaint ne produisit pas à Saint-Domingue la secousse à laquelle on avait lieu de s'attendre. Les nègres ne se montrèrent pas sensibles à son sort. Son aide de camp Fontaine, qui lui servait d'espion, fut arrêté, traduit devant une commission militaire, condamné à mort et fusillé, sans qu'aucun signe de mécontentement ne se produisît ouvertement. Le chef Scylla, qui essaya de soulever les cultivateurs du quartier d'Ennery, ne réussit qu'à renforcer sa bande de quelques partisans; aussi sa révolte fut-elle étouffée à sa naissance. Néanmoins, malgré ce calme apparent, le général Leclerc ne se faisait aucune illusion, et constatait chaque jour des symptômes inquiétants pour l'avenir. Dans la ville même du Cap, lorsque nos généraux paraissaient en public, les habitants ne leur témoignaient aucune déférence, tandis que les généraux de couleur recevaient de véritables ovations. L'autorité de la France était dépourvue de tout prestige, et loin de se consolider, notre domination devenait de plus en plus chancelante.

Le général Leclerc convoqua le conseil colonial afin

[1] On estime à 3,000 le nombre de blancs, qui furent massacrés par l'ordre de Toussaint, lors de l'expédition de Leclerc. Quant aux mulâtres égorgés dans la guerre du Sud, on les estime au moins à 10,000.

de s'aider de ses avis. Ce corps comprenait entre autres, le préfet colonial, Bénezech, le commissaire de justice, Despéroux, qui remplissait à l'armée les fonctions d'ordonnateur, le général Christophe et plusieurs colons, qui jadis avaient fait partie de l'entourage de Toussaint. Parmi ces derniers, se trouvait Belin de Villeneuve, propriétaire d'une grande sucrerie au Limbé. Dans cette petite assemblée, qui comptait vingt et quelques membres, deux partis se trouvaient en présence l'un de l'autre. Les planteurs semblaient ne pas vouloir tenir compte des événements accomplis depuis dix ans, et manifestaient le désir de revenir, autant que possible, à l'ancien état de choses. Sans demander le rétablissement de l'esclavage, ils se prononçaient énergiquement pour le système de culture établi par Toussaint. C'est en vain que Benezech, Despéroux et Christophe s'efforçaient de les amener à d'autres idées. Leclerc écoutait volontiers Benezech et Despéroux. Malheureusement, tous deux ne tardèrent pas à succomber victimes du climat. Privé de leur direction, le conseil colonial n'était plus d'aucune utilité, et même, par l'attitude de ses membres, il y avait à craindre qu'il ne créât des difficultés. Aussi, le général Leclerc jugea bon de le dissoudre.

Devenu le législateur unique de la colonie, le capitaine général se mit à l'œuvre. Un arrêté du 20 juin reconnaissait que Saint-Domingue était toujours en état de siège, et conférait à l'autorité militaire la plupart des attributions civiles et judiciaires. Le 21, un autre arrêté divisait l'île en deux parties; celle de l'ouest comprenant l'ancienne partie française, subdivisée en trois départements ; celle de l'est comprenant l'ancienne partie espagnole, qui formait deux départements. Les arrondissements furent supprimés, remplacés par les quartiers, et dorénavant commandés, ainsi que les paroisses, par des officiers. C'était un retour au militarisme. Cédant à l'influence des *grands blancs*, le général Leclerc avait maintenu les règlements de culture établis par Toussaint ; l'on eût dit qu'il s'appliquait à garder le système politique du chef nègre. C'est ainsi que dans le but d'empêcher le morcellement des plantations, et la création de la petite propriété, il renouvela la défense faite aux notaires de passer des actes de vente de moins de cinquante carreaux de terre. Les cartes de sûreté adoptées par Toussaint furent maintenues, et exigées rigoureusement. Le mariage fut interdit entre les noirs d'habitations différentes. Un arrêté du 29 juillet défendit à *tout citoyen* de porter un nom ou prénom, autre que ceux exprimés dans son acte de naissance ou de reconnaissance de filiation. De plus, il était interdit d'ajouter aucun surnom au nom sous lequel on était connu avant le 1er janvier 1792. Cet arrêté visait les mulâtres et les noirs, qui avaient pris les noms de leurs anciens maîtres, suivant un usage existant depuis longtemps dans la colonie. Cette habitude ne présentait aucun danger pour notre domination. Aussi, si par son arrêté le général Leclerc donnait satisfaction aux blancs, il froissait la population de couleur ; c'était inutile. Nos ennemis s'en firent une arme contre nous, et affectèrent de considérer cette mesure comme un acheminement vers l'ancien état de choses.

Loin de chercher à dissiper les préventions, les planteurs, les *grands blancs*, cherchaient au contraire à les faire renaître. Pleins d'arrogance, ils affectaient le plus profond mépris pour les mulâtres, et à les entendre dire, le rétablissement de l'esclavage devait avoir lieu tôt ou tard. Les Français, qui débarquaient dans la colonie, tenaient un langage tout aussi imprudent. Ces propos étaient répétés, colportés, et on leur attribuait plus d'importance qu'ils n'en avaient. Malheureusement leur effet était déplorable ; ils réveillaient la méfiance des nègres. L'esclavage venait d'être rétabli à la Guadeloupe ; cette nouvelle s'était répandue à Saint-Domingue, et y avait produit une impression extraordinaire. Quelques paroles prononcées à la tribune du Corps législatif sur le rétablissement de l'esclavage et de la traite aux petites Antilles, paroles qui n'étaient applicables qu'à la Martinique et à la Guadeloupe, mais qu'on pouvait avec un peu de défiance étendre à Saint-Domingue, [1] avaient contribué à inspirer aux noirs la conviction que nous songions à les remettre en servitude. Depuis les simples cultivateurs jusqu'aux généraux, l'idée de retomber en esclavage les faisait frémir d'indignation. Parmi eux régnait une incertitude qu'il aurait fallu faire cesser à tout prix.

En France, l'opinion publique commençait à s'impatienter. L'on s'était figuré, bien à tort, que notre domination se rétablirait sans difficulté à Saint-Domingue.

---

[1] Au mois de mai 1802, une loi votée par le Corps législatif avait maintenu l'esclavage et la traite dans celles des colonies que nous restituait la paix d'Amiens, c'est-à-dire à la Martinique, à Sainte-Lucie, à Tabago et au Sénégal.

L'on fut désagréablement surpris du contraire. De violentes récriminations s'élevaient de tous côtés contre les mulâtres et les nègres, et l'on se demandait pourquoi, l'on n'en finissait pas une bonne fois avec eux. Tous ces propos, transportés, répétés à Saint-Domingue, devenaient en quelque sorte des menaces pour la population de couleur. Le premier consul n'était pas homme à se laisser influencer par des paroles plus ou moins inconsidérées. Mais la fatalité voulut qu'il parût s'y associer dans une certaine mesure. Fatigué de voir la guerre s'éterniser à Saint-Domingue, déplorant le sacrifice de nos plus belles divisions de l'armée du Rhin, Bonaparte ne dissimulait pas son mécontentement. Il se doutait de la mauvaise direction donnée aux affaires coloniales, et il lui arriva un jour de dire, dans un mouvement de colère, qu'il voudrait bien voir, *dans toute l'Europe, les amis des noirs, la tête couronnée d'un voile.* Ce mot, quoique ne cachant aucune intention, fut d'autant plus mal interprété qu'un arrêté consulaire, du 2 juillet 1802, revenant aux ordonnances de Louis XVI, défendait aux hommes de couleur et aux noirs *d'entrer à l'avenir sur le territoire continental, sans une autorisation spéciale.* Cet arrêté, qui était une maladresse, donna lieu à de nombreux commentaires, et l'on voulut en déduire, bien à tort, que le premier consul avait l'intention de rétablir l'ancien régime à Saint-Domingue.

En 1798, des troubles avaient éclaté à la Guadeloupe. Les noirs en avaient profité pour se soulever et conquérir leur émancipation. En 1802, le contre-amiral Lacosse et le général Richepanse avaient débarqué dans l'île avec quelques troupes pour réduire les mutins;

l'insurrection fut réprimée. Au lieu de chercher à rendre sympathique son autorité à la population de couleur, le contre-amiral Lacosse, qui avait été nommé gouverneur, se fit, au contraire, un plaisir de la vexer. Interprétant à sa manière la loi, qui venait d'être votée par le Corps législatif, il rendit un arrêté, rétablissant à la Guadeloupe l'ancien régime colonial, et par conséquent l'esclavage. L'effet de cette mesure illégale, que le gouvernement métropolitain eut le tort de ne pas annuler, fut déplorable. Dès que la nouvelle s'en fut répandue à Saint-Domingue, l'on remarqua une agitation inaccoutumée, et partout l'on disait que les blancs voulaient rétablir l'esclavage.

Si des bandes continuaient à Saint-Domingue à tenir la campagne, la plus grande partie de la population noire, pourvu qu'elle fût assurée de ne pas retomber dans l'esclavage, n'était pas disposée à se soulever en masse. Nombre d'officiers mulâtres ou nègres, dignes de leur nouvelle fortune, tels que les généraux Laplume, Clervaux, Maurepas, Christophe même, qui n'aspiraient pas comme Toussaient à être dictateurs, s'accommodaient parfaitement de la domination de la métropole, à condition qu'elle respectât la condition de leur race. Ils s'exprimaient avec une chaleur, qui ne permettait aucun doute sur leurs sentiments. « *Nous voulons* » disaient-ils « *rester Français et soumis, servir fidèlement la mère patrie ; car nous ne désirons pas recommencer une vie de brigandage. Mais si la métropole veut faire des esclaves de nos frères ou de nos enfants, il faut qu'elle se décide à nous égorger tous jusqu'au dernier.* » Le général Leclerc les touchait par sa loyauté, et les rassurait bien pour quelques jours, quand il répondait sur l'honneur, que les intentions prêtées aux blancs étaient une imposture. Mais au fond la défiance était incurable, et rien ne pouvait la calmer.

Leclerc devenait de plus en plus perplexe ; il voyait son armée s'affaiblir de jour en jour, et il se sentait menacé par une insurrection prochaine. Dans le but de s'attacher les troupes coloniales, il décida qu'elles entreraient pour un tiers, dans la composition d'un corps de gendarmerie, dont les hommes recevaient par jour une demi-piastre de haute paie. En même temps, il ordonna le désarmement général des nègres. Cette mesure paraissait raisonnable et nécessaire. Les chefs noirs de bonne foi, comme Laplume, Clervaux et Maurepas l'approuvaient ; les chefs noirs, animés d'intentions perfides, comme Dessalines, la provoquaient. L'on aurait dû procéder à cette opération, dès le début de l'expédition, et alors elle n'aurait pas présenté de grandes difficultés. Au moment où nous étions, elle indiquait tout à la fois, notre faiblesse et nos craintes, et pouvait être le signal d'une insurrection générale. Néanmoins, il n'y avait pas à hésiter, et Leclerc voulait qu'elle eût lieu sans délai. Il comprenait, mais trop tard, la faute qu'il avait commise, en laissant aux nègres, leurs fusils. Il n'y avait pas un instant à perdre, et il fallait se hâter pour tirer parti du bon esprit dans lequel paraissait être encore la masse des officiers de couleur.

Le désarmement eut lieu. Comme il nous était impossible d'occuper tout le territoire, avec le peu de troupes dont nous disposions, il fallait procéder successivement. Pour réussir, l'on dut avoir recours à une véritable violence. Beaucoup de nègres s'enfuirent dans les mornes ; d'autres se laissaient torturer, plutôt que de rendre ce qu'ils regardaient, comme leur liberté même, c'est-à-dire leurs fusils. Les officiers noirs, en particulier, se montrèrent impitoyables dans ce genre de recherches. Ils faisaient fusiller ou pendre tous les hommes de leur couleur, qu'ils soupçonnaient avoir caché leurs armes. Ils agissaient ainsi, les uns pour prévenir la guerre, les autres pour l'exciter ; Dessalines et Christophe furent atroces. Malgré tout, dans le Nord et dans l'Ouest, il n'y eut que les villes et certains quartiers qui remirent leurs armes. Dans le Sud, le désarmement réussit complétement, grâce aux soins du général Laplume. L'on retira environ 30,000 fusils, la plupart de fabrique anglaise, et achetés par la prévoyance de Toussaint.

Rassuré par ce succès relatif, le général Leclerc se rendit à la Tortue avec sa femme et sa maison militaire. Il aimait le séjour de cette petite île, où la température est si douce, grâce aux brises de la mer, qui y soufflent constamment durant tout l'été. Elle lui offrait, en même temps, un asile contre la fièvre jaune dont les ravages n'avaient pas cessé. C'était une sorte de *sanitarium*. Le général Leclerc était venu s'y reposer des fatigues de son gouvernement, et il espérait y passer ses loisirs, quand les événements vinrent bientôt l'arracher à sa quiétude.

A la première annonce du désarmement, des bandes s'étaient formées, et elles se recrutaient chaque jour ;

leurs chefs étaient d'anciens brigands habitués à tenir la campagne, et à vivre de rapines.

Dans le Sud, Janvier Thomas, Auguste et Smith essayaient de s'organiser ; dans l'Ouest, Lamour de la Rance et Lafortune battaient les environs de Port-au-Prince, et se montraient du côté de Léogane et du Petit-Goave ; dans le Nord, Scylla, Sans-Souci, Mavougou, Va-Malheureux, Petit-Noël, tous anciens affidés de Toussaint, s'étaient mis à la tête des insurgés, et concentrés dans le massif des montagnes, qui formaient les paroisses de Plaisance, de Limbé, du Borgne et du Gros-Morne. De là, ils menaçaient la Marmelade et la Grande-Rivière. Le soulèvement menaçait de devenir une insurrection générale. Ce qu'il y avait de plus inquiétant, c'est que les bandes, à qui nous avions affaire, paraissaient avoir une certaine instruction militaire. Elles montraient une grande férocité. Si dans les villes, les habitants, effrayés par leurs excès, tenaient pour la France, dans les campagnes, la majorité de la population leur était sympathique. De plus l'on savait que les chefs des insurgés entretenaient des relations avec les Anglais, en recevaient des encouragements, des armes, des munitions; une frégate anglaise avait plusieurs fois rangé de près la côte, et communiqué avec la bande de Lafortune. L'intervention de l'Angleterre était évidente; il était certain que la nouvelle insurrection avait été, sinon préparée, du moins excitée, encouragée par elle, et cependant nous étions en paix avec cette puissance.

Parmi les anciens officiers de Toussaint, se trouvait son neveu, Charles Belair, un noir qui avait une certaine supériorité sur ses pareils, par ses mœurs, son esprit et ses lumières. Il paraît même que pour ces motifs, son oncle voulait en faire son successeur. Rétiré dans la paroisse des Verrettes, depuis sa soumission aux Français, Belair n'attendait que le moment favorable pour reprendre les armes. Irrité de quelques exécutions commises dans le département de l'Ouest, il se jeta dans les mornes, et leva le drapeau de l'insurrection. Plusieurs bandes vinrent se ranger sous ses ordres, ainsi que 3 à 400 soldats de la 8e demi-brigade coloniale. Belair ne doutait pas du succès ; il organisa sa troupe, et prit en même temps le titre de général en chef, montrant bien que son intention était de s'emparer du pouvoir, et de remplacer Toussaint-Louverture.

L'on était à la fin du mois d'août 1802. Des renforts étaient arrivés ; 4 à 5,000 hommes avaient débarqué, et l'on en attendait à peu près autant pour le mois de septembre. Malheureusement, ces troupes n'étaient pas encore acclimatées, et pour le moment, si l'on voulait agir, il fallait principalement compter sur le concours des chefs de l'armée coloniale et de leurs soldats, dont la fidélité était douteuse. Les généraux de couleur reçurent l'ordre d'entrer en campagne, et d'appuyer avec leurs contingents les troupes européennes. Dessalines parvint, sans trop de difficultés, à refouler plusieurs bandes dans les mornes. Christophe que l'on avait opposé au chef Sans-Souci, avait dû se replier sur le bourg de la Petite-Anse, après avoir été assailli, au Dondon, par des forces considérables. A Port-de-Paix, le général noir Maurepas, qui nous servait avec zèle, avait été obligé d'abandonner cette ville à une partie de ses soldats révoltés, qui y avaient massacré les blancs. Pour reprendre la place, il lui avait fallu livrer un combat sanglant. A la Petite-Rivière, Belair était menaçant. Dans l'Ouest, la plaine du Cul-de Sac et les montagnes de Léogane étaient au pouvoir des insurgés, et ce n'était pas sans peine que nous avions réussi à nettoyer les abords de Port-au-Prince. La ville de Jacmel était pour ainsi dire assiégée, et pour y arriver le général Rochambeau avait dû livrer plusieurs combats. Le département du Sud seul était tranquille, grâce à l'énergie du général noir Laplume. Les insurgés n'y formaient que de petites bandes de pillards que nos colonnes dispersaient, en les chassant devant elles. Telle était la situation ; elle n'était pas brillante.

Parmi les généraux noirs, Dessalines affectait beaucoup de zèle pour notre cause. Sitôt qu'il eut appris que Belair avait levé le drapeau de la révolte, il demanda très vivement à être chargé de le poursuivre. Il trouvait ainsi la double occasion de nous donner un témoignage trompeur de sa fidélité, et de se débarrasser d'un rival, qui lui portait ombrage. Il lui fit une guerre acharnée. Abandonné par une partie de ses gens, apprenant que sa femme qui l'avait aidé à organiser le mouvement, était tombée au pouvoir de nos troupes, Belair se rendit sans défiance à une entrevue où l'appelait Dessalines. Ce dernier heureux de satisfaire sa jalousie, le fit arrêter et l'envoya avec sa femme au Cap, tous deux liés et garrottés. Traduits devant une commission militaire, composée d'officiers noirs ou mulâtres, et présidée par le général Clervaux, Belair fut condamné, à l'unanimité, ainsi que sa femme à être fusillé. Le jugement fut mis à exécution par des troupes coloniales, et il est triste de constater qu'elles semblèrent remplir avec une joie féroce leur pénible corvée.

Malgré tout, l'insurrection se généralisait, et à chaque instant, l'on apprenait que des mouvements éclataient. Les ateliers de l'île de la Tortue s'étaient soulevés ; les cultivateurs des Moustiques remuaient ; la ville de Port-de-Paix avait été incendiée, et son magasin de poudre était tombé au pouvoir des insurgés. Sans-Souci ne cessait de harceler nos postes, et l'on eût dit que ses bandes se multipliaient. Deux attaques que nous avions simultanément dirigées contre lui avaient échoué, avec des pertes sensibles pour nous. L'on avait cru pouvoir se servir avec avantage de l'inimitié de Christophe contre ce chef de brigands. Contrairement à toute attente, Christophe était en quelque sorte paralysé, et ses hésitations pouvaient faire douter de sa fidélité. L'insurrection ne cessait de grandir, et au mois de septembre, elle était maîtresse de la plus grande partie du département du Nord. Il ne nous restait plus que les villes, et il fallait s'attendre à y être assiégés. Les forces dont nous disposions étaient insuffisantes. Malgré les renforts reçus en août et en septembre, les troupes européennes ne comptaient guère plus de 18,000 hommes, dont 9,000 dans le Nord, 6,000 dans l'Ouest, 1,500 dans le Sud, 1,500 dans la partie espagnole. De ces effectifs, il fallait défalquer les malades, dont le nombre était considérable. Si dans le Sud et dans l'Est, la situation sanitaire ne laissait rien à désirer, il n'en était pas de même dans le Nord et dans l'Ouest. Dans le premier département, nous avions environ 3,000 malades, et dans le second 2,000. Nos soldats se regardaient en quelque sorte comme condamnés à périr, et commençaient à se démoraliser. Nous ne pouvions plus faire fond sur les troupes coloniales, dont les rangs s'éclaircissaient journellement par suite des désertions. Plusieurs officiers supérieurs, entre autres, le chef de brigade Capois, nous avaient déjà abandonnés, et il était certain que du moment que les généraux noirs passeraient à l'insurrection, leurs bataillons déjà fort réduits, s'empresseraient de les suivre.

On pensa, mais bien à tort, qu'on viendrait à bout de la population en la terrorisant, et le système des supplices fut mis en vigueur dans toute l'île. C'était avouer notre faiblesse. Les exécutions se renouvelaient chaque jour ; la fusillade, la potence, et chose horrible à dire, les noyades décimaient les indigènes, sur de simples dénonciations, qui n'étaient que trop facilement écoutées. Ces cruautés, indignes des Français, avaient beau se multiplier ; elles ne servaient qu'à enfanter des haines terribles contre nous, et à donner de nouveaux partisans aux rebelles. Au lieu de trembler, les noirs montraient de la fierté, et à les voir affronter la mort, l'on aurait dit les martyrs d'une secte religieuse. L'on assistait à un réveil de la race africaine ; la lutte devenait de plus en plus acharnée. En se prolongeant, la guerre avait rendu les nègres redoutables, et leur énergie était devenue sauvage.

Nous conservions toujours un parti dans la population. Malheureusement, le moment était proche où les généraux noirs allaient abandonner notre cause. Dès les débuts de l'insurrection, le chef de brigade, Pétion, irrité du mépris que l'on témoignait aux mulâtres, dont il était en quelque sorte le chef, depuis le départ de Rigaud, avait songé à passer aux rebelles. Il avait communiqué ses intentions à Dessalines, qui était de cet avis, et tous deux n'attendaient qu'une circonstance favorable, pour mettre leur projet à exécution. Si les autres généraux noirs, Laplume, Maurepas, Clervaux, Christophe préféraient une existence paisible, en continuant de servir la France, et se sentaient peu portés à rejoindre des bandes, dont les chefs seraient pour eux des rivaux, ils ne dissimulaient pas leurs craintes, et s'effrayaient à l'idée de voir l'esclavage rétabli. Christophe et Clervaux se montraient de plus en plus défiants, et entretenaient des relations avec les insurgés. Quant à Dessalines, quoiqu'il encourageât sous main les désertions, il renouvelait fréquemment ses protestations de dévouement, parlait avec horreur des révoltés, et ne cessait de dire *qu'il avait soif de leur sang*. Ce langage n'aurait dû tromper personne, et néanmoins plusieurs de nos généraux s'y laissèrent prendre.

Dans les premiers jours d'octobre 1802, une frégate, la *Cocarde*, était arrivée au Cap avec des nègres, déportés de la Guadeloupe, qu'elle conduisait en France. Plusieurs d'entre eux se jetèrent à la nage, et parvinrent à gagner le rivage. Les rapports qu'ils firent sur les événements, récemment accomplis dans leur île, provoquèrent une vive irritation. Dans le même temps, des hommes de couleur, également de la Guadeloupe, avaient été amenés à Santo-Domingo. Le bruit se répandit que l'on avait trafiqué de leur liberté et qu'ils avaient été vendus à l'encan. Cette nouvelle vraie ou fausse fut immédiatement accréditée, comme un présage certain du prochain rétablissement de l'esclavage, à Saint-Domingue. Au Cap, la population était exaspérée ; les esprits fermentaient, et l'on pouvait prévoir de graves événements. Les mulâtres se montraient encore plus exaspérés que les noirs.

Clervaux et Pétion occupaient le Haut-du-Cap avec trois demi-brigades coloniales dont l'effectif était assez réduit. Pétion, qui pensait que le moment était favorable, donna l'ordre, dans la nuit du 13 au 14 octobre, d'enclouer les canons, qui défendaient le Haut-du-Cap, de désarmer et de renvoyer dans la ville les artilleurs européens, et prit avec ses soldats la route du Morne Rouge, pour se réunir aux bandes commandées par Petit-Noël. Avant de partir, il avait engagé Clervaux à abandonner les Français, et ce dernier, tout disposé à l'imiter, l'avait suivi. Clervaux et Pétion et leurs soldats furent tout d'abord mal reçus par les bandes qu'ils avaient rejoints. Furieux de la guerre que les troupes coloniales leur avaient faite, les nègres des mornes leur reprochaient le concours qu'elles avaient prêté aux blancs. Leur chef, Petit-Noël, apostropha vivement Clervaux et Pétion, et quand on lui eut annoncé que, selon toute probabilité, Christophe ne tarderait pas à se réunir à eux, l'on crut que des deux côtés, l'on en viendrait aux mains. Petit-Noël promit de tuer Christophe, à la première occasion. Ce ne fut pas sans peine, que Pétion parvint à empêcher une collision dont les conséquences auraient été néfastes pour les insurgés. Dans ce but, il engagea vivement les noirs à marcher sur le Cap. Séduit par l'espérance du pillage de cette ville, Petit-Noël réunit ses bandes aux troupes de Clervaux, consentit même à se mettre sous ses ordres, et tous deux se dirigèrent sur le Cap. Leurs rassemblements pouvaient comprendre cinq à six mille hommes.

En apprenant la défection de Pétion et de Clervaux, le général Leclerc avait jugé la situation très grave, et pris toutes ses précautions pour résister à une attaque. La garnison comptait seulement quatre ou cinq cents soldats européens ; la garde nationale fut immédiatement réorganisée et, en dehors des blancs, l'on n'y admit plus que les riches propriétaires de couleur. Les prévisions de Leclerc étaient fondées. Le 16 octobre 1802, à une heure du matin, Clervaux et Petit-Noël se montraient aux environs du Cap, et bientôt leurs bandes commencèrent l'attaque avec impétuosité. Nos troupes furent obligées de se replier, après avoir évacué le Haut-du-Cap. Heureusement pour nous, les insurgés usèrent leur acharnement devant le fort Jeantôt que défendait une poignée d'hommes. Plusieurs assauts qu'ils lui donnèrent furent vigoureusement repoussés. La garde nationale, forte d'un millier de fantassins et de deux cents cavaliers, se couvrit de gloire ; sa cavalerie terrifia les assaillants par une charge des plus audacieuses. Les noirs ne s'attendaient pas à trouver cette résistance ; ils se figuraient avoir bon marché de la garnison du Cap, et étaient fort étonnés d'avoir été repoussés. Ils crurent que des renforts étaient nouvellement arrivés de France, et se déterminèrent à la retraite, après avoir laissé sur le terrain un assez grand nombre de morts.

La défense du Cap constituait un brillant fait d'armes ; malheureusement, elle avait été déshonorée par une atrocité indigne d'un peuple civilisé. Au moment de l'attaque de Clervaux, le général Leclerc avait fait désarmer et conduire, à bord des bâtiments de la rade, les détachements des troupes coloniales, qui étaient restés en ville ; ils étaient trois fois plus nombreux que les troupes européennes. Les équipages décimés par les maladies étaient plus faibles que leurs prisonniers. Au moment où les insurgés nous forçaient à abandonner le Haut-du-Cap, ce fut à bord un affolement. L'on crut que tout était perdu, et alors eut lieu une scène affreuse. « *Tuons ce qui peut nous tuer* » s'écrièrent nos matelots, et craignant d'être égorgés par les noirs, ils en jetèrent la plus grande partie dans les flots. Mille à douze cents de ces malheureux périrent de la sorte. Au même moment, dans le sud de l'île, on faisait subir un traitement pareil à un riche mulâtre, nommé Bardet, et on le noyait par une injuste et atroce défiance. Quelques jours auparavant, à Port-au-Prince, une centaine de nègres avaient été enfermés dans un ponton, et asphyxiés sur les ordres de Rochambeau. La guerre prenait un caractère de férocité qu'on ne saurait trop flétrir.

Sitôt après l'attaque du Cap, Christophe qui occupait la position de Saint-Michel, à quelques lieues de la ville, et était resté neutre pendant le combat, se rangeait du côté de l'insurrection. Sa défection fut suivie de celle de Dessalines, qui entraîna avec lui les troupes noires placées sous ses ordres, et se signala en enlevant la Crête-à-Pierrot, par un audacieux coup de main. Jugeant bon de concentrer ses forces sur les points principaux, Leclerc donna l'ordre d'évacuer Fort-Dauphin et Port-de-Paix, et résolut de se borner à garder dans le nord, le Cap, le môle Saint-Nicolas et l'île de la Tortue. Dans l'ouest, nous occupions Port-au-Prince, Jacmel, Saint-Marc, le Mirebalais, la Croix-aux-Bouquets, le Grand-Goave et le Petit-Goave. Grâce au général Laplume, le Sud restait toujours en notre pouvoir. A la fin de l'année, des renforts étaient arrivés d'Europe, et une douzaine de mille hommes avaient débarqué. Néanmoins, nous étions, pour le moment, obligés de nous tenir sur la défensive. En passant aux insurgés, Dessalines leur avait donné un chef. Il s'était investi du pouvoir suprême, et bientôt des masses considérables s'étaient réunies sur les rives de l'Artibonite, où se trouvait son quartier-général. Sous son impulsion, la guerre allait reprendre avec plus de vigueur que jamais.

Fatigué d'un gouvernement aussi pénible que celui de Saint-Domingue, découragé par les mécomptes qui survenaient journellement, Leclerc tomba malade. Les insurgés, qui en avaient été immédiatement avisés, crurent l'occasion favorable pour s'emparer du Cap. Le 28 octobre, Christophe et Clervaux se présentaient devant la ville. En présence du nombre des assaillants, nous fûmes obligés d'abandonner les avant-postes, et d'évacuer le Haut-du-Cap. C'est en vain que les dragons de la garde nationale voulurent reprendre cette dernière position ; ils furent repoussés, et les nègres s'y maintinrent, malgré le feu continu de notre artillerie.

Nous étions désormais assiégés au Cap, et l'on dut se réduire à une défensive resserrée, qui n'embrassait plus que l'enceinte de la ville.

Durant cette seconde attaque, le général Leclerc, quoique affaibli par la maladie, montra la plus grande énergie. Mais les peines morales qu'il était contraint de dévorer, les inquiétudes, la douleur de ne pouvoir plus rien voir par lui-même, le retard mis dans l'arrivée des renforts contribuèrent à hâter sa fin. Peu avant sa mort, il exprima des regrets sur la manière dont l'expédition avait été conçue, et les fautes qu'il avait pu commettre. Ses dernières paroles furent des vœux pour la colonie, l'armée et la France. Il expira dans la nuit du 1er au 2 novembre 1802 ; il avait succombé à une attaque de choléra. Ses restes furent transportés en France, et déposés au Panthéon.

Le général Rochambeau prit le commandement comme étant le plus ancien divisionnaire ; il avait été du reste désigné par Leclerc pour être son successeur. On ne pouvait faire un plus mauvais choix. Ce n'était ni la bravoure, ni les talents militaires qui faisaient défaut au nouveau gouverneur. Mais il manquait de sang-froid, était violent, brutal, plein d'orgueil, et rempli de préjugés à l'égard des mulâtres qu'il avait su s'aliéner par sa conduite ; aussi son gouvernement fut-il déplorable, et c'est à lui que l'on doit en partie attribuer nos désastres.

Deux généraux noirs, Laplume et Maurepas, nous étaient restés fidèles, et nous pouvions compter sur leur dévouement. Le général Brunet, qui commandait à Port-de-Paix, avait Maurepas sous ses ordres. Depuis quelque temps, il le soupçonnait, et bien à tort, de vouloir trahir, et d'entretenir des intelligences avec les insurgés. Aussi, lorsqu'il reçut l'ordre d'évacuer Port-de-Paix et de se retirer au Cap, il fit arrêter Maurepas, ainsi que plusieurs officiers de couleur, et les emmena avec lui au Cap; le général Leclerc venait de mourir, et le préfet colonial Dauze exerçait l'autorité, en attendant l'arrivée de Rochambeau. Son avis était d'envoyer en France Maurepas et ses compagnons. Le 17 novembre, Rochambeau débarquait au Cap, et sur son ordre, le sort des prisonniers fut bientôt fixé. Maurepas, sa famille et ses compagnons furent embarqués à bord du *Duguay-Trouin*, et pendant la nuit, ces malheureux étaient précipités dans les flots. C'était un assassinat, et il est triste de constater que ses auteurs étaient des Français.

Rochambeau était disposé à prendre l'offensive. Le 19 novembre, des troupes d'Europe avaient débarqué au Cap. Des approvisionnements furent réunis, des compagnies franches organisées avec des mulâtres et des nègres. L'on songea tout d'abord à reprendre Fort-Dauphin. Les généraux Clauzel et Lavalette partirent du Cap, avec plusieurs bataillons d'infanterie, de l'artillerie, sur un vaisseau, deux frégates et une corvette. Le 1er décembre, ils étaient devant Fort-Dauphin, dont ils s'emparèrent, malgré la résistance des noirs, qui incendièrent la ville. Pour le moment, les insurgés semblaient vouloir se diviser. Le 8 novembre, Christophe et Clervaux avaient évacué le Haut-du-Cap; ils étaient à bout de munitions; Sans-Souci avait refusé de leur en fournir, et un moment, il fut même sur le point d'attaquer, avec ses bandes, les troupes de Christophe. Dans l'Ouest, le chef Larose, qui s'était établi à l'Arcahaye, repoussait l'autorité de Dessalines. Il en était de même de Lamour de la Rance, qui occupait les environs de Port-au-Prince, et du mulâtre Cangé, qui guerroyait dans la plaine de Léogane. Ces rivalités ne pouvaient que nous servir. Aussi les attaques des noirs furent-elles repoussées sur différents points. Pétion, qui essaya de s'emparer de la Croix-des-Bouquets, avec plusieurs milliers d'assaillants, ne put tenir sous le feu de notre artillerie, qui pourtant ne comptait que quatre pièces de campagne, et fut mis en déroute, en laissant nombre de morts et de blessés. Si, à ce moment, nous avions disposé de troupes nombreuses, nous aurions pu reprendre l'offensive, et refouler les insurgés dans les mornes. Malheureusement l'effectif de notre armée était tellement réduit, que tout ce que nous pouvions faire, c'était de nous maintenir dans nos positions. C'est ce qui arriva, depuis la mort de Leclerc jusqu'aux derniers jours de décembre 1802.

Tant que l'insurrection n'avait pas d'organisation, les nègres, impuissants à nous chasser des villes que nous occupions sur le littoral, en étaient réduits à faire la guerre de partisans. C'est ce que comprenait Pétion, et aussi s'efforçait-il d'amener les chefs de bandes à reconnaître l'autorité de Dessalines. Ses conseils trouvaient peu d'écho. Si plusieurs chefs s'étaient ralliés à Dessalines, les plus redoutables, Sans-Souci, Petit-Noël, Larose, refusaient de se soumettre à lui. Dessalines résolut d'en finir. Sur ses ordres, Christophe attira Sans-Souci dans un guet-apens, et l'assassina avec ses principaux lieutenants. Une véritable bataille était livrée, au Dondon, à Petit-Noël, et sa bande dissoute. A l'Arcahaye, celle de Larose avait le même sort. Bon gré, mal gré, les insurgés reconnurent, pour la plupart, l'autorité de Dessalines. En acquérant une certaine cohésion, ils allaient devenir plus entreprenants, et les 5 et 18 février 1803, la ville du Cap eut à repousser de leur part deux attaques, aussi acharnées l'une que l'autre. La tactique européenne avait toujours raison des nègres ; mais rien ne semblait les décourager. Les villes que nous occupions étaient constamment sur le qui-vive. La guerre, que nous soutenions exténuait nos troupes, qui n'avaient pas un moment de répit, et étaient obligées d'être toujours prêtes à repousser les assaillants.

Jusqu'au commencement de 1803, le Sud était resté paisible. Dans ce département, les mulâtres étaient influents par leur nombre et leur richesse. Ils se rappelaient la guerre atroce que leur avait faite Dessalines, et par intérêt autant que par sympathie, ils tenaient pour la France. Malheureusement, les injustices dont nous nous étions rendus coupables envers cette caste, nous l'avaient peu à peu aliénée. Aussi, lorsqu'au mois de janvier 1803, un ancien officier de Rigaud, Geffrard eut envahi le Sud, avec quinze à dix-huit cents hommes, quantité de mulâtres se prononcèrent en sa faveur, et entraînèrent les nègres avec eux. La province fut en grande partie ravagée, et Tiburon, Port-Salut, Acquin tombèrent au pouvoir des insurgés. Après une résistance acharnée, Geffrard parvint à s'emparer de l'Anse-à-Veau ; mais il souilla sa victoire en y massacrant la garnison française. La ville des Cayes fut bientôt en quelque sorte assiégée, et au commencement de mars, son commandant, le général Laplume, était obligé de faire de vigoureuses sorties, afin de débarrasser les abords de la place. Le général Sarrazin, envoyé du Cap, avec douze cents hommes, dégagea les Cayes, et reprit l'Anse-à-Veau. Néanmoins, ces succès n'empêchaient pas le Sud d'échapper à notre domination.

Le système de terreur, qui avait été inauguré à Saint-Domingue, loin d'abattre les insurgés, semblait leur donner de nouvelles forces. Au lieu de se rendre à l'évidence, d'adopter une autre politique, Rochambeau l'appliquait avec plus de vigueur, et voulait en quelque sorte le perfectionner. Il alla même jusqu'à faire venir de Cuba des chiens dressés à la chasse aux nègres. L'on renouvelait ainsi, au commencement du xixe siècle, les horreurs commises au xvie par les conquérants espagnols. Hâtons-nous de dire que plusieurs généraux, notamment Clauzel, Pamphile de Lacroix, se distinguèrent par leur humanité, et blâmèrent constamment ces infamies auxquelles ils restèrent étrangers. Il en fut de même du préfet colonial Dauze, qui dans une lettre adressée au premier consul, peu après la mort de Leclerc, n'avait pas dissimulé ses appréhensions, en voyant passer le gouvernement de la colonie aux mains de Rochambeau.

Quoique notre situation à Saint-Domingue fût critique, nous pouvions toujours espérer y rétablir notre domination, à condition que nous restions en paix avec l'Angleterre. Les Anglais ainsi que les Américains nous montraient bien leur hostilité, en fournissant des armes et des munitions aux insurgés. Mais tant que la mer était libre, nous pouvions expédier des renforts à notre armée. Malheureusement, la paix d'Amiens n'était qu'une trêve, et le 16 mai 1803, la guerre recommençait entre la France et l'Angleterre. Lorsque cette nouvelle se répandit à Saint-Domingue, elle combla de joie les nègres. Dessalines se transporta avec une partie de ses bandes du Nord dans l'Ouest, et vint incendier la plaine du Cul-de-Sac, espérant qu'en ruinant ce riche quartier, d'où Port-au-Prince tirait ses approvisionnements, il forcerait cette ville à se rendre. Les croisières anglaises se mettaient en rapport avec les insurgés. Il devenait évident qu'il ne restait plus aux Français qu'à succomber, ou à choisir entre les noirs, plus féroces que jamais, et les pontons d'Angleterre.

Aussitôt que la guerre eut recommencé entre la France et l'Angleterre, le général Rochambeau en avait été avisé. Au mois de juillet 1803, notre effectif militaire dans la colonie comptait environ 18,000 hommes, dont 13,000 valides et 5,000 dans les hôpitaux. Rochambeau, qui s'attendait à être assiégé au Cap, avait voulu pourvoir aux nécessités. Dans le but de se procurer de l'argent et des ressources, il frappa de contributions extraordinaires les négociants de la ville, qui pour la plupart étaient ruinés, confisqua les biens des colons absents, et ordonna d'arrêter et de déporter un certain nombre d'habitants, connus pour désapprouver son gouvernement. Cette conduite indigna la population, et plusieurs généraux, entre autres Clauzel, voulurent s'emparer de la personne de cet insensé, l'envoyer en Europe, et en débarrasser la colonie. Prévenu à temps, Rochambeau fit arrêter les auteurs du complot, et les embarqua pour la Havane. Sa tyrannie devint plus odieuse que jamais. Dégoûté de voir ce qui se passait, l'amiral Latouche-Tréville demanda à être rappelé, et le 12 août, il quittait le Cap. Son départ fut comme le signal d'une panique parmi les colons et les Européens, qui se trouvaient dans cette ville. Beaucoup d'entre eux prirent passage à bord des bâtiments, alors en rade, et se rendirent, les uns aux États-Unis, les autres en France. C'était un sauve qui peut ; la colonie ressemblait à un navire sur le point de périr.

En se sentant appuyés par les Anglais, les insurgés redoublaient d'audace et d'activité. Le 28 juillet et le 5 août, le Cap avait eu à éprouver leurs attaques. Dans l'Ouest, nous avions été obligés d'évacuer différents postes, et nous ne possédions plus dans ce département que Port-au-Prince, Saint-Marc, la Croix-des-Bouquets et Jacmel. Dans le Sud, l'insurrection s'était rapidement propagée, et grâce à l'appui des croisières anglaises, Geffrard s'était emparé de toutes les villes, à l'exception des Cayes. Au mois de septembre, nous abandonnions Fort-Dauphin ; Saint-Marc se rendait à Dessalines, qui y procédait au massacre de ses habitants, dans des conditions horribles. Presque au même moment, le général Pajeot craignant d'être cerné dans Jacmel, en partait avec la garnison, et se retirait à Santo-Domingo. Les jours de notre domination étaient désormais comptés à Saint-Domingue.

Les événements nous étaient de plus en plus défavorables. A Port-au-Prince, la division s'était mise parmi les défenseurs de la place. Le général Sarrazin et le commissaire ordonnateur Colbert étaient d'avis d'évacuer la ville, tandis que le général Lavalatte était décidé à prolonger la résistance. La famine commençait à se faire sentir. Pour se procurer des vivres, nos soldats étaient souvent obligés d'aller marauder dans le voisinage, et à différentes reprises, il nous fallut faire des sorties, pour empêcher les nègres de tarir les sources d'eau, qui alimentaient la ville. En présence de cette triste situation, le général Sarrazin quitta secrètement Port-au-Prince, et se retira à Santiago de Cuba. C'était une véritable désertion ; son effet fut déplorable. Nos soldats répétaient partout qu'ils étaient trahis. Les habitants, blancs ou noirs, manifestaient hautement leur mécontentement. Lavalatte s'était pour ainsi dire ingénié à froisser la population de couleur, et avait réussi à faire détester la domination française. Aussi, tout annonçait que Port-au-Prince, dont la garnison était réduite à trois mille hommes, ne tarderait pas à succomber.

Tenu au courant de ce qui se passait, Dessalines pensa que le moment était venu de s'emparer de Port-au-Prince. Le 15 septembre, il quittait Saint-Marc, et se mettait en marche, avec tout ce qu'il avait pu ramasser de troupes. Dans la nuit du 17, il arrivait devant la Croix-des-Bouquets, que défendait le colonel Lux avec sept ou huit cents hommes et quatre pièces de canon. Établis dans des blockhaus, nos soldats firent une vigoureuse résistance ; mais, écrasés par le nombre, ils furent obligés de se replier, en laissant au pouvoir de l'ennemi, sans parler des morts, quatre cents blessés et prisonniers. Dessalines les fit tous massacrer, après d'horribles tortures. Sa férocité augmentait avec ses succès. Sitôt la prise de la Croix-des-Bouquets, il fallait s'attendre à le voir venir incessamment attaquer Port-au-Prince. C'est ce qui arriva. Le 23 septembre, Dessalines bloquait la ville avec son armée, dont on pouvait évaluer l'effectif à plus de vingt mille hommes. Le 24, il ouvrait le feu, et le tir de son artillerie, dirigée par Pétion, montrait que les nègres avaient su profiter de l'instruction militaire que nous leur avions donnée. Trop peu nombreuses, pour occuper tous les ouvrages extérieurs, nos troupes avaient dû se borner aux principaux, et entre autres au fort National et au fort Bizoton. Malgré leur bravoure, elles furent obligées de les évacuer successivement, et le 2 octobre, nous en étions réduits à l'enceinte de Port-au-Prince. Notre position était très critique. Nous n'avions plus de vivres, et l'eau potable commençait à manquer. Les boulets pouvaient traverser la ville, et Pétion avait pris pour objectif l'hôpital encombré de malades. La garnison était exténuée, et la population affolée poussait des cris de terreur. Lavalatte vit qu'il était inutile de prolonger la lutte, et se décida à traiter. Le 5 octobre, une convention était conclue ; les Français s'engageaient à quitter Port-au-Prince, dans le délai de quatre jours. Le 8 octobre, le général Lavalatte informait Dessalines que la garnison était embarquée. Le 9, tous les navires quittaient la rade, et allaient, pour la plupart, se faire capturer par les croisières anglaises. Néanmoins, Lavalatte et ses principaux officiers furent assez heureux pour pouvoir gagner Cuba. Le jour de notre départ, Dessalines entrait en triomphateur à

Port-au-Prince, à la tête de son armée. Les mulâtres et les noirs valides furent incorporés dans ses troupes. Quant aux blancs, ils furent frappés d'une contribution de guerre, et il leur fut interdit de quitter le pays. Dessalines voulait avoir des otages.

Au moment où Port-au-Prince tombait au pouvoir des nègres, les généraux Brunet et Laplume, reconnaissant l'impossibilité de tenir plus longtemps aux Cayes, traitèrent avec les Anglais, qui en bloquaient le port. Le 16 octobre, les forts leur étaient remis, et les troupes françaises conduites à la Jamaïque ; quant aux malades et aux blessés, ils furent, conformément à la capitulation, transportés au môle Saint-Nicolas. Une partie des colons quittèrent la ville ; un certain nombre y resta. Le 17 octobre, Geffrard entrait aux Cayes, et en prenait possession. Le Sud et l'Ouest étaient définitivement perdus, et dans le Nord, il ne nous restait plus que le Cap et le môle Saint-Nicolas.

Sitôt maître de Port-au-Prince, Dessalines s'était rendu aux Gonaïves, et avait donné l'ordre à ses troupes de se réunir sur les rives de l'Artibonite, près du Limbé. Prévoyant trouver une résistance sérieuse au Cap, il avait résolu de consacrer toutes ses forces à l'expédition. Quoique Geffard fût obligé de rester dans le Sud, pour y réprimer une insurrection du nègre Goman, Dessalines se trouva bientôt à la tête d'une masse de plus de 20,000 hommes ; le 11 novembre, il était sous les murs du Cap. Les débris de l'expédition s'étaient réfugiés dans cette ville ; la garnison comptait près de 5,000 combattants; Rochambeau était résolu à se défendre jusqu'à la dernière extrémité. Pour se procurer des ressources, il avait frappé la population d'un emprunt forcé. Huit négociants européens avaient été taxés, chacun à 30,000 francs ; l'un d'eux, nommé Fédoc, étant dans l'impossibilité de payer, avait été arrêté et fusillé par ordre du capitaine général. C'était un véritable assassinat. Par ses cruautés, Rochambeau avait exaspéré les habitants, et il ne pouvait guère compter sur leur concours. Néanmoins, il pensait pouvoir tenir quelque temps, surtout si l'ennemi lui donnait un peu de répit Il ne croyait pas que les nègres viendraient de suite l'attaquer. Aussi, la rapidité des mouvements de Dessalines le surprit beaucoup.

Nous avions évacué le Haut-du-Cap, nous bornant à la défense des fortins de Verdières, de Bréda, de Champain, de Pierre Michel, consistant en grands blockhaus, garnis d'artillerie. Verdières n'était même qu'une maison en maçonnerie ; mais sa situation sur un monticule lui donnait une grande importance. Aussi Dessalines voulait-il s'en rendre maître. Au premier coup de canon, Rochambeau sortit de la ville avec une partie de la garnison, et soutint bravement l'attaque. Son artillerie causa de grands ravages dans les rangs de l'ennemi. L'affaire dura la plus grande partie de la journée, et fut des plus meurtrières. Sur les quatre heures, une pluie torrentielle, survenue à la suite d'un orage, contraignit les combattants à cesser le feu. Nous avions conservé toutes nos positions. Néanmoins, Rochambeau reconnut qu'il était impossible de continuer la lutte avec des troupes minées par la fièvre jaune. Il envoya un parlementaire à Dessalines, et le 19 novembre 1803, une convention était signée. Nous nous engagions à remettre aux noirs, le 20 novembre, la ville du Cap et les forts, qui en dépendaient, avec les armes et les munitions, qui se trouvaient dans les arsenaux. Rochambeau s'embarqua avec la garnison et une partie des colons, sur les bâtiments qui se trouvaient dans le port. Il sortait de la rade le 20 novembre; quelques heures auparavant, il avait signé avec les Anglais une capitulation, qui rendait prisonniers de guerre, les généraux, officiers et soldats sortis du Cap, sous la condition de les envoyer en Europe [1]. Les malades qui avaient été embarqués, furent expédiés en France et les habitants qui suivaient l'armée, déposés sur le territoire de l'ancienne partie espagnole de Saint-Domingue.

Le 29 novembre, Dessalines prenait possession du Cap, et y faisait une entrée triomphale, à la tête de son armée. Il souilla sa victoire par un nouvel acte de barbarie. D'après la convention signée avec Rochambeau, nos malades et nos blessés restaient au Cap, jusqu'au moment de leur guérison, et les noirs devaient leur faciliter le retour en France. Trois jours à peine s'étaient écoulés, depuis le départ des bâtiments français, que l'ordre était donné de les conduire à la Tortue, sous le prétexte que le climat de cette île était préférable à celui de la grande terre. En même temps Dessalines communiquait à ses officiers des instructions secrètes, qui, malheureusement ne furent que trop suivies. 800 soldats et marins français furent ainsi assassinés,

---

[1] Rochambeau resta prisonnier en Angleterre jusqu'en 1811 ; échangé alors, il revint en France, et deux ans après, en 1813, il était tué à la bataille de Leipzick.

pendant le trajet à la Tortue. Les mœurs du Dahomey remplaçaient la civilisation européenne à Saint-Domingue.

Le 4 décembre 1803, nous abandonnions le môle Saint-Nicolas. Tout le territoire de l'ancienne partie française était évacué par nos troupes ; mais nous occupions toujours l'ancienne partie espagnole. Au moment de l'évacuation du Cap, le général Ferrand, qui se trouvait à Monte-Christo, s'était transporté à Santo-Domingo, et y avait pris le commandement. Les habitants du Cibao avaient tout d'abord reconnu l'autorité de Dessalines, et lui avaient même envoyé une députation. Une contribution de 100,000 piastres et l'arrivée d'un bataillon noir provoquèrent une insurrection. La ville de Santiago se souleva, et appela les Français. Le général Ferrand envoya 200 hommes, et cette faible troupe suffit pour rétablir notre domination dans le département du Cibao. Nous eûmes la sagesse d'en confier l'administration à un nègre de la Véga, nommé Serapio Reynoso, qui nous était fort dévoué. Toute la population se rallia à notre cause. Saint-Domingue n'était pas encore complétement perdu pour nous.

Dessalines voulait soumettre la partie espagnole, et au mois de février 1805, il entrait dans le département du Cibao, avec plusieurs milliers d'hommes. Pour posséder la ville de Santiago, il lui fallut livrer un combat assez sanglant, où le noir Serapio Reynoso perdit la vie. Irrité de la résistance qu'il rencontrait, Dessalines fit massacrer les blessés et les prisonniers, et tout ravager sur son passage. Ces cruautés soulevèrent contre lui la population, et aussi lorsqu'il arriva devant Santo-

Domingo, les habitants de cette ville s'unirent à la garnison, pour repousser les nègres. Sur ces entrefaites, une escadre française débarqua 2 ou 3,000 hommes. Dessalines s'empressa de battre en retraite. Tous les villages qu'il traversa furent incendiés, et quantité de gens emmenés en captivité avec leurs bestiaux. Dessalines venait d'accomplir une véritable invasion dahoméenne.

Nous serions restés tranquilles possesseurs de la partie espagnole de Saint-Domingue, sans la déplorable affaire de Bayonne. En voulant substituer à Madrid sa dynastie à celle des Bourbons, Napoléon Ier souleva l'Espagne contre nous. Les événements de la péninsule ibérique eurent leur contre-coup à Saint-Domingue, comme dans toute l'Amérique. Au mois d'octobre 1808, un colon, Don Juan Sanchez de Ramirez, donnait le signal de l'insurrection, et prenait le titre de capitaine général. Il eut bientôt réuni plusieurs milliers d'hommes, et enlevé avec l'appui des Anglais les villes de Samaña et de Santiago. Les Français furent refoulés dans Santo-Domingo. Le général Ferrand, qui se voyait à la veille d'être assiégé, fit une sortie, afin de nettoyer les abords de la place. Le 7 novembre 1808, il fut attaqué à peu de distance de la ville, à Palo-Hicando, par les Espagnols qui comptaient près de 3,000 combattants. Malgré ses efforts, sa petite troupe fut écrasée par le nombre. Sur les 500 Français qui la composaient, 40 seulement parvinrent à rentrer dans Santo-Domingo. Les autres furent tués ou pris. De désespoir, le général Ferrand se brûla la cervelle, sur le champ de bataille même. Son successeur, le général Barquier, prolongea la résistance jusqu'en juillet 1809. A cette époque, une escadre anglaise, venant de la Jamaïque, parut devant Santo-Domingo. Se voyant à bout de ressources, Barquier capitula. La garnison française était réduite à 1,700 hommes dont 200 miliciens. La place fut remise à Don Francisco Murillo, représentant de la junte insurrectionnelle. Nous n'occupions plus un seul point dans l'île de Saint-Domingue.

Tel fut le résultat de cette expédition que l'on a, depuis, tant et bien à tort, reprochée au premier consul. Une armée fut anéantie par le climat. 43,000 hommes furent, à différentes reprises, envoyés à Saint-Domingue; il n'en revint que 8 à 9,000[1]. La mauvaise direction, l'incurie dans l'administration militaire, les maladies furent les causes de notre échec. Mais nous ne saurions trop le répéter, l'expédition de Saint-Domingue s'imposait.

Les peuples ne laissent jamais échapper une possession, tant soit peu importante, sans essayer de la retenir, n'eussent-ils aucune chance de succès. Que ne ferait pas l'Angleterre pour maintenir l'Inde sous sa domination, et la Hollande pour garder Java et l'Es-

---

[1] Au mois de novembre 1802, plus de 20,000 hommes avaient succombé, victimes du climat et des maladies, et 5,000 seulement par le feu de l'ennemi. A ces chiffres, il faut ajouter les pertes, faites par la marine militaire, représentées par 8,000 marins. De plus, 3,000 marins du commerce, 2,000 fonctionnaires de tout ordre, 4,500 colons ou Européens moururent, pour la plupart de maladies. Si à cette lugubre statistique, l'on ajoute les pertes faites sous le gouvernement de Rochambeau, l'on voit que l'expédition de Saint-Domingue a coûté la vie à plus de 50,000 Français.

pagné pour conserver Cuba ! En 1802, il était tout naturel que le gouvernement français, qui venait de conclure une paix glorieuse, voulût reprendre une colonie, qui faisait autrefois la richesse et la prospérité de la métropole.

CHAPITRE X

Haïti. — Reconnaissance de son indépendance par la France. — La situation actuelle. — L'avenir.

Toussaint-Louverture avait constamment affecté le plus grand dévouement à la France et sous sa domination, Saint-Domingue était toujours censé être une colonie française. Dessalines eut plus de franchise. Au mois de décembre 1803, il proclamait, aux Gonaïves, l'indépendance de l'île, qui reprit le nom d'Haïti qu'elle portait sous ses premiers habitants. Un drapeau fut adopté. Jusqu'alors, les noirs, se considérant comme Français, avaient le drapeau tricolore. La couleur blanche fut retranchée, et le drapeau haïtien fut bleu et rouge. Dessalines se vit confirmer son autorité, et reçut le titre de gouverneur général avec le droit de choisir son successeur. Sa dictature était désormais fondée et consacrée.

La guerre, qui depuis dix ans désolait Saint-Domingue, y avait porté la ruine. La culture était abandonnée et le commerce anéanti. La population était tombée à 400.000 âmes. Dessalines était loin d'avoir les qualités nécessaires pour relever le pays. Plein d'orgueil, il voulait bâtir une ville, lui donner son nom, et en faire le siège de son gouvernement. Partout où il allait, il imposait le respect, en faisant distribuer force coups de bâtons sur son passage. Le nouveau chef d'Haïti aimait passionnément la danse ; dans tous ses voyages, il était accompagné d'un professeur de danse, et quand il avait exécuté conformément aux règles de l'art, un menuet ou une gavotte, il croyait avoir accompli un acte de la plus grande importance. Le premier consul est proclamé empereur. A cette nouvelle, Dessalines, hanté plus que jamais par des idées de grandeur, veut devenir l'égal *du premier des blancs*, et se fait proclamer empereur sous le nom de Jacques Ier. Le 8 octobre 1804, il était solennellement couronné et des fêtes brillantes avaient lieu en l'honneur de l'établissement de l'empire.

Malheureusement chez Dessalines, le côté plaisant ne doit pas faire oublier sa férocité. Il avait engagé les blancs à rester à Saint-Domingue en les assurant de sa protection. Il s'attacha à réveiller les anciennes haines et des ordres secrets prescrivirent des massacres partiels. Enfin, le 25 avril 1805, une proclamation ordonna le massacre de tous les blancs, à l'exception des prêtres, des médecins et de quelques ouvriers d'art. Cet ordre fut exécuté avec empressement par la population. Généralement, les mulâtres se montrèrent plus impitoyables que les noirs, parce qu'ils avaient à éloigner les soupçons jaloux des représentants purs de la race africaine. Les blancs furent désormais exclus du droit de cité. On leur interdit le droit d'acquérir des propriétés, et cette disposition est devenue la base de toutes les constitutions haïtiennes. Les Français furent plus maltraités que les autres Européens. Dessalines alla jusqu'à leur défendre de séjourner à Haïti. C'était un retour complet à la barbarie.

Dessalines ne réservait pas ses fureurs pour les blancs. Les Haïtiens virent bientôt qu'ils avaient en lui un maître dont la tyrannie ne laissait rien à désirer. Ses cruautés finirent par faire éclater une insurrection, qui gagna bientôt le Sud et l'Ouest, et son chef, Pétion, entra à Port-au-Prince, où il fut reçu avec enthousiasme. Dessalines fut assassiné le 17 octobre 1806, au moment où il marchait contre les rebelles. Son cadavre, exposé sur la place d'armes de Port-au-Prince, servit de pâture à la populace noire, qui s'acharna sur lui, le laboura à coups de sabre, et lui jeta des pierres. A voir cette scène de cannibales, l'on se serait cru transporté dans les régions les plus sauvages de l'Afrique centrale.

La mort de Dessalines inaugura la guerre civile, à Haïti. Deux partis, les jaunes ou les mulâtres et les noirs, se trouvaient en présence l'un de l'autre. Pétion était le chef des premiers et Christophe celui des seconds. Notre ancienne colonie se divisa en deux états. L'Ouest et le Sud formèrent la république d'Haïti dont le président fut Pétion, avec Port-au-Prince pour capitale. Les départements du Nord et de l'Artibonite constituèrent le domaine de Christophe, qui fixa le siège de son gouvernement au Cap, et se fit proclamer roi, en 1811, sous le nom de Henri I⁰ʳ. Les deux factions entrèrent en lutte l'une contre l'autre ; mais comme elles se contrebalançaient, comme force et comme puissance, la guerre ne pouvait avoir aucun résultat. Elle se fit avec férocité. A Port-au-Prince, Pétion essaya d'organiser sa république et se mit courageusement à l'œuvre. Tout était à créer. La sécurité n'existait pas, et la propriété était à peine constituée. Ce ne fut pas sans peine que Pétion parvint à consolider son autorité ; il eut à réprimer plusieurs révoltes, et dans le Sud, le chef nègre Goman se déclarait indépendant, à la Grande-Anse, et y fondait un petit état. Dans le Nord, le roi Henri établissait sa monarchie, en créant une noblesse héréditaire, qui comptait quatre princes, huit ducs, vingt-deux comtes, trente-sept barons, quantité de chevaliers, et en formant une cour. Rien n'y manquait. Le personnel comprenait dames d'honneur, dames d'atour, chambellans, pages, maîtres de cérémonies, hérauts d'armes, officiers de bouche. Le nouveau souverain s'intitulait *bienfaiteur de la nation haïtienne, premier monarque couronné du nouveau monde*, et avait pris comme armoiries, un phénix de gueules, couronné d'or, accompagné d'étoiles de même. L'on entrait dans la période du grotesque.

La France n'avait pas renoncé à son ancienne colonie. Tout en poursuivant sur le continent l'exécution de ses gigantesques projets, Napoléon I⁰ʳ n'oubliait pas Saint-Domingue. En 1810, le général Rigaud, d'abord interné à Agen, était revenu à Port-au-Prince, après avoir accepté la mission de replacer son pays sous l'influence de la métropole. Une escadre, composée de quatre frégates et quatre bricks, reçut l'ordre de se rendre sur les côtes de l'île, afin d'y appuyer nos partisans. Rigaud mourut, peu après son retour à Saint-Domingue. Sa mort ruina nos espérances pour le moment. Quelques mois après, un agent du gouvernement français, Liat, débarquait à Port-au-Prince, et se mettait en rapport avec Pétion. Le président de la nouvelle république s'attacha à convaincre Liat, que la France devait renoncer à son ancienne colonie dont la résolution d'être indépendante était irrévocable. Il ne parvint pas à le convaincre, et sans la campagne de Russie, tout fait supposer qu'une nouvelle expédition aurait eu lieu en 1812 ou en 1813. En 1814, le colosse impérial s'écroula, et les Haïtiens n'eurent plus à redouter son ambition.

Pétion avait été instruit par les Anglais de la chute de Napoléon Ier et de la restauration des Bourbons. Il résolut de solliciter la médiation de l'Angleterre, afin d'amener le gouvernement français à reconnaître l'indépendance d'Haïti, et dans ce but, il envoyait à Londres un agent nommé Gobarge. Christophe avait été également prévenu de l'avènement d'un nouveau régime en France, par un émigré, nommé Peltier, qu'il avait à sa solde, et qui publiait en Angleterre le journal l'*Ambigu*, consacré à la défense de la cause des Bourbons. Pétion et Christophe envoyèrent des instructions à leurs représentants ; tous deux étaient d'accord pour repousser la domination française.

A peine Louis XVIII était-il remonté sur le trône que

la question de Saint-Domingue était de nouveau mise à l'ordre du jour. Les anciens colons réclamaient une expédition. Le général Desfourneaux, qui avait autrefois servi dans la colonie, fit valoir les avantages que nous procurerait la possession de Saint-Domingue. Il était persuadé que Pétion, Christophe et la plupart des autres chefs noirs s'empresseraient de reconnaître la souveraineté du roi de France, si on leur assurait des honneurs et des avantages pécuniaires. Il conseillait d'envoyer, sans tarder, un corps de troupes occuper notre ancienne colonie, et pour lui, le succès était certain.

Le gouvernement de la Restauration fut séduit par ces raisons. Le ministre de la marine, le baron Malouet, qui avait autrefois résidé à Saint-Domingue, en qualité d'ordonnateur, était tout naturellement d'avis de reprendre notre ancienne colonie. Il fut décidé que trois commissaires seraient envoyés à Haïti, afin de connaître les dispositions des habitants. Ces commissaires étaient le colonel Dauxion-Lavaysse, Draverman et le colonel de Médina, tous trois anciens colons, remplis de préjugés, et se figurant que la nouvelle de la restauration des Bourbons avait produit un effet magique dans toute l'île, et que les noirs ne demandaient qu'à se soumettre au roi *légitime*. Ils se rendirent en Angleterre, à Falmouth, et de là à la Jamaïque. Au mois d'octobre 1814, Dauxion-Lavaysse, qui était le chef de la mission, débarquait à Port-au-Prince avec Draverman. Sur son ordre, de Médina s'était rendu au Cap, pour conduire les négociations avec Christophe.

Dauxion-Lavaysse avait écrit au président Pétion,

pour l'engager à reconnaître l'autorité du roi de France, Louis XVIII, et à arborer le drapeau blanc. Après lui avoir promis des honneurs et des récompenses, il déplorait les maux dont les Haïtiens avaient souffert, les attribuait aux ennemis des Bourbons, se déchaînait contre *l'ogre de Corse*, *l'usurpateur*, *le bacha* Leclerc, et faisait l'éloge du roi *qu'il déclarait semblable à la divinité, et être son image.* Ce langage ridicule n'eut aucun effet. Pétion convoqua, le 21 novembre, les principales autorités de la république. L'assemblée repoussa à l'unanimité les propositions du gouvernement français, tout en déclarant vouloir renouer des relations commerciales. Elle offrait même une indemnité pécuniaire pour dédommager les anciens colons, mais c'était tout. Dauxion-Lavaysse repartit immédiatement. Son collègue de Médina avait trouvé, au Cap, Christophe, fort courroucé. Dauxion-Lavaysse lui avait écrit une lettre où il le menaçait de toutes les forces de l'Europe, s'il refusait de se soumettre. Il le prévenait en même temps que la France achetait, en ce moment, à la côte d'Afrique, des noirs, pour en faire des soldats, destinés à exterminer les rebelles. Il était difficile d'être plus provocant. Aussi Christophe, dont la colère n'avait plus de bornes, fit répondre que lui et son peuple se défendraient jusqu'à la dernière extrémité. Le malheur voulut que le colonel de Médina avait autrefois servi dans l'armée de Saint-Domingue. Il fut reconnu, arrêté comme espion, et fusillé comme tel. C'est ainsi que se termina la mission de Dauxion-Lavaysse dont la maladresse dépassa tout ce qu'on pouvait imaginer.

Cependant, l'on ne renonçait pas en France à Saint-

Domingue, et une expédition était chose décidée. L'on s'y préparait activement dans nos ports militaires, principalement à Toulon, et au printemps de 1815, une flotte devait mettre à la voile. La reconstitution rapide de notre armée eût permis de former un corps expéditionnaire. Un événement imprévu vint interrompre les préparatifs. Napoléon Ier sortait tout à coup de l'île d'Elbe, et, le 20 mars 1815, il entrait aux Tuileries. Son nouveau règne ne dura que cent jours. Néanmoins, quoiqu'il fût absorbé par la lutte qu'il soutenait contre l'Europe, il n'oubliait pas Saint-Domingue. Le 8 avril 1815, il abolissait la traite, et faisait faire des propositions aux gouvernements haïtiens. Si l'on s'en rapporte au Mémorial de Sainte-Hélène, Napoléon Ier se serait *accommodé avec les nègres*, et aurait reconnu leur indépendance, en échange de certains avantages commerciaux pour notre pays.

Dès que Louis XVIII fut remonté sur le trône, la question de Saint-Domingue fut de nouveau mise à l'ordre du jour. Au mois de juillet 1816, le roi nommait trois commissaires, le vicomte de Fontanges, le conseiller d'état Esmangat, et le capitaine de vaisseau du Petit-Thouars, et les chargeait de toutes les affaires concernant notre ancienne colonie. Les commissaires partirent pour Saint-Domingue. On leur avait adjoint deux commissaires suppléants, le colonel Jouette et un magistrat nommé Laboulaterie. En outre, ils étaient accompagnés par un noir de la Martinique, chef d'escadron en retraite, et trois mulâtres dont l'un, ancien capitaine d'artillerie, était originaire de Léogane. Dans le but d'assurer le succès, le gouvernement français avait remis au chef de la mission dix croix de Saint-Louis, douze de la Légion d'honneur et un millier de Lys pour être distribués aux généraux et aux principaux fonctionnaires haïtiens. L'on pensait pouvoir ainsi se créer un parti dans l'île, au moyen de ces distinctions.

Le 4 octobre 1816, les commissaires débarquaient à Port-au Prince, et tout d'abord, ils commencèrent par s'aliéner Pétion, en lui refusant, dans une lettre qu'ils lui adressaient, le titre de président, pour lui donner simplement la qualité de général. L'ordonnance royale, en vertu de laquelle ils remplissaient leur mission, et dont ils donnèrent copie aux autorités de la république d'Haïti, n'était pas précisément faite pour concilier les sympathies. Nous en reproduisons le texte. « La colonie de Saint-Domingue a particulièrement fixé notre attention. Nous avons pensé qu'il était utile d'y envoyer des commissaires, pour calmer les inquiétudes que les habitants de cette île peuvent avoir sur leur situation, faire cesser leur incertitude, déterminer leur avenir et les changements que les événements peuvent avoir rendus nécessaires, et particulièrement ceux qui tendent à améliorer le sort de leurs sujets. Nos commissaires s'entendront avec les administrateurs actuels, sur tout ce qui tient à la législation de la colonie, au régime intérieur et d'ordre public, aux fonctionnaires civils et militaires, à l'état des personnes et au rétablissement des relations commerciales avec la métropole. Ils nous désigneront ceux de nos sujets, qui se sont rendus dignes de notre bienveillance, et qui auront mérité des récompenses pour leur attachement et leur fidélité à notre personne. » La dépêche qni avait annoncé l'arrivée de la mission était conçue dans le même style. Elle disait que Sa Majesté avait été douloureusement affectée du retard mis par ses enfants de Saint-Domingue à arborer son drapeau qu'ils avaient si longtemps défendu avec courage ; car ils ne lui étaient pas moins chers que ceux que ce bon prince avait retrouvés en Europe. De plus, le roi n'ignorait pas que les habitants de cette île avaient constamment résisté à l'*usurpation*.

Il était impossible de pousser plus loin l'ignorance, et l'on eût dit que les rédacteurs de l'ordonnance et de la dépêche ignoraient complètement ce qui s'était passé à Saint-Domingue, depuis vingt ans. Penser et dire que les nègres de notre ancienne colonie s'étaient soulevés et avaient massacré les blancs pour la défense de la cause royale, c'était à la fois puéril et grotesque. Croire que ces mêmes nègres étaient prêts à reconnaître l'autorité du roi *légitime*, était une idée bien faite pour exciter la risée. Du reste, les agents du gouvernement français n'avaient rien de ce qu'il fallait pour nous créer des partisans. Le vicomte de Fontanges montra toute son incapacité. Son langage hautain froissa les Haïtiens, et à ses allures l'on eût dit un préfet venant prendre possession de son poste. Aussi, lui et ses compagnons s'embarquèrent pour l'Europe, le 12 novembre 1814, sitôt que le gouvernement de la république d'Haïti leur eût de nouveau affirmé son désir de garder son indépendance. Une démarche indirecte faite près de Christophe n'avait pas donné un résultat plus heureux. Aux Tuileries, l'on put se convaincre que les Haïtiens ne désiraient pas la domination française, et que la cause des Bourbons n'était pas, chez eux, plus populaire que celle de Napoléon Ier.

Pendant toutes ces négociations, les deux états haïtiens avaient conclu une trêve. Sitôt que la crainte d'une nouvelle expédition française fut passée, la lutte recommença entre eux ; mais elle fut moins acharnée, et se borna, de part et d'autre, à quelques excursions de bandes se décorant pompeusement du nom d'armées. En 1816, Pétion avait été nommé président à vie. Il ne jouit pas longtemps de la prorogation de ses pouvoirs, et mourut en 1818, à l'âge de quarante-huit ans, profondément dégoûté de la vie, par suite de la perte de ses illusions. Il termina ses jours, sans avoir foi dans l'avenir de son pays. En mourant, Pétion n'avait pas usé de la faculté que lui donnait la constitution de désigner son successeur. La garnison de Port-au-Prince força le sénat à appeler à la présidence le général Boyer, comme étant seul capable de succéder à Pétion. L'ère des *pronunciamentos* était inaugurée à Haïti.

Jean-Pierre Boyer était né en 1776, à Port-au-Prince. Tout jeune encore, il avait pris part aux premières luttes qui eurent lieu dans la colonie, lorsque les hommes de couleur réclamèrent les droits politiques. Partisan de Rigaud, il avait combattu Toussaint, et après la défaite des mulâtres, il s'était réfugié en France. Il était revenu à Saint-Domingue avec l'expédition de Leclerc. En 1803, il abandonnait les Français, et se ralliait à Pétion dont il devenait le lieutenant le plus dévoué. Pétion appréciait ses qualités. Boyer était honnête, et un administrateur distingué, mais plein de préjugés. Aussi a-t-on exagéré sa valeur politique, et s'il n'avait pas été utilement servi par les circonstances, sa réputation eût été moins grande qu'elle ne l'a été. Néanmoins, son gouvernement constitue la période la plus prospère d'Haïti.

En prenant possession du pouvoir, Boyer s'occupa d'abord de mettre fin à l'existence de l'état de la Grande-Anse. Le chef Goman s'était taillé là une sorte de principauté, et à Jérémie, sa capitale, il partageait son temps entre son harem et les plaisirs de la chasse, tandis que ses sujets s'en allaient faire des razzias dans la plus grande partie du Sud. Pour réduire Goman, il fallut employer toutes les forces de la république, et ravager son territoire, qui fut transformé en un véritable désert ; à la fin de 1819, la Grande-Anse était soumise. Pendant que Boyer consolidait son autorité, Christophe voyait au contraire décroître la sienne. Dans le courant de 1820, une insurrection éclata à Saint-Marc, et se propagea rapidement. Abandonné de tous les siens, Christophe, retiré dans son château de Sans-Souci, se fit tuer par un de ses gardes, pour ne pas tomber au pouvoir de ses ennemis. Ainsi finit la royauté éphémère de Henri Ier. Sa mort serait probablement passée inaperçue en France, sans la chanson de Béranger : *La mort du roi Christophe ou note présentée par la noblesse d'Haïti aux trois grands alliés.* Boyer, qui se tenait au courant de ce qui se passait, s'avança dans le Nord avec un corps de troupes, avant qu'on eût donné un successeur à son rival. Il fut reçu partout avec enthousiasme, et entra au Cap. Toute l'ancienne partie française de Saint-Domingue ne formait plus qu'un seul état.

La bonne chance de Boyer continua. Par le traité du 30 mars 1814, nous avions retrocédé à l'Espagne, la partie de Saint-Domingue qu'elle nous avait précédemment abandonnée en 1795, par le traité de Bâle, et que nous avions évacuée en 1809. L'Espagne ne posséda pas longtemps son ancienne colonie, qui suivit l'exemple du Mexique, de la Colombie, du Pérou, et s'émancipa en 1821. Elle n'avait pas encore eu le temps de s'organiser, que Boyer pénétrait sur son territoire, et se présentait devant Santo-Domingo, sans trouver de résistance. L'ancienne partie espagnole reconnut son autorité. Désormais, l'île tout entière était réunie en un seul état, la république d'Haïti.

En France, la question de Saint-Domingue existait toujours. En 1822, le gouvernement de la Restauration avait envoyé un nouvel agent offrir aux Haïtiens la reconnaissance de leur indépendance, à condition que la métropole conserverait un certain droit de suzeraineté, et qu'une indemnité pécuniaire serait payée aux anciens colons, pour les dédommager de la perte de leurs propriétés. Cette démarche, conduite d'une façon maladroite, fut sans résultats. Boyer déclara qu'il était résolu à repousser l'*ombre* même d'une suzeraineté, et se borna à offrir une indemnité. Il envoya même en 1824, deux commissaires à Paris, en les chargeant de traiter sur cette base. Les négociations ne purent aboutir. Cependant le temps s'écoulait. Les colons insistaient plus que jamais près du gouvernement ; la presse et la tribune retentissaient de leurs réclamations. Nos armateurs, de leur côté, se plaignaient des entraves que la défiance des nouveaux maîtres de Saint-Domingue imposait à leurs opérations. Leurs expéditions, admises sous un pavillon simulé, se trouvaient, en outre, frappées de droits doubles de ceux payés par les autres nations. De plus, la prolongation des secours accordés aux colons ou à leurs familles, constituait une charge pour le Trésor. En 1825, la France s'était relevée de ses désastres, et avec les ressources financières et militaires dont nous disposions, une expédition était chose facile. Tel n'était pas l'avis de M. de Villèle, qui voyait avant tout l'équilibre du budget. Ces considérations décidèrent le gouvernement français à traiter, et en 1825, le baron de Mackau se rendait à Port-au-Prince, porteur d'une ordonnance datée du 17 avril 1825, qui accordait à notre ancienne colonie, sa complète indépendance, moyennant certaines conditions. Nous croyons devoir reproduire le texte de cette ordonnance.

Article premier. — Les ports de la partie française de Saint-Domingue seront ouverts au commerce de toutes les nations. Les droits perçus dans ces ports, tant à l'entrée qu'à la sortie, seront égaux et uniformes pour tous les pavillons, excepté pour le pavillon français, pour lequel ces droits seront réduits de moitié.

Art. 2. — Les habitants actuels de la partie française de Saint-Domingue verseront à la caisse générale des dépôts et consignations, en cinq termes égaux, d'année en année, le premier échéant le 31 décembre 1825, la somme de 150 millions, destinés à dédommager les anciens colons qui réclameront une indemnité.

Art. 3. — Nous concédons à ces conditions aux habitants actuels de la partie française de Saint-Domingue, l'indépendance pleine et entière de leur gouvernement.

Le gouvernement d'Haïti fut tout d'abord affrayé par ces conditions, et ne consentit à les accepter, que lorsqu'il sut qu'une escadre française se disposait à bloquer les ports de l'île. Le projet de loi consacrant l'indépendance d'Haïti fut voté à une grande majorité par le parlement français. L'extrême droite l'attaqua, en disant qu'il consacrait la révolte des esclaves, un gouvernement de fait, une république. De Châteaubriand déclara avec raison que les colonies faisant partie du territoire français, la loi n'avait pas le droit de les céder ou de les aliéner. A quoi le ministère répondit par un bien faible argument, en invoquant l'article 14 de la Charte. La gauche défendit le projet, comme conforme à la civilisation, au progrès, à un grand principe, celui de l'émancipation. Les deux partis montrèrent qu'ils étaient également ignorants des intérêts coloniaux de la France.

L'ordonnance de 1825 avait quelque chose de blessant dans sa rédaction, et montrait que Charles X était toujours resté le comte d'Artois. La forme du document fut approuvée par les *ultras*, et la *Quotidienne*, leur principal organe, disait que le roi de France, loin de traiter d'égal à égal avec des sujets, leur concédait des droits par un acte de sa munificence. Cette satisfaction était puérile. En outre, le ministère français s'était mépris sur les ressources de la jeune république, en lui imposant une charge équivalant à sept à huit fois son budget annuel. Il était loin de prévoir les mécomptes que devait donner l'*indemnité*[1]. La vraie politique de la

---

[1] Châteaubriand disait à ce propos en parlant de Villèle : « l'homme d'état s'est noyé à Saint-Domingue. »

France eût été de ne pas exiger d'indemnité, mais de signer avec la république d'Haïti, un traité analogue à celui que nous avons conclu, il y a quelques années, avec Madagascar. A ce moment, nous avions une escadre dans la mer des Antilles, et nous avions le droit, le devoir de parler haut.

La république d'Haïti était reconnue par le gouvernement français qui envoya à Port-au-Prince un agent diplomatique avec le titre de consul général [1].

La reconnaissance de l'indépendance d'Haïti ne fut pas favorablement accueillie en Europe. Toutes les grandes puissances furent unanimes pour la blâmer, comme une concession faite au *libéralisme*, un *abandon du droit absolu des monarques*. Le roi de Prusse, qui se trouvait alors à Paris, en exprima à plusieurs reprises à M. de Villèle sa surprise et son déplaisir. Le cabinet de Londres, heureux de voir la France renoncer à son ancienne colonie, donna naturellement son approbation. Le gouvernement haïtien négocia en France avec plusieurs banquiers un emprunt de trente millions, qui fut employé à acquitter le premier cinquième de l'indemnité.

Plus tard, en 1838, un nouveau traité vint modifier celui de 1825. A cette époque, le contre-amiral du Petit-Thouars qui avait été envoyé à Port-au-Prince, acquit la conviction qu'Haïti était incapable de payer une somme aussi considérable. Le restant dû de l'indemnité fut réduit à trente millions, payables en trente annuités.

---

[1] Le premier titulaire fut M. Mollien.

Le traité de 1825 était un succès pour le gouvernement de Boyer, et tout d'abord, il lui valut une grande popularité. Des fêtes nombreuses eurent lieu à cette occasion. Quand l'enthousiasme se fut calmé, il se forma une opposition, et Boyer se vit en butte aux attaques les plus violentes. Il eut bientôt à réprimer des complots et des révoltes, et en 1843, il était obligé d'abdiquer en présence de l'insurrection du Sud. Son gouvernement avait duré près de vingt-cinq ans. Durant cette période, l'île avait joui d'une tranquillité à peu près complète, et la population s'était considérablement accrue. Néanmoins, Boyer ne possédait pas les qualités essentielles d'un homme d'État. Il ne fit rien pour améliorer la situation morale des Haïtiens. Pour lui, la religion était chose indifférente, l'instruction une quantité négligeable. Son programme consistait à gouverner despotiquement Haïti, et à laisser ses habitants sans culture intellectuelle, afin de les dominer plus facilement. Avec des principes semblables, l'on ne fonde rien de durable, et l'on arrive tout au plus à se maintenir au pouvoir, pendant vingt et quelques années. Tel a été le cas de Boyer.

Après la chute de Boyer, le chef de l'insurrection, Hérard-Rivière fut élu président. Son incapacité et sa violence amenèrent le soulèvement de la partie espagnole, qui se constitua en état indépendant, sous le nom de république Dominicaine (1844). Au bout de cinq mois de présidence, Hérald-Rivière était déposé et banni. Son successeur, un nègre, le général Guerrier, mourut en 1845, et fut remplacé par un autre nègre, Pierrot, qu'une émeute renversa moins d'un an après, en 1846.

Le président Riché, également noir, qui lui succéda, mourut en 1847.

Les ministres désignèrent alors pour la présidence, un nègre, capitaine dans les gardes, nommé Soulouque, homme ignorant et incapable, et qui était connu pour s'adonner au culte de Vaudoux. Les ministres pensaient pouvoir se servir de lui comme d'un instrument docile. Soulouque ne se prêta pas à ce rôle, et gouverna en despote. A Haïti, les mulâtres et les noirs sont en présence les uns des autres. Soulouque représentait les noirs, et comme tel, il poussait jusqu'aux dernières limites sa haine contre les gens de couleur. Dans le but de faire disparaître cette race, il en fit massacrer plusieurs centaines. En 1849, il se faisait élire empereur sous le nom de Faustin Ier. La constitution du nouvel empire était un mélange d'institutions monarchiques et républicaines. Sa Majesté Faustin Ier créa une noblesse en tête de laquelle il mit quatre princes, cinquante-neuf ducs, suivis d'une grande quantité de marquis, de comtes et de barons. Les vanités particulières se trouvaient ainsi satisfaites. Une fois empereur, Soulouque montra plus que jamais ses instincts féroces, et gouverna à coups d'exécutions sommaires. Les Haïtiens eurent un tyran dans toute l'acception du mot. Soulouque aurait bien voulu soumettre l'île tout entière à sa domination ; mais ses troupes furent toujours battues par les Dominicains. Le régime qu'il imposait à Haïti était le retour à la barbarie. A la fin, la population se lassa d'être pillée, pendue, fusillée. Une insurrection éclata. Soulouque fut renversé et la république rétablie (1858).

Un mulâtre, Geffrard, fut nommé président. Malgré ses bonnes intentions, il était incapable de modifier la situation. Tous ses actes étaient mal interprétés [1]. Il eut bientôt à réprimer plusieurs émeutes, et à diverses fois, il faillit être assassiné. En 1867, il était obligé d'abdiquer, et au moment de s'embarquer pour la Jamaïque, en quittant le sol haïtien, sa dernière parole fut : « *Pauvre pays !* » Salnave lui succéda ; son gouvernement fut déplorable, et bientôt des insurrections éclatèrent. Les années 1868 et 1869 peuvent être comptées au nombre des plus mauvais jours d'Haïti. Le Nord et le Sud avaient élu chacun un président, et Salnave tenait dans l'Ouest. L'on se battait dans la plupart des districts, et la guerre civile se fit sentir avec toutes ses horreurs. En 1870, Salnave, qui s'était rendu odieux par ses excès, était obligé de prendre la fuite ; avant de partir, il fit mettre le feu à Port-au-Prince. Le général Nissage-Sager fut nommé président et donna quatre années de paix au pays. Il abdiqua en 1874, sous une pression militaire. Son successeur était un nègre féroce, ignorant, né à la côte d'Afrique, le général Michel Domingue. Il fit subir à Haïti un régime de sang, jusqu'en 1879, époque à laquelle une insurrection le força à se démettre du pouvoir. Boisrond-Canal fut élu président à sa place. Sa tâche était difficile. Des troubles éclatèrent dans la plupart des villes. En présence de son impuissance, Boisrond-Canal, que sa bonté faisait communément désigner sous le nom de *patate douce*,

---

[1] En 1860, Geffrard avait signé un concordat avec la cour de Rome. Ses adversaires lui reprochaient de n'avoir pas su défendre les *libertés de l'église gallicane*.

donnait sa démission en juillet 1879. Son successeur fut le général Salomon.

Autrefois, le général Salomon avait résidé en France, comme ministre d'Haïti. Son séjour parmi nous, son mariage avec une Française pouvaient faire supposer que son gouvernement serait éclairé, et une œuvre d'apaisement. Il en fut autrement. Avec Salomon, le parti noir reprenait la suprématie qu'il avait un instant perdue, sous la présidence de Boisrond-Canal, et les mulâtres furent en quelque sorte mis hors la loi. Grâce à ce nouveau régime, la décadence s'affirma de plus en plus. Quoique n'ayant que le titre de président, Salomon était un despote dont l'arbitraire ne laissait rien à désirer. En 1879, il avait été élu pour sept ans; en 1886, ses pouvoirs avaient été prorogés pour une semblable durée. Son gouvernement paraissait plus solide que jamais, quand en 1888, une insurrection le força d'abdiquer. Deux compétiteurs, le général Légitime à Port-au-Prince et le général Télémaque au Cap, se disputèrent sa succession. Télémaque a fini par l'emporter et au mois de mai 1889, le général Hippolyte était nommé président. Combien de temps restera-t-il à la tête des affaires ? Nous l'ignorons, mais nous ne pensons pas que son gouvernement soit le commencement d'une nouvelle ère pour Haïti. La période des révolutions continuera comme par le passé, entassant ruines sur ruines et conduisant le pays à sa perte.

Telle est, en quelques pages, l'histoire d'Haïti, depuis son indépendance ; elle est attristante. Cette terre d'Haïti, si richement dotée par la nature, devrait jouir d'une prospérité inouïe, et cependant il n'en est rien.

La population, à la chute de Boyer, dépassait 700,000 habitants. Depuis, aucun recensement n'a été fait et nous sommes obligés de nous contenter d'une évaluation approximative. Mais nous croyons ne pas beaucoup nous écarter de la vérité, en l'estimant actuellement à 8 ou 900,000 ou tout au plus à un million. Jusqu'à présent, les Haïtiens n'ont pas su tirer parti des ressources de leur pays, et aussi l'avenir est-il pour eux inquiétant.

Haïti est un pays essentiellement agricole. La fertilité du sol tient du prodige. L'abondance des eaux y rend les irrigations faciles, et le soleil semble attirer la végétation. Le sucre, le coton et l'indigo donnent des rendements, qui ne laissent rien à désirer. Le caféier vient pour ainsi dire partout ; il pousse à l'état sauvage dans la partie montagneuse de l'île, et parfois à une altitude de plusieurs centaines de mètres. La vanille, le tabac, le palmier, la banane, ainsi que la plupart des légumes, le riz et le maïs donnent de bons résultats. La vigne vient admirablement sur toutes les collines ; son raisin est un excellent muscat, et il ne faudrait que savoir pour récolter un vin qui ne laisserait rien à désirer. Dans les massifs montagneux, il existe d'immenses forêts qu'on pourrait exploiter des années entières, sans les épuiser. Ainsi qu'on peut le voir, Haïti est un champ fécond ouvert à l'activité humaine.

Contrairement à ce qui devrait avoir lieu, l'agriculture est fort négligée. La production du coton et de l'indigo a pour ainsi dire disparu. La canne à sucre est encore un peu cultivée ; mais elle ne sert plus qu'à fabriquer du tafia, du rhum et des mélasses. L'exportation du sucre, si importante pendant la domination française, n'existe plus, et pour cette denrée, Haïti est tributaire de l'étranger. La production du café, qui pourtant constitue la principale branche de commerce, est inférieure à ce qu'elle était avant la Révolution. On ne cultive ni l'orge, ni l'avoine, et à tort. Les arbres fruitiers mûrissent fort bien ; mais souvent il arrive que les fruits sont cueillis avant leur maturité, tout verts, ou pourrissent sur place. Sur les hauteurs se trouvent de vastes pâturages qui nourrissent quantité de bœufs et de vaches, à peu près à l'état sauvage. Ne pouvant transporter le lait, faute de moyens de communications, on ne sait qu'en faire, et on le jette, tandis que si on savait le convertir en fromages, facilement transportables, on en tirerait un bénéfice considérable. Les chevaux, d'origine espagnole, quoique petits, supportent bien la fatigue. Les mulets et les ânes sont nombreux ; il y a abondance de chèvres et de moutons. Les porcs vivent en liberté, sans soins, et pourtant leur élevage serait des plus fructueux. En s'y adonnant, les Haïtiens soustrairaient leur pays au servage économique des États-Unis, qui leur fournissent toutes les viandes salées qu'ils consomment à Haïti. La charrue est pour ainsi dire inconnue ; il en est de même des engrais. Pour broyer les cannes, l'on ne se sert que de moulins à eau, et les machines n'existent qu'à l'état d'exception. Le seul instrument employé pour la culture du café est la manchette. Aucun progrès n'a été réalisé ; l'incurie existe partout, surtout dans le Nord où domine la grande culture, tandis que dans l'Ouest et dans le Sud, la propriété est assez morcelée. Tel est le bilan agricole de notre ancienne colonie, et il n'est pas brillant.

Les causes de cette infériorité sont au nombre de plusieurs ; mais la principale provient des troubles qui depuis cinquante ans, n'ont pas cessé de se produire dans le pays, et lui enlèvent sa vitalité. La guerre civile vient périodiquement ravager les différentes parties du territoire ; aussi personne ne cherche à améliorer ce qui existe ou à accomplir un progrès, quel qu'il soit. La raison en est bien simple. Tout Haïtien sait trop, qu'en temps de révolution, sa propriété ne sera pas respectée, et qu'elle sera détruite ou confisquée, s'il se trouve parmi les vaincus. Partout, c'est l'abandon le plus complet. Les voies de communication sont des plus défectueuses. On en est encore aux anciennes routes des Français que l'on entretient à peine aujourd'hui, et l'on n'en a construit aucune depuis l'indépendance. Le premier kilomètre de chemin de fer est encore à construire. Si bien que, par suite de la difficulté des communications, les villes de Port-au-Prince, du Cap, des Cayes sont isolées les unes des autres. Tout est à créer à Haïti. En outre, ce qui ajoute aux difficultés, c'est un esprit de communisme répandu dans certains districts où le peuple considère les plantations, comme lui appartenant ou tout au moins comme *des nulluis*. A Haïti, l'on n'est jamais sûr du lendemain. Aussi, ne faut-il pas s'étonner du triste état de l'agriculture.

Avec ses ressources, Haïti devrait voir ses transactions augmenter de jour en jour, et ses ports de Port au-Prince, du Cap, des Cayes devenir des centres d'activité. Il n'en est pas ainsi ; depuis une vingtaine d'années, le mouvement commercial n'a pas cessé de décroître. En 1876, il s'élevait à 111,000,000 fr. dont 55,000,000 pour les exportations et 56,000,000 pour les importations. En 1887, il était tombé à 90,000,000 dont 50,000,000 pour les exportations et 40,000,000 pour les importations. Les exportations consistent en café, campêche, cacao, sucre brut, peaux d'oranges et cuirs. Le café figure au premier rang. Les importations sont représentées par les tissus, les objets de toilette, la parfumerie, les articles de Paris, la librairie, les vins, les spiritueux, les huiles, la farine, le lard, les viandes, les poissons salés, les planches et le bois de construction. La marine marchande n'existe pas, et à sa place, il n'y a qu'un cabotage fort insignifiant. Il n'y a pas de crédit, et le papier-monnaie, mis en cours, subit une dépréciation énorme.

Quatre puissances, la France, l'Angleterre, les États-Unis et l'Allemagne entretiennent surtout des relations commerciales avec Haïti. Ce serait une erreur de croire que la France occupe le premier rang. Si elle reçoit la plus grande partie des produits de son ancienne colonie [1], ses importations se réduisent à peu de choses. Les Haïtiens tirent leurs tissus d'Angleterre, leurs farines, leurs viandes et leurs poissons salés des États-Unis, et à l'heure actuelle, l'Allemagne nous dispute les articles dont nous paraissions avoir le monopole.

---

[1] En 1885, sur 38,000,000 de kilogrammes de café exportés d'Haïti, 32,000,000 ont été envoyés au Havre.

Son commerce gagne chaque jour, et tend à dominer sur le marché de Port-au-Prince, à notre détriment et à celui des États-Unis. Comment nous sommes-nous laissé supplanter par les Allemands ? L'Allemagne est bien plus loin d'Haïti que la France, et celle-ci est pour les Haïtiens, comme une seconde patrie. Ils en parlent la langue, et ont adopté la plupart de ses institutions. Paris est leur centre intellectuel, et c'est là que l'élite de la jeunesse haïtienne vient faire son éducation. A Haïti, dans les colléges, écoles publiques ou privées, tous les livres d'enseignement sont en français. Comment ne dominons-nous pas dans un pays essentiellement français ? Cela tient en grande partie au manque d'initiative de notre commerce. Les Haïtiens ont le goût français et consomment nos produits avec plaisir. Au lieu d'aller au-devant de leurs habitudes, de leurs désirs, nous attendons qu'ils viennent faire des achats chez nous. C'est ainsi que nous n'avons, à Haïti, aucune maison française, tant soit peu importante, pouvant donner à des prix raisonnables les objets demandés, et pour se les procurer, il faut s'adresser à Paris. Ce n'est pas ainsi que font les Allemands, là comme partout ailleurs. Si nos commerçants voulaient renoncer à leur routine, au lieu de quelques clients que nous avons à Port-au-Prince, nous en aurions dans les autres villes et dans les campagnes : il y a à Haïti un vaste champ ouvert à notre activité ; il dépend de nous d'en profiter.

D'après ce que nous venons de dire, Haïti ne peut plus continuer à vivre de lui-même. Il lui faut plus que jamais le concours d'une grande puissance pour l'aider à son développement. Quelle sera cette puissance ?

Dans l'intérêt des Haïtiens, il n'est pas à désirer que ce soient les États-Unis, dont l'égoïsme est devenu proverbial, et chez qui le préjugé de couleur, indigne d'une nation civilisée, existe comme par le passé. De plus, les procédés des Yankees nous sont connus. Leur domination à Saint-Domingue serait l'extermination de la race haïtienne. Ce que nous disons pour les États-Unis, nous le dirons pour l'Angleterre. Quand nos voisins d'outre Manche arrivent dans un pays, et qu'ils peuvent y prendre pied, ils l'exploitent sans trêve et sans merci. Leur philanthropie n'est qu'une feinte, et il suffit de les voir à l'œuvre, pour être édifié à leur égard. Depuis quelque temps, l'Allemagne a d'assez nombreuses relations avec Haïti. Néanmoins, aucun lien sérieux ne peut exister entre le puissant empire germanique et la jeune république franco-africaine. Les deux états sont complètement étrangers l'un à l'autre ; ils ne parlent pas la même langue, ne possèdent pas la même organisation, et l'on peut dire qu'ils sont séparés par un abîme que rien ne pourrait combler. C'est pourquoi une seule puissance peut prêter aux Haïtiens, le concours dont ils ont besoin. Cette puissance est la France.

La France n'est pas pour les Haïtiens une terre étrangère ; mieux que n'importe quelle puissance, elle peut aider Haïti à se relever, en lui apportant le concours de son crédit et de ses capitaux, et en l'assurant de la sécurité. Haïti pourrait dès lors compter sur le lendemain. Telle est la politique qui s'impose, politique qui sauverait Haïti. Étant admis le projet que nous venons d'énoncer, il est évident que la nature des relations entre la France et Haïti prendrait un caractère particulier et, pour les régler, un traité devrait être signé entre les deux pays. Quelles seraient les clauses de ce traité ? Il ne nous appartient pas de les énumérer. Néanmoins, il nous semble que ce traité devrait avoir pour résultat l'établissement d'une sorte de protectorat de la France sur Haïti. La France représenterait Haïti dans ses relations extérieures, et aurait à Port-au-Prince un résident dont les attributions seraient analogues à celles de notre ministre, à Tananarive. De plus la propriété serait accessible aux blancs. Avec la protection de la France, Haïti n'aurait plus rien à redouter du dehors, et verrait renaître sa prospérité, grâce à l'influence de nos capitaux. Des commerçants, des ingénieurs iraient s'établir sur son territoire, et chaque jour l'union entre les deux peuples deviendrait plus intime. Que les Haïtiens soient bien convaincus que la France est la seule puissance sur laquelle ils peuvent compter. Elle, seule, saura, tout en sauvegardant leur autonomie, les mettre en état de tirer parti de leur île appelée naguère, et à juste titre, la *reine des Antilles*.

Que les Haïtiens ne se fassent aucune illusion sur le danger qui les menace. Ce danger, de plus en plus imminent, vient des États-Unis. Jadis, il était de mode en France de s'engouer pour la grande république américaine. Aujourd'hui, cette politique à courte vue a fait son temps. La puissance toujours croissante des États-Unis, qui comptent maintenant soixante-cinq millions d'habitants, constitue un péril, et pour l'Europe et pour l'Amérique. Nos descendants nous maudiront plus tard de n'avoir pas su le conjurer.

La république fédérale, s'inspirant de la doctrine de Monroë, tend à réunir à son immense territoire, le Canada, le Mexique et les Antilles. Aussi son gouvernement est-il toujours à la piste de quelque événement, afin de pouvoir en profiter. C'est ainsi que nous l'avons vu faire différentes tentatives près la cour de Madrid, pour l'achat de Cuba, et soutenir l'insurrection, qui, durant plusieurs années, a désolé cette riche colonie. L'Antille danoise de Saint-Thomas a excité les convoitises des Yankees, et à plusieurs reprises, ils ont fait des offres au Danemarck pour s'en rendre acquéreurs. La république Dominicaine, voisine de la république d'Haïti, a aussi attiré leur attention, et à Washington, il est journellement question de l'occupation de la baie de Samana [1], l'un des meilleurs mouillages que l'on connaisse. A l'heure actuelle, l'on en parle plus que jamais. Les Haïtiens ne peuvent ignorer que leur territoire, si fertile et si riche, ne tente par la cupidité des yankees. Qu'ils sachent bien que du jour où une armée américaine mettrait le pied sur leur territoire, la nationalité haïtienne disparaitrait. Avec la protection de la France, Haïti cesserait d'être isolé et n'aurait plus à craindre. Aussi, dans l'intérêt des Haïtiens, nous souhaitons que le jour de l'union soit proche ; nous espérons que l'appel que nous faisons trouvera parmi eux quelque écho. Tel est notre désir.

[1] En 1869, la baie de Samana avait été cédée pour cinquante ans aux États-Unis, au prix d'une indemnité annuelle de 150,000 dollars. Pendant quelque temps, elle resta au pouvoir des autorités navales de la république fédérale.

TABLE DES MATIÈRES

CHAPITRE PREMIER

Pages.

La colonie de Saint-Domingue à la veille de la Révolution. — Son organisation. — Sa prospérité. — La vie créole. — L'état des esprits.. 1

CHAPITRE II

Les députés de Saint-Domingue à l'Assemblée Constituante. — La lutte des colons contre la métropole. — La première assemblée coloniale 33

CHAPITRE III

La seconde assemblée coloniale. — La lutte des blancs et des hommes de couleur. — Insurrection des nègres...... 71

CHAPITRE IV

Les commissaires Sonthonax et Polvérel. — Leurs luttes avec les colons. — Affranchissement général des esclaves. — Appel à l'étranger.. 111

CHAPITRE V

Rigaud et Toussaint-Louverture. — La lutte contre l'étranger. — La paix avec l'Espagne. — Évacuation de la colonie par les Anglais. — Le général Hédouville.... 152

CHAPITRE VI

Pages.

La lutte entre les hommes de couleur et les nègres. — La guerre du Sud. — Prise de possession par Toussaint-Louverture de la partie espagnole de Saint-Domingue.. 194

CHAPITRE VII

Toussaint-Louverture. — Son gouvernement. — Ses projets. 230

CHAPITRE VIII

L'expédition de Saint-Domingue. — Le général Leclerc. — Rétablissement de la domination française. — Soumission de Toussaint-Louverture.................... 266

CHAPITRE IX

Arrestation de Toussaint-Louverture. — Insurrection générale. — Mort de Leclerc. — Rochambeau. — Évacuation de Saint-Domingue par les Français 309

CHAPITRE X

Haïti. — Reconnaissance de son indépendance par la France. — La situation actuelle. — L'avenir. 350

Angers, imprimerie Lachèse et Cie, Chaussée Saint-Pierre, 4.